古代歷史文化研究輯刊

二一編

王明蓀 主編

第1冊

《二一編》總目

編輯部編

中古大軍制度緣起演變史論（上）

雷家驥 著

國家圖書館出版品預行編目資料

中古大軍制度緣起演變史論（上）／雷家驥 著—初版—新
北市：花木蘭文化事業有限公司，2019〔民108〕
序 4+ 目 4+176 面；19×26 公分
（古代歷史文化研究輯刊 二一編；第 1 冊）
ISBN 978-986-485-719-7（精裝）
1. 軍制 2. 軍事史 3. 中國
618   108001495

ISBN-978-986-485-719-7

9 789864 857197

古代歷史文化研究輯刊
二一編　第一冊　　　　　　ISBN：978-986-485-719-7

中古大軍制度緣起演變史論（上）

作　　者　雷家驥
主　　編　王明蓀
總 編 輯　杜潔祥
副總編輯　楊嘉樂
編　　輯　許郁翎、王筑　美術編輯　陳逸婷
出　　版　花木蘭文化事業有限公司
發 行 人　高小娟
聯絡地址　235 新北市中和區中安街七二號十三樓
　　　　　電話：02-2923-1455／傳真：02-2923-1452
網　　址　http://www.huamulan.tw 信箱 hml810518@gmail.com
印　　刷　普羅文化出版廣告事業
初　　版　2019 年 3 月
全書字數　538647 字
定　　價　二一編 49 冊（精裝）台幣 122,000 元

《二一編》總目

編輯部　編

《古代歷史文化研究輯刊》
二一編　書目

魏晉南北朝歷史文化研究專輯

　　第 一 冊　雷家驥　中古大軍制度緣起演變史論（上）

　　第 二 冊　雷家驥　中古大軍制度緣起演變史論（中）

　　第 三 冊　雷家驥　中古大軍制度緣起演變史論（下）

　　第 四 冊　龍成松　中古胡姓家族研究（上）

　　第 五 冊　龍成松　中古胡姓家族研究（下）

　　第 六 冊　彭豐文　魏晉南北朝時期邊政研究

　　第 七 冊　王　萌　北魏北部邊疆與民族政策研究

唐代歷史文化研究專輯

　　第 八 冊　曾麗汝　唐代外來樂舞探微

宋代歷史文化研究專輯

　　第 九 冊　何冠環　拓地降敵：北宋中葉內臣名將李憲事蹟考述（上）

　　第 十 冊　何冠環　拓地降敵：北宋中葉內臣名將李憲事蹟考述（下）

　　第十一冊　何　適　從內地到邊郡：宋代揚州城市與經濟研究（上）

　　第十二冊　何　適　從內地到邊郡：宋代揚州城市與經濟研究（下）

　　第十三冊　程　佩　宋代命理術研究（上）

　　第十四冊　程　佩　宋代命理術研究（下）

元代歷史文化研究專輯

第十五冊　葛仁考　元代直隸省部研究（上）
第十六冊　葛仁考　元代直隸省部研究（下）
第十七冊　姜東成　元大都城市形態與建築群基址規模研究（上）
第十八冊　姜東成　元大都城市形態與建築群基址規模研究（下）
第十九冊　徐昱春　元代法定刑考辨

明代歷史文化研究專輯

第二十冊　周　忠　明代南京守備研究（上）
第二一冊　周　忠　明代南京守備研究（下）
第二二冊　包志禹　明代北直隸城市平面形態與建築規制研究（上）
第二三冊　包志禹　明代北直隸城市平面形態與建築規制研究（下）
第二四冊　蔡泰彬　明代萬恭的治黃理漕研究

清代歷史文化研究專輯

第二五冊　于之倫　清朝中前期正式法律淵源研究（1644～1840）
第二六冊　劉　一　邵晉涵研究
第二七冊　張　璐　近世穩婆群體的形象建構與社會文化變遷
第二八冊　邊文鋒　「東亞通」薩道義與庚子和談（上）
第二九冊　邊文鋒　「東亞通」薩道義與庚子和談（下）

區域史研究專輯

第三十冊　陳漢成　明清廣東狀元與進士的人文地理研究
第三一冊　馬全寶　江南木構架營造技藝比較研究
第三二冊　梅立喬　晚清徽州文化生態研究

歷史地理研究專輯

第三三冊　王　耀　咫尺天下：古代輿圖研究論稿

民族史研究專輯

第三四冊　黃秀卿　百越文化研究

歷代史學研究專輯

第三五冊　徐鳳霞　李清《南北史合注》的史法與思想：以《南史》為
　　　　　　　　　　中心

佛教建築史研究專輯

第三六冊 玄勝旭 中國佛教寺院鐘鼓樓的形成背景與建築形制及布局研究

第三七冊 楊 澍 唐道宣所撰兩部圖經中寺院建築及其可能形象研究

藝術史研究專輯

第三八冊 田 率 歷史文物與中國古代文明探研

第三九冊 郭良實 先秦至唐書寫規範化研究

第四十冊 李杰、弓淼 風格的視野——漢唐之間平面圖像美術考古（上）

第四一冊 李杰、弓淼 風格的視野——漢唐之間平面圖像美術考古（中）

第四二冊 李杰、弓淼 風格的視野——漢唐之間平面圖像美術考古（下）

第四三冊 陳 思 漢中石門摩崖石刻群書法文化研究（上）

第四四冊 陳 思 漢中石門摩崖石刻群書法文化研究（中）

第四五冊 陳 思 漢中石門摩崖石刻群書法文化研究（下）

第四六冊 黃金燕 寶髻釵橫墜鬢斜——唐代婦女髮飾初探

第四七冊 邱 雯 元人畫松研究——以畫為喻為寄，以畫體道識史

第四八冊 黃昭祥 明初書法與臺閣體之研究

第四九冊 林中元 趙宧光《寒山帚談》「書學格調說」之研究

《古代歷史文化研究輯刊》二一編
各書作者簡介・提要・目錄

第一、二、三冊　中古大軍制度緣起演變史論

作者簡介

　　雷家驥：廣東順德人，出生於廣州，曾先後在大陸、香港、臺灣受教育。1979 年教育部部頒文學博士，現為中正大學榮譽教授。治學斷限以漢至唐為主，領域橫跨政治與政制、戰史與軍制、民族與文化、史學觀念與歷史文學。著有專書十餘部，論文凡百篇。

提　要

　　本書集結著者半世紀以來，討論軍權、軍制及其與政治政局、民族文化關係的論文十一篇，都四十餘萬字，約而成書，尤著眼於大軍制度的緣起變化，及其與當時歷史的關係，對日後歷史的影響。常由無疑處起疑，經考證後提出歷史解釋，自成一家之說。

目　次

上　冊

序

試論都督制之淵源及早期發展 ··· 1
　一、前言 ·· 2
　二、都督制之廣義淵源：護軍制 ······························ 5
　三、都督制之狹義淵源：監軍與督軍 ························· 13
　四、靈、獻之際軍隊監督制度的變化與督軍及督將 ············ 25
　五、建安、黃初間曹軍體制變化：大帥級都督制之成立 ········ 35
　六、結論 ·· 54
漢晉之間吳蜀的督將與都督制 ································· 61

一、前言 …………………………………………………………………… 62

二、赤壁之戰前後孫軍督將的肇始與變化 ……………………………… 63

三、荊州三役所見孫、劉兩軍督軍督將之演變 ………………………… 73

四、吳祚建後之由要塞督發展至軍區都督 ……………………………… 82

五、劉備建國前後都督制的發展 ………………………………………… 96

六、蜀漢國家戰略的改變以及軍區、要塞督 ………………………… 101

七、結論 ………………………………………………………………… 117

北魏至北齊禁衛制度的緣起演變 ……………………………………… 123

一、前言 ………………………………………………………………… 124

二、道武建國前後之情勢與內侍制度的創置 ………………………… 125

三、北魏前期內侍制度 ………………………………………………… 134

四、南巡碑所記內侍之官及其制度問題 ……………………………… 144

五、從殿內兵至左右侍衛：二衛府建制與領左右府創置的淵源 …… 156

六、結論 ………………………………………………………………… 166

中　冊

隋唐十二衛淵源：北朝後期侍衛體制的演變與定型 ………………… 177

一、前言 ………………………………………………………………… 178

二、二衛府所統近衛「五直屬官」在魏齊的變化發展 ……………… 178

三、魏末宮衛：「領左右」的創置、統屬與職權 …………………… 188

四、東魏北齊宮衛體制的變化 ………………………………………… 214

五、西魏北周宮衛制度施行的情況 …………………………………… 227

六、周武帝的軍事改革與侍衛體制的變化 …………………………… 240

七、結論 ………………………………………………………………… 261

略論魏周隋之間的復古與依舊：一個胡、漢統治文化擺盪改移的檢討 …… 283

一、前言 ………………………………………………………………… 284

二、宇文泰之開國策略與復古政策 …………………………………… 285

三、復古政策的施行 …………………………………………………… 289

四、政軍一體下的皇帝權與統帥權 …………………………………… 297

五、國策改移與還復漢魏 ……………………………………………… 302

六、結論 ………………………………………………………………… 309

試論西魏大統軍制的胡漢淵源 ………………………………………… 313

一、前言 …………………………………………………………… 314

二、大統軍制的建制與編階 ………………………………………… 315

三、大統軍制的漢制史源與漢表特徵 ……………………………… 324

四、大統軍制的胡制史源與胡裏特徵 ……………………………… 337

五、結論 …………………………………………………………… 355

從政局與戰略論唐初十二軍之興廢 ………………………………… 359

一、前言 …………………………………………………………… 360

二、開國時期之戰略構想、國家戰略與十二軍創建 ……………… 362

三、大戰略、國家戰略之改變與十二軍重建 ……………………… 372

四、政治鬥爭、軍事安全對十二軍重建重罷的影響 ……………… 379

五、結論 …………………………………………………………… 389

下　冊

試論唐初十二軍之建軍及其與十二衛的關係 ……………………… 393

一、前言 …………………………………………………………… 394

二、十二軍建軍與部署之創意來源 ………………………………… 395

三、星象二重性下之十二軍建制與十二衛關係 …………………… 400

四、十二軍與十二衛之間的實際運作問題 ………………………… 407

五、結論 …………………………………………………………… 418

元從禁軍之建置發展以及兵源問題 ………………………………… 421

一、前言 …………………………………………………………… 422

二、元從禁軍的創建 ………………………………………………… 426

三、武德、貞觀間北衙部隊的改編與兵源 ………………………… 432

四、貞觀朝北衙屯營之軍事體制及其與諸衛之關係 ……………… 437

五、關於「飛騎」與「百騎」 ……………………………………… 450

六、結論 …………………………………………………………… 456

從戰略發展看唐朝節度體制的創建 ………………………………… 459

一、前言 …………………………………………………………… 460

二、唐朝的開國戰略 ………………………………………………… 462

三、大戰略的施展 …………………………………………………… 470

四、唐朝前期大戰略的策定與實行 ………………………………… 475

五、新國防軍事體制的建立 ………………………………………… 493

六、節度使的界定與創建 …………………………………… 508

七、結論 …………………………………………………… 546

唐樞密使的創置與早期職掌 …………………………… 551

一、前言 …………………………………………………… 552

二、樞密使創置的背景 ……………………………………… 553

三、樞密使的初置與職掌 …………………………………… 559

四、知掌樞密的實際情況與影響 …………………………… 570

五、結論 …………………………………………………… 576

第四、五冊　中古胡姓家族研究

作者簡介

龍成松（1987～），男，貴州盤縣人。自 2006 年 9 月至 2016 年 6 月，先後於武漢大學文學院就讀本科、碩士、博士。碩士導師蕭聖中副教授，博士導師尚永亮教授。自 2016 年 6 月進入大連理工大學中文系任教，為講師。當前研究方向為中古民族文化與文學，在《文史哲》《文藝研究》《敦煌研究》《民族文學研究》等刊物發表文章十餘篇。

提　要

中古時期是中國歷史上民族關係最為複雜的時期，也是中華民族共同體形成的關鍵時期。不少出身北方民族的胡姓家族貫穿於這一時期，在政治、軍事、宗教、藝術、文學等領域留下了深刻的烙印，他們自身的興起、發展、蛻變過程即是一部微觀的民族史和文化史，這即是本書研究的出發點。本書包括緒章、上編、下編三個部分。緒章對本書主題作了交代，對前人研究成果及本書的研究思路進行了概述。上編是對中古胡姓家族的綜合研究，從族源、地域、文化三個維度展開，共四章內容，具體包括：胡姓家族族源敘事、譜系建構的基本模式及其民族認同意義；胡姓家族的地域分化和融合於漢人地方社會的進程；胡姓家族漢文化的習得及其文化身份的蛻變過程。下編為胡姓家族個案研究，分為五章。河南竇氏與獨孤氏都是北朝隋唐時期顯赫的外戚世家，第五章對兩個家族的譜系建構作了個案分析。會稽康氏家族是唐代粟特族裔中教養士族的典型，第六章具體討論了康氏會稽郡望形成的背景、會稽康氏的族源、康希銑家族的家學等問題。侯莫陳氏家族是北朝隋唐時期非常活躍的一支鮮卑族裔，第七章以侯莫陳崇及侯莫陳相兩支系為主

線，對兩個家族的世系、佛教信仰進行了考察。何妥是南北朝後期粟特族裔中著名的經學家，第八章重點梳理了他的生平以及在《易》學、《禮》學、樂學等領域的貢獻。王珪是唐初名臣，族出烏丸，第九章以其「不營私廟」這一問題爲切入點，對其家世遺傳之烏丸薩滿文化與家人特殊行爲之關係作了闡述。

目　次

上　冊

緒　章 ……………………………………………………………………………… 1

上編　胡姓家族綜合研究

第一章　中古胡姓家族族源敍事與民族認同 ………………………………… 55
　　第一節　胡姓家族族源敍事的基本類型及其淵源 ……………………… 55
　　第二節　胡姓家族族源敍事的結構性特徵及其淵源 …………………… 69
　　第三節　胡姓家族族源敍事與民族認同 ………………………………… 78

第二章　中古胡姓家族譜系建構與族群認同 ………………………………… 91
　　第一節　譜系建構的一般規律和形態 …………………………………… 92
　　第二節　世系建構的文本類型及其傳播接受 …………………………… 116
　　第三節　胡姓家族譜系建構的族群認同意義 …………………………… 126

第三章　中古胡姓家族地域分化與地方社會 ………………………………… 139
　　第一節　胡姓家族的內部擴張與地域分化 ……………………………… 140
　　第二節　胡姓家族與地方社會——長安與洛陽 ………………………… 160
　　第三節　胡姓家族與地方社會——鄉里視角 …………………………… 180
　　第四節　胡姓家族與地域認同 …………………………………………… 199

第四章　中古胡姓家族文化習得與身份轉型 ………………………………… 225
　　第一節　胡姓家族與漢文化習得 ………………………………………… 226
　　第二節　文化積累與胡姓家族身份轉型 ………………………………… 238
　　第三節　文學突變與胡姓家族身份定型 ………………………………… 246

下　冊

下編　胡姓家族個案研究

第五章　河南竇氏與獨孤氏譜系建構研究 …………………………………… 269
　　第一節　河南竇氏譜系建構與文本層累 ………………………………… 269

第二節　獨孤及家族譜系建構與文化心態 ………………………………… 281
第六章　會稽康氏家族研究 ……………………………………………………… 301
　第一節　康氏籍貫的發育與會稽望的形成 …………………………………… 301
　第二節　會稽康氏家族的族源及族屬問題 …………………………………… 308
　第三節　會稽康氏家學 ………………………………………………………… 319
第七章　侯莫陳氏家族研究 ……………………………………………………… 329
　第一節　侯莫陳氏之族源問題 ………………………………………………… 330
　第二節　侯莫陳氏家族主要支系及侯莫陳琰之可能歸屬 ………………… 334
　第三節　侯莫陳氏家族與佛教之關係 ………………………………………… 343
　第四節　侯莫陳琰與北宗關係的重要線索——陳閎《六祖禪師像》 …… 351
第八章　何妥研究 ………………………………………………………………… 359
　第一節　何妥之族屬與生平 …………………………………………………… 359
　第二節　何妥之《易》學與《禮》學 ………………………………………… 368
　第三節　何妥之樂論 …………………………………………………………… 390
第九章　王珪「不營私廟」考 ………………………………………………… 413
　第一節　問題的提出 …………………………………………………………… 413
　第二節　北方民族宗廟、祖廟與薩滿因素 ………………………………… 420
　第三節　王珪「不營私廟」的薩滿文化淵源 ……………………………… 429
　第四節　結論 …………………………………………………………………… 441
後　記 ……………………………………………………………………………… 449

第六冊　魏晉南北朝時期邊政研究

作者簡介

　　彭豐文，女，1972 年生，湖南瀏陽人，中國社會科學院民族學與人類學研究所研究員、民族歷史研究室主任，中國民族史學會副秘書長，中國社會科學院研究生院教授、碩士生導師，北京師範大學歷史學博士。主要研究方向為中國古代邊疆史、民族史、思想史，已出版學術專著《兩晉時期國家認同研究》（民族出版社 2009 年版）、《先秦兩漢時期民族觀念與國家認同研究》（中國社會科學出版社 2016 年版），發表學術論文二十餘篇。

提　要

　　本書以歷史學研究方法為主，綜合運用民族學、政治學等多學科的理論

方法與研究視野，從邊政思想、邊疆經略的政治與軍事方針政策、邊疆經濟
文化開發措施與成效、邊疆管理體制共四個方面對魏晉南北朝時期邊政問題
展開研究，對這一時期各政權在邊政方面取得的成就予以充分肯定，對當前
部分學術觀點提出個人見解。全書共有八章。第一章探討魏晉南北朝時期邊
政思想的主要內容和發展特點。第二章至第六章按照時間順序，依次考察魏
晉南北朝時期各政權在邊疆經略方面的政治、軍事政策與措施，客觀評價其
成敗得失與歷史意義，探究王朝盛衰與邊疆治亂之間的互動關係。第七章考
察魏晉南北朝時期各政權對邊疆地區經濟文化開發的措施與成效，對這一時
期遼東地區、河西地區、嶺南地區的開發成就予以充分肯定。第八章探討魏
晉南北朝時期邊疆管理體制。本書旨在通過全面梳理魏晉南北朝時期邊政狀
況，總結歷史經驗與教訓，揭示中國古代統一多民族格局形成歷程的曲折性
與複雜性，進一步豐富和深化有關中國古代統一多民族國家與中華民族形成
問題的研究。

目　次

緒　論 …………………………………………………………………………… 1

　　第一節　選題的學術價值 …………………………………………………… 1

　　第二節　「邊政」與「邊疆」概念界定及本書主要內容 ………………… 2

　　第三節　研究狀況 …………………………………………………………… 7

　　第四節　本書創新點 ………………………………………………………… 8

第一章　魏晉南北朝時期的邊政思想 ……………………………………… 11

　　第一節　先秦兩漢三國時期的邊政思想 ………………………………… 11

　　第二節　兩晉十六國時期邊政思想 ……………………………………… 21

　　第三節　南北朝時期邊政思想 …………………………………………… 30

第二章　三國時期的邊疆經略 ……………………………………………… 37

　　第一節　曹魏政權對北方邊疆的經略 …………………………………… 37

　　第二節　蜀漢對南中的經略 ……………………………………………… 54

　　第三節　孫吳政權對嶺南的經略 ………………………………………… 67

第三章　西晉「大一統」政治格局下的邊疆經略 ………………………… 77

　　第一節　西晉王朝對北方邊疆的經略 …………………………………… 77

　　第二節　西晉王朝對南方邊疆的經略 …………………………………… 89

第四章　東晉十六國時期的邊疆經略 ……………………………………… 95

第一節　十六國政權對北方邊疆的經略 ················· 95
第二節　東晉王朝對南方邊疆的經略 ················· 114
第五章　北朝的北方邊疆經略 ················· 125
第一節　北魏對東北邊疆的鎮撫與羈縻政策 ················· 125
第二節　北魏對北部邊疆的征討、防禦與懷柔羈縻政策 ········· 131
第三節　北魏對西北邊疆的經略 ················· 156
第四節　東魏、北齊、西魏、北周對北方邊疆的經略 ········· 167
第六章　南朝的南方邊疆經略 ················· 181
第一節　南朝對寧州的羈縻統治 ················· 181
第二節　南朝在嶺南的征討與鎮撫 ················· 188
第七章　魏晉南北朝時期的邊疆開發 ················· 201
第一節　三國時期的邊疆開發 ················· 201
第二節　兩晉十六國時期的邊疆開發 ················· 208
第三節　北朝對北方邊疆的開發 ················· 218
第四節　西江督護與南朝嶺南開發 ················· 227
第八章　魏晉南北朝時期的邊疆管理體制 ················· 239
第一節　三國時期邊疆管理體制 ················· 239
第二節　兩晉十六國時期邊疆管理體制 ················· 246
第三節　北朝邊疆管理體制 ················· 259
第四節　南朝邊疆管理體制 ················· 266
參考書目 ················· 273

第七冊　北魏北部邊疆與民族政策研究

作者簡介

王萌，男，漢族，內蒙古包頭市人。現任職於內蒙古大學歷史與旅遊文化學院歷史系，從事秦漢史、魏晉南北朝史、魏晉南北朝碑刻研究。2007 年 8 月考入吉林大學古籍研究所，師從張鶴泉先生研習秦漢史，2009 年 6 月畢業；同年 8 月，師從碩導恩師研治魏晉南北朝史，2012 年 6 月畢業，獲中國古代史博士學位。目前發表學術論文（含已確認用稿）、會議論文共 6 篇，出版專著兩部。申請、承擔 2014 年內蒙古自治區哲學社會科學規劃基金項目，項目名稱：北魏北部邊疆與民族政策研究；項目批准號：2014C117；此項目

已結項，結項證書編號：1214089；此結項成果即爲此次出版成果。

提 要

　　本書通過對有關北魏時期的正史文獻、碑刻以及考古資料進行全面、系統的搜集、整理與分析，同時結合國內外學界相關研究成果，從北魏北部邊疆的形成與地理環境、北魏經略北部邊疆的過程、北魏管理北部邊疆的軍鎮機構、北魏北部邊疆軍鎮的武器裝備與後勤保障、北魏制定之北部邊疆民族政策、北魏與北部邊疆民族使者往來、北魏與北部邊疆民族的經濟、文化交往等方面，進行有關北魏北部邊疆與民族政策的系統研究。進而展示北魏與北方民族勢力盛衰演變、雙方衝突與融合、關係互動。

目 次

序　王紹東

前　言 ……………………………………………………………………… 1

第一章　北魏北部邊疆的形成與地理環境 ……………………………… 11
　　第一節　北魏北部邊疆的形成 ……………………………………… 11
　　第二節　北魏北部邊疆的自然地理環境 …………………………… 13
　　第三節　北魏北部邊疆的人文地理環境 …………………………… 30

第二章　北魏經略北部邊疆 ……………………………………………… 47
　　第一節　北魏歷代統治者對其北部邊疆的經略 …………………… 47
　　第二節　北魏經略北疆的作用與成敗 ……………………………… 83
　　第三節　影響北魏北疆軍事地位的因素 …………………………… 90

第三章　北魏北部邊疆管理機構、北疆軍隊武器裝備及後勤保障 …… 97
　　第一節　北部邊疆軍鎮機構 ………………………………………… 97
　　第二節　北魏管理北疆事務的其他機構 ………………………… 106
　　第三節　北魏北疆軍隊的武器裝備與後勤保障 ………………… 109

第四章　北魏的北部邊疆民族政策 …………………………………… 127
　　第一節　聯姻——以北魏與柔然聯姻爲中心 …………………… 127
　　第二節　授予爵位與職官——以柔然歸附者爲中心 …………… 130
　　第三節　北魏對北方游牧民族的征討作戰——以征討柔然爲中心的
　　　　　　探討 ………………………………………………………… 140
　　第四節　北魏對北部邊疆民族降附者的因俗而治 ……………… 155
　　第五節　北魏對北方草原地區的「以夷制夷」 ………………… 157

　　第六節　北魏北部邊疆民族政策的特點與得失 ……………………… 177
第五章　北魏與北疆民族使者往來 ……………………………………… 181
　　第一節　北魏派往北疆民族的使者 …………………………………… 181
　　第二節　北疆民族派遣到北魏的使者 ………………………………… 186
第六章　北魏與北部邊疆民族的經濟、文化交往 ……………………… 195
　　第一節　北魏與北部邊疆民族的經濟交往 …………………………… 196
　　第二節　北魏與北部邊疆民族的文化交流 …………………………… 201
結　語 ……………………………………………………………………… 219
參考文獻 …………………………………………………………………… 223

第八冊　唐代外來樂舞探微

作者簡介

　　曾麗汝，現任臺中市國小教師。就讀臺中教育大學初等教育學系，中興大學歷史學系碩士，157 期國小儲備主任。學生時代最喜歡上歷史課，優游在風骨人物笑談中，徜徉在滾滾千古紅塵裡，進而從歷史中啓發對人生、人性的思考。從事教職多年，以歷史風物爲範，與學生論古說今，無形中透過歷史培養思辨能力，深覺歷史學於涵養之重要。大學時代參加國樂社，學習琵琶，引發研究胡樂動機，承蒙恩師宋德喜教授指導，完成碩士論文《唐代外來樂舞探微》，並推薦付梓出版，不勝感激。

提　要

　　唐代各項藝術文化成就絢爛可觀，並造就唐代樂舞的盛世，是中國舞蹈史上光彩燦爛的一頁。唐樂舞輝煌的藝術成就，與邊疆民族和鄰境諸國持續大量傳入中原的外來樂舞藝術有密切的關係，尤其唐代胡樂胡舞之盛行，有學者認爲唐代音樂無非是胡樂之天下。可見唐世受外來樂舞影響之深遠，對成就唐代樂舞藝術而言，居有其重要地位。本文旨在探究外來樂舞在唐代盛世傳入後流行、演變的情形，以及與漢族樂舞之間融合發展的脈絡，反映唐人對外來樂舞包容、吸收融合的過程，以期對唐代外來樂舞的風行及影響有完整的論述。

　　首先，本文依歷史發展時期，概述外來樂舞從先秦至隋唐之傳入沿革。說明唐代外來樂舞風行的相關社會背景、樂舞制度以及當代著名的外來樂舞者。繼而以廣義的唐代宮廷「燕樂」樂舞爲範圍，包含「多部樂」、「坐立二

部伎」、梨園「法曲」等，分別從中探尋外來樂舞的存在、演變，以及與漢族樂舞融合的脈絡軌跡。再者，滲透在社會生活各層面的「教坊」樂舞曲中的外來樂舞，在大曲、健舞、軟舞及其他雜曲類中皆有作品，本文運用唐詩彌補史籍中樂舞活動記載的不足，從詩中探究外來樂舞廣泛傳播的情形，以及隨中原風俗民情的演變。最後，外來樂舞的風行反映出唐代社會多元的精神文化，對唐代樂舞文化而言，無疑是使其內涵與價值更爲豐富與多元，爲本文研究總結。

目　次

第一章　緒　論 ……………………………………………………………… 1
第二章　唐代外來樂舞傳入背景 ………………………………………… 13
　第一節　唐代以前外來樂舞的傳入沿革 ……………………………… 13
　第二節　唐代外來樂舞傳入背景 ……………………………………… 30
　第三節　唐代外來樂舞之盛 …………………………………………… 45
　第四節　小結 …………………………………………………………… 81
第三章　唐代宮廷燕樂中的外來樂舞 …………………………………… 85
　第一節　唐代宮廷燕樂「多部樂」中的外來樂舞 …………………… 85
　第二節　唐代宮廷燕樂「坐立部伎」中的外來樂舞 ……………… 120
　第三節　唐代梨園「法曲」中的外來樂舞 ………………………… 136
　第四節　小結 ………………………………………………………… 155
第四章　唐代「教坊」曲中的外來樂舞 ……………………………… 159
　第一節　大曲中的外來樂舞 ………………………………………… 164
　第二節　健舞、軟舞中的外來樂舞 ………………………………… 185
　第三節　其他外來樂舞曲 …………………………………………… 214
　第四節　小結 ………………………………………………………… 233
第五章　結　論 ………………………………………………………… 237
參考書目 ………………………………………………………………… 241

第九、十冊　拓地降敵：北宋中葉內臣名將李憲事蹟考述

作者簡介

　　何冠環，1955 年生，廣東江門新會人，香港中文大學文學士、哲學碩士，美國亞里桑拿大學（University of Arizona）哲學博士，專攻宋代史，師從著名

宋史學者羅球慶教授與陶晉生院士，先後任教於香港公開大學、新加坡南洋理工大學、香港教育大學、香港理工大學，2015 年退休。現擔任香港新亞研究所特聘教授及香港樹仁大學歷史系客席。2006 年起獲選爲中國宋史研究會理事迄今，2010 年獲選爲嶺南宋史研究會副會長迄今，2014 年獲選爲中國宋史研究會副會長（迄 2018 年）。著有《宋初朋黨與太平興國三年進士》（1994）（修訂本，2018）、《北宋武將研究》（2003）、《攀龍附鳳：北宋潞州上黨李氏外戚將門研究》（2013）、《北宋武將研究續編》（2016）、《宮闈內外：宋代內臣研究》（2018）專著五種，以及發表學術論文數十篇。

提 要

本書《拓地降敵：北宋中葉內臣名將李憲事蹟考述》，是作者研究宋代內臣（宦官）的第二本專著。本書以考述北宋中葉收復蘭州並開拓熙河著稱的內臣李憲的軍旅生涯爲經，以神宗至徽宗朝的史事爲緯，重新探究北宋從神宗至徽宗朝變法圖強，拓邊西北而新舊黨爭不斷的複雜政局。

李憲是神宗甚爲寵信的內臣，雖然文臣屢加反對，但神宗仍委以開邊重任。他也無負神宗之知，破西蕃，取蘭州，開熙河，並多次擊敗來攻蘭州的西夏軍，爲神宗一雪元豐五路伐夏及永樂城之役失敗之恥。他的軍旅生涯從未遭敗績，可說是長勝將軍，他麾下的熙河兵團能吏戰將輩出，他經營熙河蘭州所奠下的堅實基礎，成爲後來哲宗至徽宗再度拓邊西北的重要資產，他的戰略戰術也爲其門人童貫繼承，在徽宗朝成功奪取橫山及迫西夏稱臣。

然而，李憲的功績及貢獻以及評價，卻因新舊黨爭而迥異：高太后臨朝的元祐時期，舊黨秉政，他即被罷職貶黜，被斥爲內臣四凶之一，而鬱鬱以終。到哲宗親政，新黨回朝，他便獲得平反，賜諡復官，且被新黨編修的神宗實錄高度評價，稱許他「置陣行師，有名將風烈。至於決勝料敵，雖由中覆，皆中機會。」但宋室南渡後，重修神宗實錄的舊黨史官，雖然仍承認李憲「以中人爲將，雖能拓地降虜」，卻嚴責他「貪功罔上，傷財害民，貽患中國云」。此一觀點後來即爲《東都事略》及《宋史》所因襲。

本書作者即據現存的文獻史料、碑刻銘文，以綿密的考證，生動的筆觸，摒除傳統儒家士大夫對內臣的偏見，重新客觀考述一直頗爲人忽略的李憲的生平事蹟，並附考他麾下以趙濟和苗授爲首的文武僚屬，和繼他任熙河帥的著名邊臣范育，以及其不肖養子李毅的事蹟。另外，也考論神宗、高太后、哲宗及徽宗與相關的新舊黨文臣對開邊西北的態度，以新的視角構建從熙寧

到崇寧這一段深受人關注並爭議不休的歷史。

目　次

第一章　緒　論 …………………………………………………………… 1

第二章　唐代外來樂舞傳入背景 ……………………………………… 13

　　第一節　唐代以前外來樂舞的傳入沿革 ……………………… 13

　　第二節　唐代外來樂舞傳入背景 ……………………………… 30

　　第三節　唐代外來樂舞之盛 …………………………………… 45

　　第四節　小結 …………………………………………………… 81

第三章　唐代宮廷燕樂中的外來樂舞 ………………………………… 85

　　第一節　唐代宮廷燕樂「多部樂」中的外來樂舞 …………… 85

　　第二節　唐代宮廷燕樂「坐立部伎」中的外來樂舞 ………… 120

　　第三節　唐代梨園「法曲」中的外來樂舞 …………………… 136

　　第四節　小結 …………………………………………………… 155

第四章　唐代「教坊」曲中的外來樂舞 ……………………………… 159

　　第一節　大曲中的外來樂舞 …………………………………… 164

　　第二節　健舞、軟舞中的外來樂舞 …………………………… 185

　　第三節　其他外來樂舞曲 ……………………………………… 214

　　第四節　小結 …………………………………………………… 233

第五章　結　論 ………………………………………………………… 237

參考書目 ………………………………………………………………… 241

第十一、十二冊　從內地到邊郡：宋代揚州城市與經濟研究

作者簡介

　　何適，男，湖北廣水人。歷史學博士，揚州大學社會發展學院講師，研究方向為宋代歷史。

提　要

　　本書關注兩宋時期揚州城市與經濟的發展狀況。對宋代揚州的研究，除考慮趙宋政權強化中央集權的政治背景與經濟重心南移的經濟背景外，兩宋之際地緣政治的變化導致揚州從內地轉為邊郡，也是一個至關重要的背景。參照以上宏觀背景，本書稿主要考察了兩宋時期揚州的城市建設、政區變動、

人口狀況、農田水利、商業活動等內容。基於不同的內容，研究過程中注意到揚州城市與區域的差別。具體來說，通過本書，對兩宋時期揚州城市屬性的變遷與城市格局的調整、揚州政區幅員的縮小及其軍政地位的降低、揚州農田水利的開發與社會經濟發展程度的提高，揚州人口的增減及商業活動的展開等等內容，會有比較具體和切實的認識。

目　次

上　冊

緒　言 ………………………………………………………………………………… 1

第一章　宋代揚州的城池建設 ……………………………………………………… 19

　第一節　揚州城池建設與宋廷關於修城的政策取向 …………………………… 19

　第二節　「孝宗恢復」與揚州城池建設 ………………………………………… 39

　第三節　修繕與擴充：南宋後期的揚州城池建設 ……………………………… 64

　第四節　總結 ……………………………………………………………………… 78

第二章　宋代揚州的政區變動及其對經濟的影響 ………………………………… 81

　第一節　揚州政區的演變類型與趨勢 …………………………………………… 81

　第二節　影響揚州政區變動的諸因素 …………………………………………… 90

　第三節　政區變動對揚州經濟的影響 …………………………………………… 98

　第四節　結語 …………………………………………………………………… 108

第三章　宋代揚州的人口狀況 …………………………………………………… 111

　第一節　宋代揚州戶口總數概況 ……………………………………………… 111

　第二節　宋代揚州的人口流動 ………………………………………………… 123

下　冊

第四章　宋代揚州的農田與水利 ………………………………………………… 149

　第一節　民田墾佃：重農背景下的農田經營舉措 …………………………… 149

　第二節　屯田與營田：軍事背景下的官田經營 ……………………………… 158

　第三節　宋代揚州的水利與漕運 ……………………………………………… 171

　第四節　總結 …………………………………………………………………… 182

第五章　宋代揚州的商業經濟 …………………………………………………… 185

　第一節　揚州的市鎮與商業分區 ……………………………………………… 185

　第二節　從北宋中期的商稅數額看揚州商業經濟的發展 …………………… 192

第三節　南宋的商業政策及商人在重建揚州社會秩序中的作用 ………… 200

第四節　總結 ………………………………………………………………… 207

結　論 …………………………………………………………………………… 209

參考文獻 ………………………………………………………………………… 213

附錄一：宋代揚州的政區變動與經濟衰落 …………………………………… 227

附錄二：宋孝宗朝揚州城池建設考──兼論地方視野下的「孝宗恢復」‥ 243

附錄三：南宋揚州蜀崗上城池建設新考 ……………………………………… 261

附錄四：制度興廢的政治隱微──巡社興廢看南宋收編地方武力的官方
　　　　心態 …………………………………………………………………… 285

附錄五：從官方到民間：倉儲建置與宋代救荒的社會力量 ………………… 303

後　記 …………………………………………………………………………… 319

第十三、十四冊　宋代命理術研究

作者簡介

程佩（1981～），男，河南鄭州人，先後獲得河南農業大學文學學士學位（2006），華中師範大學歷史學碩士學位（2011），暨南大學歷史學博士學位（2014），現任教於江西中醫藥大學中醫醫史文獻學科組，中醫學講師，已發表學術論文二十餘篇，出版學術專著《北宋張商英護法研究》（花木蘭文化出版社，2015 年），主編中醫讀物《劇說杏林──中醫史微電影》（江西科學技術出版社，2018 年）。近年來研究方向主要爲周易術數、宋史、中國醫學史。

提　要

命理術，是術數的一種。它是中國古代發展起來的以一個人的出生時間爲依據，以陰陽五行理論爲推命方法，描寫並預測個人命運的術數。縱觀整個古代命理術發展史，宋代命理術處在承前啓後、繼往開來的重要轉折時期。一方面，它整合了之前尚未完善的古法，使其日趨成熟，並最終迎來發展的黃金時期；另一方面，它開啓了新法時代，宣告了子平術的誕生，並爲之後明清子平術的發展指明了方向。

本文擬以歷史宏觀視野把握宋代命理術發展的階段性特徵，細緻考察宋代命理術繁榮的表現以及背後的原因，並力圖客觀評價其對後世的影響。同時，深入探討宋代命理術特有的理論知識，從基礎理論、分析對象、發展演變軌跡、推命方法等諸方面詳析其特徵。通過對宋代命理術理論的詮釋與總

結，以及與明清子平術的對比，暴露宋代命理術本身所存在的一些缺陷，以及其終被歷史淘汰的必然性。通過對比宋明之間命理術理論聯繫與命理文獻傳承關係，重新認識和評價宋代命理術的地位及其對後世的影響。

目　次

上　冊

緒　論 …………………………………………………………………………… 1

第一章　宋代以前命理術發展概況 ……………………………………… 23

　　第一節　有關命理術起源的兩種說法的考察 ……………………… 23

　　第二節　命理術的發軔及獨立：魏晉南北朝 …………………… 35

　　第三節　命理術古法的早期發展：隋唐 ………………………… 43

第二章　走向輝煌：宋代命理術的發展 …………………………… 55

　　第一節　宋代術數的繁榮 ………………………………………… 55

　　第二節　宋代命理術發展概況 …………………………………… 86

第三章　宋代命理術的理論基礎 ………………………………… 137

　　第一節　正五行、眞五行與納音五行 ………………………… 137

　　第二節　五行四時旺衰及十二長生運 ………………………… 184

　　第三節　干支合沖害刑 ………………………………………… 206

下　冊

第四章　命與運：宋代命理術分析的對象 …………………… 223

　　第一節　命與運的概念與關係 ………………………………… 223

　　第二節　命局的構成 …………………………………………… 228

　　第三節　命局的重心：年柱 …………………………………… 238

　　第四節　大運 …………………………………………………… 244

　　第五節　小運與太歲 …………………………………………… 254

第五章　宋代命理術的推命方法 ………………………………… 263

　　第一節　以年柱三命爲主 ……………………………………… 263

　　第二節　以各柱間的尊卑生剋來判命 ………………………… 277

　　第三節　神殺推命 ……………………………………………… 284

　　第四節　喻象分析 ……………………………………………… 321

第六章　宋代命理術的地位及其對後世的影響 ………………… 333

第一節　重新認識和評價宋代命理術的地位 ……………………………… 333

第二節　宋代命理術對後世的影響——以宋代命理術演變軌跡爲例…… 335

第三節　宋代命理術對後世的影響——以宋代命理著作《五行精紀》、

　　　　《子平淵源》在明代的傳承爲例 ………………………………… 381

徵引文獻 ………………………………………………………………………… 387

第十五、十六冊　元代直隸省部研究

作者簡介

　　葛仁考（1969～），男，河北邢臺人，歷史學博士，就職於邢臺學院。先後師從著名蒙古學專家、內蒙古大學寶音德力根先生，中國元史研究會會長、南開大學講席教授李治安先生。多年來，致力於元代河北及家鄉名人劉秉忠等研究，在《內蒙古大學學報》《元史論叢》《中原文物》等期刊發表《元代重臣劉秉忠事蹟考釋兩則》《元代太史院考述》《元代靳德茂墓誌考釋》等近二十篇學術論文。2014 年，專著《元朝重臣劉秉忠研究》由人民出版社出版。

提　要

　　北連蒙古高原、南帶華北平原、中間環繞燕山、西依太行山、南臨黃河、東瀕渤海，再加上運河的南北貫通，河北區位優勢明顯。唐朝「河朔三鎮」、北宋定都汴梁、遼金坐大等，促成河北爲軍事的「根本之地」。元朝雜糅蒙古大汗直轄中央兀魯思諸部習俗與漢唐畿輔制度，在「腹裏」東、西兩翼設置宣慰司，河北成爲「直隸省部」。「直隸省部」屬性在政治、軍事、監察、文化，乃至地方都有所表現。中書省及六部直接管理是「直隸」的典型特徵，體現在公文呈發、賦役戶婚、吏員選拔遷調及鄉試、驛站管理等方面。因位居共同畿輔，元代「直隸省部」深刻影響了明、清兩朝。該地區屯駐了大量侍衛親軍，行使以「護衛兩都」爲主的基本職能。燕南河北道肅政廉訪司堪稱天下第一道，元朝高度重視其官員選拔及陞轉等方面。金元之際，太行山東麓三個學者群體代表北方漢文化主要流派：封龍山學者群繼承孔孟經學，主張以文載道；紫金山學者群鑽研術數之學，力推酌古宜今；蘇門山學者群弘揚程朱理學，躬身道行天下。具體路分層面：「北界連南界」的興和路是兩都「東出西還」的重要地段；「天下樂郡」的順德路具有兩度「新政」的典範意義；「河內山陽」的懷孟路曾爲忽必烈食邑和愛育黎拔力八達出居地。

目　次

上　冊

緒　論 …………………………………………………………………… 1

第一章　直隸省部地區地理環境與水利 ……………………………… 27

　　第一節　地理概況 …………………………………………………… 28

　　第二節　河北平原的滹沱河 ………………………………………… 41

　　第三節　直隸省部地區御河 ………………………………………… 49

第二章　直隸省部政區沿革與中書省部的統轄管理 ………………… 61

　　第一節　元以前河北行政區劃沿革 ………………………………… 62

　　第二節　元代「直隸省部」轄區變遷及其影響 …………………… 67

　　第三節　中書省部對「直隸省部」地區的管理 …………………… 74

第三章　直隸省部地區的軍事駐屯 …………………………………… 99

　　第一節　侍衛親軍的創建及變遷 …………………………………… 100

　　第二節　以護衛兩都為主的衛軍職能 ……………………………… 103

　　第三節　直隸省部地區屯駐諸衛分佈考 …………………………… 109

第四章　燕南河北道廉訪司考述 ……………………………………… 127

　　第一節　燕南河北道廉訪司設置變遷 ……………………………… 129

　　第二節　燕南河北道廉訪司主要官員述略 ………………………… 131

　　第三節　燕南河北道廉訪司主要職能 ……………………………… 140

下　冊

第五章　直隸省部地區文化流派：以封龍、紫金、蘇門三山學者為中心 … 149

　　第一節　封龍山學者群 ……………………………………………… 151

　　第二節　紫金山學者群 ……………………………………………… 157

　　第三節　蘇門山學者群 ……………………………………………… 164

　　第四節　淺析三山學者學理及學術流變 …………………………… 172

　　附錄：封龍山名人安熙及安氏家族研究 …………………………… 181

第六章　興和、順德、懷孟三路個案研究 …………………………… 201

　　第一節　北界連南界：興和路研究 ………………………………… 201

　　第二節　天下樂郡：順德路研究 …………………………………… 230

　　第三節　河內山陽：懷孟路研究 …………………………………… 260

結語：元代直隸省部若干特徵 ………………………………………… 287

參考文獻 ··· 293

後　記 ·· 311

第十七、十八冊　元大都城市形態與建築群基址規模研究

作者簡介

姜東成，畢業於北京清華大學，建築學博士，主要研究方向為中國古代建築史、中西建築比較研究，師從王貴祥教授從事國家自然科學基金項目「合院建築尺度與古代宅田制度關係以及對元大都及明清北京城市街坊空間影響研究」。曾於北京清華大學美術學院從事博士後研究，研究方向為虛擬現實下文化遺產再現研究。現為中央美術學院研究員，北京玉城宣和建築設計有限公司創始合夥人，在理論研究同時進行大量設計實踐，致力於創造具有東方智慧與審美的和諧人居環境。

提　要

本文擬通過對元大都建築群基址規模與平面布局的研究，分析元大都城市街坊空間肌理與城市形態特點，尋找建築群基址規模與等級間的關係，探索元大都城市規劃的原則與手法。

論文首先根據歷史文獻與考古材料，結合實地踏勘，由明清北京建築群用地範圍與街巷肌理推斷元大都城內各建築群的位置與基址規模。元大都建築群的基址規模與建築等級密切相關，這從衙署、寺觀、禮制建築等基址規模的比較中可以清楚地看到。通過研究發現，元大都建築群的基址規模與「八畝一分」的住宅用地之間存在某種聯繫。

在此基礎上，論文提出「元大都城市平格網」的概念，以「八畝」作為基準平格面積，在元大都城市平面上繪出 44 步×50 步的平格網。可以發現，城市街道胡同的位置與某些大型建築群基址規模受這一平格網控制，將這一平格網細化所得 11 步×12.5 步的平格網，對大部分建築群的基址規模起到控制作用。

另一方面，論文依據文獻對元大都內建築群的平面布局以及有詳細尺寸記載的單體建築進行復原，分析建築形制的歷史沿革及對明、清的影響，發現建築模式中的創新，揭示蒙、藏、漢等多種文化因素與建築特點的影響。

此外，論文從動態的角度分析元大都城市形態的發展演變，將城市形態置於政治制度、思想文化、宗教禮俗與人的活動等背景之中加以分析，認為

元大都的規劃布局與建築規制形式上以漢制爲主，但實際卻深受蒙古族觀念習俗的影響，是「蒙古至上」思想的體現。

目　次

上　冊

第1章　緒　論 ……………………………………………………………… 1
第2章　元大都的城市規劃 ………………………………………………… 11
　2.1　元大都的規劃布局 ………………………………………………… 12
　2.2　元大都的中軸線、中心臺與鐘鼓樓 …………………………… 17
　2.3　元大都的街坊 ……………………………………………………… 29
　2.4　元大都的居民區與市場 …………………………………………… 32
　2.5　元大都的河流水系 ………………………………………………… 35
　2.6　「八畝一分」的居住模式 ………………………………………… 37
　2.7　元大都城市平格網 ………………………………………………… 39
第3章　元大都的皇城與宮城 ……………………………………………… 43
　3.1　皇城、宮城的周回尺度與基址規模 …………………………… 44
　3.2　皇城與宮城的規制沿革 …………………………………………… 46
　3.3　大內宮殿 …………………………………………………………… 52
　3.4　興聖宮 ……………………………………………………………… 61
　3.5　隆福宮 ……………………………………………………………… 67
第4章　元大都的禮制建築 ………………………………………………… 89
　4.1　太廟 ………………………………………………………………… 89
　4.2　社稷壇 ……………………………………………………………… 100
　4.3　南郊 ………………………………………………………………… 106
　4.4　其他祭壇建築 ……………………………………………………… 113
　4.5　小結 ………………………………………………………………… 115
第5章　元大都的衙署與倉庫 ……………………………………………… 119
　5.1　大都城內的中央行政機構 ………………………………………… 119
　5.2　大都路地方行政機構 ……………………………………………… 128
　5.3　元大都衙署小結 …………………………………………………… 132
　5.4　元大都的倉庫 ……………………………………………………… 134
第6章　元大都的孔廟、國子學 …………………………………………… 139

6.1　興建沿革 ……………………………………………… 140

6.2　基址規模與平面布局 ………………………………… 143

6.3　設計規律與手法 ……………………………………… 152

6.4　對明清孔廟、國子監的影響 ………………………… 156

6.5　小結 …………………………………………………… 160

下　冊

第 7 章　元大都的佛教建築 ……………………………… 163

7.1　元代佛教發展概況 …………………………………… 163

7.2　元大都城內的前代佛寺 ……………………………… 165

7.3　元大都的敕建佛寺 …………………………………… 171

7.4　元大都敕建佛寺建築模式中的蒙、藏、漢因素 …… 194

7.5　元大都的漢地佛教寺院 ……………………………… 209

第 8 章　元大都道教、基督教、伊斯蘭教與薩滿教建築 … 231

8.1　道教建築 ……………………………………………… 231

8.1.4　元大都道教建築小結 ……………………………… 256

8.2　基督教建築 …………………………………………… 260

8.3　伊斯蘭教建築 ………………………………………… 266

8.4　薩滿教建築 …………………………………………… 268

第 9 章　元大都的住宅 …………………………………… 275

9.1　元大都城內的人口 …………………………………… 275

9.2　元大都住宅的平面布局與基址規模 ………………… 277

9.3　元大都住宅的分佈特點 ……………………………… 284

第 10 章　元大都的園林 ………………………………… 287

10.1　皇家園林 …………………………………………… 287

10.2　城市公共園林與私家園林 ………………………… 292

10.3　小結 ………………………………………………… 296

第 11 章　結語：城市史視角下的元大都 ……………… 299

參考文獻 …………………………………………………… 309

致　謝 ……………………………………………………… 317

第十九冊　元代法定刑考辨

作者簡介

徐昱春，男，漢族，1979 年 4 月 5 日生，湖南耒陽人。2001 年至 2004 年湘潭大學就讀法律碩士專業碩士，2006 西南政法大學就讀法律史專業博士，2010～2013 年湖南師範大學歷史文化學院中國近現代史博士後流動站從事博士後研究。律師，大學教師。現任教於湖南工學院經濟與管理學院。

提　要

元代作爲中國歷史上的一個重要朝代，其刑制與其基本政治經濟制度一樣具有蒙、漢二元混合結構爲核心，南北異制，諸制並舉的特色且頗多建樹。

本文在研究元代法定刑時，基本遵循了提出問題、分析問題、得出結論的治學三段論，首先考察元代法定刑的產生、形成及其演變的歷史，結合大蒙古國和北元時期的相關歷史，由元代法定刑的源頭開始入手，結合一系列立法和執法過程中的反覆選擇，探析元代法定刑制度的前因後果。這部分內容主要集中在文章的第一章元代法定刑淵源考辨和第二章元代五刑制度考辨之中。

其次是以各種特定刑罰爲劃分篇章結構的基本依據，將論文的主體分爲以死、流、徒、笞杖、贖各種具體刑罰爲名的五章，即第三到第七章。但這與傳統封建制五刑制度以笞、杖、徒、流、死爲名有所不同。筆者考慮到笞杖刑在元代立法實踐中實際上是一種刑罰的不同輕重等級，故將五刑中的這二種列爲一章進行考辨，再鑒於贖刑是古代刑制明文規定的法定主刑，而元代又創立了獨備特色的「燒埋銀」制度，在中國贖刑制度史上有重要歷史地位，因此將贖刑列爲單獨的一章。

再次是考察元代法定刑的歷史地位及其發揮的作用。通過對元代法定刑的特點和這些特點之所以形成的原因進行歸納；通過將元代法定刑與前代刑罰特別是唐代刑罰的比較來體現元代刑法在中國法制史上的地位之外，筆者還對其歷史價值和功能進行了評析。這一部分內容構成了論文的第八章。

目　次

緒　論 ……………………………………………………………………………………… 1
第一章　元代刑制立法淵源考辨 ……………………………………………………… 17
　一、最初淵源：蒙昧時期的「約孫」 ……………………………………………… 17

二、最高淵源：覺醒時期的「箚撒」 ……………………………… 23

三、主要淵源：開化時期的漢法 …………………………………… 29

四、其他影響因素 …………………………………………………… 31

第二章　元代五刑制度考辨 ……………………………………………… 33

一、五刑概說 ………………………………………………………… 33

二、「五刑」之前的蒙古族刑罰 …………………………………… 34

三、元代統治者入主中原之初對宋、金刑制進行變通的過渡五刑 …… 37

四、至元八年禁行金律以後形成的新五刑制度 …………………… 44

第三章　元代死刑考辨 …………………………………………………… 49

一、古代死刑概說 …………………………………………………… 49

二、元代基本死刑制度考辨 ………………………………………… 51

三、元代其他法定死刑執行方法 …………………………………… 61

四、「法酒」與賜死制度 …………………………………………… 66

第四章　元代流刑考辨 …………………………………………………… 69

一、元代以前流刑的演變 …………………………………………… 69

二、元代初期「循用金律」廢棄流刑 ……………………………… 72

三、定型以後的元代流刑 …………………………………………… 76

四、元代流刑制度的特色 …………………………………………… 89

第五章　元代徒刑考辨 …………………………………………………… 91

一、歷代徒刑的演變與發展 ………………………………………… 91

二、元代徒刑源流考 ………………………………………………… 95

三、元代徒刑制度之演變 …………………………………………… 98

四、元代徒刑刑等考辨 ……………………………………………… 102

五、元代徒刑與恥辱刑關係考辨 …………………………………… 106

第六章　元代笞杖刑考辨 ………………………………………………… 113

一、元代「笞」、「杖」刑源流考 ………………………………… 113

二、元代十一等笞、杖刑制度的確定 ……………………………… 116

三、元代笞杖刑制以七爲尾數之源流 ……………………………… 121

四、元代以十爲成數的笞、杖刑考 ………………………………… 127

第七章　元代贖刑考辨 …………………………………………………… 131

一、贖刑的變遷 ……………………………………………………… 131

　　二、元代贖刑之形成 ……………………………………………… 132
　　三、元代贖刑的制度和實施 ……………………………………… 136
第八章　元代法定刑的特點與成因 ………………………………… 143
　　一、元代法定刑制度的特點 ……………………………………… 143
　　二、元代刑制形成的原因分析 …………………………………… 152
　　三、結語 …………………………………………………………… 160
參考文獻 ……………………………………………………………… 163
致　謝 ………………………………………………………………… 171

第二十、二一冊　明代南京守備研究

作者簡介

　　周忠，男，江蘇南京人。文學博士，就讀於南京師範大學文學院中國古典文獻學專業。現任職於江蘇春雨教育集團。擔任《江蘇藝文志‧泰州卷》的增訂工作，參與《江蘇地方文獻書目》《南京愚園文獻十一種》《江蘇省志‧著述志》等書的編撰和整理工作。在《史學史研究》《歷史檔案》《東亞文獻研究》等刊物發表論文多篇。

提　要

　　南京守備於永樂遷都北京後開始設立，權力十分廣泛，核心任務爲護衛留都南京的安全。南京守備官員來自內臣、武臣、文臣三個系統，由內守備數人（內臣），外守備一人、協同守備一人（武臣），參贊機務（文臣）一人組成，共同負責南京的安全事務。內守備多爲司禮監太監擔任，統領南京內府各機構，外臣掌管的軍國大事，內守備亦有權參與，常常凌駕於外臣之上。外守備、協同守備由勳臣擔任，統轄南京五軍都督府及所屬各衛所，明初期位高權重，其後權力爲文臣所取代。參贊機務多由南京兵部尙書擔任，掌管南京兵部，主持南京守備日常事務，實際起著決策左右。南京守備制度長達二百餘年，是留都南京最爲重要的政治軍事制度，有著鮮明的特點，對南京及南直隸的安全也起著重要作用。

目　次

上　冊

導　言 …………………………………………………………………… 1
第一章　南京守備制度概述 …………………………………………… 5

一、南京守備設置時間 ……………………………………………… 5

二、南京首任守備官員 ……………………………………………… 9

三、南京守備議事場所、管轄區域 …………………………… 14

四、南京守備職掌 ………………………………………………… 17

第二章　內守備 ………………………………………………………… 25

一、內守備的官銜、人數、資歷 …………………………… 25

二、部分內守備生平資料 ……………………………………… 30

三、內守備辦事機構及下屬人員 …………………………… 36

四、內守備主管事務 …………………………………………… 39

五、內守備的顯要地位 ………………………………………… 53

六、對內守備權力的限制 ……………………………………… 64

七、內守備的作用 ……………………………………………… 68

第三章　外守備、協同守備 ……………………………………… 79

一、外守備、協同守備的創設及任職情況 …………… 79

二、外守備、協同守備主管事務 …………………………… 83

三、外守備、協同守備下屬機構及職責 ……………… 86

四、外守備、協同守備的作用 ……………………………… 115

五、對外守備、協同守備的限制和監督 …………… 132

六、外守備、協同守備的實際地位 …………………… 136

下　冊

第四章　參贊機務 ……………………………………………………… 145

一、參贊機務的設立及任職情況 …………………………… 146

二、參贊機務辦事機構、主管事務 …………………… 152

三、參贊機務的作用 …………………………………………… 156

四、參贊機務的權力、地位 ……………………………… 192

五、對參贊機務的制約 ………………………………………… 198

第五章　南京守備的地位、特點和作用 …………………… 215

一、南京守備的地位、特點 ……………………………… 215

二、南京守備在兩起安全事件中的表現 …………… 229

三、南京守備在南直隸地區的地位和作用 ……… 235

附錄・南京守備年表 ………………………………………………… 269

參考文獻 ……………………………………………………………………… 309

後　記 ………………………………………………………………………… 317

第二二、二三冊　明代北直隸城市平面形態與建築規制研究

作者簡介

包志禹

1970 年 4 月出生於浙江杭州。

2003 年 9 月《建築學報》編輯。

2004～2010 年，清華大學建築學院攻讀建築歷史與理論專業博士學位。

2010 年至今，入職於綠城房地產集團有限公司。

2006～2007 年參加南水北調中線工程建築景觀規劃之子項沿線文物資源調查與匯總（項目主持：吳良鏞院士；子項主持：王貴祥教授）。

2009 年，中國建築學會評選，《元代府州縣壇壝之制》一文獲得「首屆中國建築史學全國青年學者學術論文」一等獎。

出版譯著多本，《城市之道──向中國學習》（張路峰，包志禹譯，2007年）、《古典建築的柱式規制》（包志禹譯，王貴祥校，2009 年）、《明天：真正改革的和平之路》（包志禹、盧健松譯，吳家琦校，2019 年即將出版）。

提　要

明代築城活動是明代制度重建下的一環，在明代地方制度的研究中，北直隸城市平面形態與建築規制是以往的建築史研究中相對而言被忽略的一環。本文主要從平面形態與建築規制兩方面，對北直隸府州縣的營建制度進行研究。

本文首先探討北直隸城市平面形態。在梳理明代城市與行政區域劃分的基礎上，概述了北直隸府州縣的基本情況。然後結合官方文獻和地方志，著重對洪武朝（1368～1398 年）和嘉靖朝（1522～1566 年）的史實作考證與梳理，分為城池構築之緣起、營建修葺之階段、城市形狀與規模、空間結構與布局四個方面。研究表明，至少明代前中期由於政治和社會現實導致北直隸很多城市長期處於城垣頹圮，甚至沒有城牆的狀態；嘉靖朝修葺城池次數最多，正德朝（1506～1521）甃砌磚城居首；北直隸城池之規模，基本以府、州、縣遞減，但城市行政等級並不完全決定城池規模等級。

　　然後，本文研究 4 類明代重要官方建築之規制，分別是衙署建築、廟學建築、壇壝建築、城隍廟建築，它們對城市平面形態影響較大；主要按照府城、州城、縣城的等級，分析朝廷頒佈之制度、分佈規律、平面格局以及基址規模等問題，探究這些官方建築與城市平面形態之間的互相影響。研究揭示，隨著子城制度在明代的消失，跟唐宋元相比，明代北直隸城市空間結構中呈現衙署選址的靈活性；洪武朝就確立官府公廨、社稷壇、山川壇、厲壇、城隍廟和文廟之建築規制，嘉靖朝進行局部改制，它們是惟一的明代各府州縣城必有的壇廟。衙署、廟學、城隍廟建築規制等級依府、州、縣變小；城隍廟與其所在城市的治所衙署建築等級與規制一致；各府州縣壇壝爲同一等級與規制。這些行政、祭祀和學校等空間是明代職官體系、祭祀禮制、科舉制度和營建規制，在各府州縣因地制宜地執行和應對之後的產物，隱含一個明代城市平面形態原型，並被清代所傳承，構成明清中國區別於其他國家（民族）城市空間的特徵之一。

　　最後，本文探究北直隸府州縣城池與建築的經費來源，得出雖然各地的建築與城市情形紛繁，但大體都遵循大的朝代背景下的營建制度框架。

目　次

上　冊

第 1 章　緒　論 ……………………………………………………………… 1

第 2 章　明代北直隸府州縣城池 …………………………………………… 31

　2.1　概述 …………………………………………………………………… 31

　2.2　明代行政區劃簡述 …………………………………………………… 32

　2.3　明北直隸行政建置的變化 …………………………………………… 34

　2.4　明北直隸城池修建 …………………………………………………… 41

　2.5　明代北直隸城市的平面形態 ………………………………………… 56

　2.6　小結 …………………………………………………………………… 75

第 3 章　明代北直隸府州縣衙署 …………………………………………… 77

　3.1　概述 …………………………………………………………………… 77

　3.2　唐宋元地方城市衙署選址與分佈——一個長時段的考察 ………… 78

　3.3　明代北直隸衙署選址與分佈 ………………………………………… 83

　3.4　明代設官與衙署 ……………………………………………………… 92

　3.5　明代北直隸府州縣治所衙署建築平面特徵 ………………………… 93

3.6 小結 ………………………………………………… 108

第4章 明代北直隸府州縣廟學 ……………………… 111

4.1 概述 …………………………………………………… 111

4.2 宋元廟學形制實例 ………………………………… 113

4.3 明代北直隸地方廟學 ……………………………… 116

4.5 經費籌措 …………………………………………… 149

4.6 小結 …………………………………………………… 151

下 冊

第5章 明代北直隸府州縣壇壝 ……………………… 153

5.1 概述 …………………………………………………… 153

5.2 元代壇壝之制 ……………………………………… 154

5.3 明代北直隸府州縣壇壝 …………………………… 171

5.4 小結 …………………………………………………… 197

第6章 明代北直隸府州縣城隍廟 …………………… 201

6.1 概述 …………………………………………………… 201

6.2 城隍廟——官方祠廟 ……………………………… 202

6.3 城隍廟建築規制 …………………………………… 203

6.4 其他廟宇 …………………………………………… 214

6.5 小結 …………………………………………………… 216

第7章 明代北直隸府州縣城池與建築的經費來源 ……… 217

7.1 概述 …………………………………………………… 217

7.2 財政預算 …………………………………………… 218

7.3 經費來源 …………………………………………… 223

7.4 修築原因 …………………………………………… 235

7.5 工程管理 …………………………………………… 239

7.6 小結 …………………………………………………… 242

第8章 結 論 ………………………………………… 243

8.1 明代北直隸城市平面形態的特徵 ………………… 243

8.2 明代北直隸城市建築規制的特徵 ………………… 246

8.3 值得深入的問題 …………………………………… 248

參考文獻 ………………………………………………… 249

第二四冊　明代萬恭的治黃理漕研究

作者簡介

　　蔡泰彬，臺灣臺東縣人，民國四十三年生。

　　中國文化大學史學研究所博士。

　　曾任靜宜、海洋等大學副教授，現任國立彰化師範大學歷史學研究所教授。著有《明代夏原吉研究》、《明代漕河之整治與管理》、《晚明黃河水患與潘季馴之治河》等書，及發表〈明代江南地區水利事業之研究〉、〈明代練湖之功能與鎮江運河之航運〉、〈明代萬恭整治鎮江運河與瓜洲運河〉、〈明代的巡河御史〉、〈明代貢鮮船的運輸與管理〉、〈明代漕河四險及其守護神——金龍四大王〉、〈論證明代御製黃河萬里圖應繪製於清康熙時期〉、〈中國傳統詩文之黃河觀〉、〈論黃河之河清現象〉、〈元明時期海運的海險與膠萊運河的開鑿〉、〈明代太和山的行政管理組織〉、〈明清泰山與太和山的香稅徵收、管理與運用〉等論文。

提　要

　　明隆慶元年（1567），在治黃保漕方策的影響下，將黃河下游的全流水導向東行徐州城，循泗河下游河道，於淮安府城會淮河，在安東縣雲梯關海口入海。從此黃河下流從多途分流轉為單一合流的河道，此一流向維持至清咸豐五年（1855），共有 288 年；在黃河史上，此為重大的水流及河道變遷。

　　黃河全流東行，開啓整治黃、漕二河的新里程，萬恭於隆慶六年（1572）出任總理河道都御史，面對黃河所產生的新危害，首次提出全面性的改革方案：

　　在黃河全流東行對黃漕二河的衝擊上。為整治黃河，率先推動束水攻沙論，在徐州至宿遷縣間構築雙重堤防。為治理漕河，以防範黃河水灌淤閘漕南端的茶城運口、湖漕北端的清江浦運口，前者主要採行束水攻沙方策，在茶城一帶的運道兩岸建造束水堤防；後者則將運口轉移至天妃口，並建置天妃閘。另因黃、淮二河水入灌高郵、寶應諸湖，湖水盈盛，為預防湖堤潰決，在湖堤上建造 23 座減水堤閘。

　　在糧船西溯河漕免遭覆溺的危患上。為避免糧船北上遭逢黃河的伏、秋水汛（四月－九月），重訂漕運行程，江南糧船須於前年冬季啓航，期於當年四月以前經渡河漕。但多春季節，正值長江潮水低落，而且濟注運道水量的沿岸河川也正逢枯水期；為使糧船在此時期能順利北上，在浙漕北段運道，

採行濬深運道，再引沿岸濟運諸河水北注，以期加深運河水；湖漕南端的瓜洲河運口，則改建車船壩爲船閘；在閘漕，爲有效運用運河水，建造坎河口石灘，設置馬場諸湖爲水櫃，及有效操控船閘技術等。

萬恭的治河理念與作爲，對往後黃、漕二河的整治產生深遠的影響；其所推動的水利工程雖大多未能產生長效，但也奠下後繼者進一步改進的基礎。

目　次

第一章　緒　論 ……………………………………………………… 1
第二章　生平事蹟 …………………………………………………… 9
　第一節　任官歷程 ………………………………………………… 9
　第二節　品格才識 ………………………………………………… 12
第三章　黃河下游東流與萬恭治理黃、漕二河方策的調整 ………… 15
　第一節　調整黃河的治理方策 …………………………………… 18
　第二節　調整漕河的治理方策 …………………………………… 37
第四章　江南糧船於冬季啟航與萬恭治理漕河方策的調整 ………… 59
　第一節　浙漕濬深北段運道 ……………………………………… 61
　第二節　湖漕的瓜洲河改建船閘 ………………………………… 67
　第三節　閘漕備春運的整建工程 ………………………………… 75
第五章　結　論 ……………………………………………………… 89
參考書目 ……………………………………………………………… 95

第二五冊　清朝中前期正式法律淵源研究（1644～1840）

作者簡介

于之倫，1982 年生，遼寧營口人，法學博士，2011 年畢業於中國人民大學，長期從事法理學和法律史研究。

提　要

本文關注的是清朝中前期正式法律淵源問題。清朝作爲中國歷史上最後一個封建王朝，其諸多制度在中國歷史發展進程中都達到了巔峰。本文力圖通過考察清朝中前期正式法律淵源進而探究中國傳統法制內在規律，透過籠罩在法律之上的層層迷霧去發掘中國傳統法制的正式法律淵源。從歷史考察視角來看，清朝中前期正式法律淵源可以分爲律、則例和通行。從西方法學理論視角來看，清朝中前期法律不僅有制定法而且有判例法。兩個結論並不

矛盾，它們分別從不同維度反映了清朝中前期正式法律淵源。滿清入關至清
末修律之間，清廷主要頒佈過三部律例，三部律例中都包含著制定法和判例
法成分。清廷又頒佈了大量則例和通行，則例、通行同律例一樣，也是制定
法和判例法的混合體，其內部也包含了大量的制定法和判例法內容。清朝法
律淵源可以劃分爲制定法和判例法的根本原因在於皇權的崇高地位，皇權是
一個融合了各種最高權力於一體的權力，其包含了最高立法權、最高司法權、
最高行政權、最高決定權等一系列終極權力。以清朝中前期正式法律淵源爲
鑰匙，在一定程度上可以理解清末修律的曲折之路以及清末修律選擇大陸法
系道路的內在邏輯。清朝法制狀況體現了中華法系和大陸法系在中國的分野。

目　次

導　論 ……………………………………………………………………… 1

　0.1 問題之緣起：攝政王的改判 ………………………………………… 1

　0.2 研究範圍 …………………………………………………………… 3

　0.2.1 清朝中前期之選定 ………………………………………………… 3

　0.2.2 清朝中前期正式法律淵源之選定 ………………………………… 3

　0.3 研究綜述 …………………………………………………………… 5

　0.4 路徑與概念 ………………………………………………………… 7

　0.4.1 研究路徑 …………………………………………………………… 7

　0.4.2 研究概念 …………………………………………………………… 8

　0.5 資料與方法 ………………………………………………………… 9

　0.6 創新與不足 ………………………………………………………… 10

第 1 章　他山之石：正式法律淵源的一般理論 …………………………… 13

　1.1 法律淵源理論之研究現狀概述 …………………………………… 13

　1.2 正式法律淵源 ……………………………………………………… 19

　1.3 清朝中前期的正式法律淵源 ……………………………………… 32

第 2 章　不易常經：清朝中前期正式法律淵源之「律」 ………………… 37

　2.1 「順治律」：清朝律例的開創先驅 ………………………………… 37

　2.2 「雍正律」：清朝律文的正式形成 ………………………………… 67

　2.3 「乾隆律」：清朝律例的最終定型 ………………………………… 76

第 3 章　隨時損益：清朝中前期正式法律淵源之「則例」 ……………… 87

　3.1 「則例」概述 ……………………………………………………… 88

3.2「則例」中的制定法因素 …………………………………………… 126

3.3「則例」中的判例法因素 …………………………………………… 130

第4章 因事制宜：清朝中前期正式法律淵源之「通行」 …………… 137

4.1「通行」概述 …………………………………………………………… 138

4.2「通行」中之制定法因素 …………………………………………… 154

4.3「通行」中之判例法因素 …………………………………………… 157

第5章 改弦易轍：清朝中前期正式法律淵源與清末修律 ………… 163

5.1 清末修律的曲折之路 ………………………………………………… 163

5.2 清末修律轉向大陸法系之緣由 ……………………………………… 174

5.3 清朝法制：中華法系與大陸法系之分野 ………………………… 184

結 語 ……………………………………………………………………… 195

參考文獻 …………………………………………………………………… 207

第二六冊　邵晉涵研究

作者簡介

劉一，筆名劉貫之，北京人。先後就讀於北京師範大學、臺灣中央大學（桃園），師從徐梓、汪榮祖先生，獲教育學學士、文學碩士學位。現為北京師範大學出版社編輯，兼任北京師範大學國學經典教育研究中心助理研究員、中華炎黃文化研究會童蒙文化專業委員會理事。中小學教科書《中華傳統文化》（共二十四冊）副主編，參與國家古籍整理出版規劃項目《輯補舊五代史》的研究、編撰工作，北京市教育科學「十二五」規劃 2012 年度重點課題（優先關注）「傳統文化教育活動的內容及實施途徑研究」（AAA12002）、2016 年度國家社會科學基金重大項目「中國傳統文化教育資源的開發利用研究」（16ZDA230）課題組核心成員。

提　要

本書以邵晉涵學術之形成與發展為明線，以浙東學術與乾嘉考據之激蕩為暗線，凡前輩典範、家學庭訓、師門傳授、友朋切磋、社會風氣、政治環境對其學術之影響，皆作深入論述。

邵晉涵學術之形成與發展，大致歷經四個階段：（一）、家傳鄉習。早年隨祖父邵向榮、族兄邵陸陛受業，且獲聞邵廷采學行甚詳；習聞王守仁、劉宗周、黃宗羲、萬斯同、全祖望之遺事，涉獵其著述，遂心生景仰。浙東學

術之精神，蘊蓄已深。（二）、浸染樸學。中舉後，從遊錢大昕、朱筠之門，與戴震、段玉裁切磋論學，治學之方法與領域，漸趨向於訓詁考據。（三）、論學實齋。成進士後，始與章學誠同寓朱筠幕下，深入論史，重讀邵廷采之著述，注重「著述成家」與「史學義例」之闡發。（四）、徵入四庫。纂輯《舊五代史》諸佚書，寓史家深意於文獻之中；撰寫提要，申明浙東史家之觀點。然文字之忌諱，皇帝之過問，「提要稿」之刪改，影響其學術心態甚巨，實為《宋志》不克成編之重要原因。

邵晉涵一生之學術，就其方法而言，側重於文字訓詁、網羅佚文、考證異同；就其領域而論，側重於群經新疏、諸史考證。然傳承文獻之職志，躬行實踐、經世致用之精神，實為其一生學術宗旨之所在，與浙東學術之根本特徵相契合。

目 次

緒 論 …………………………………………………………………………… 1

第一章　山水中開文獻邦──浙東學術，邵氏家學 ………………………… 21
　第一節　清代浙東學術簡論 ……………………………………………… 22
　第二節　餘姚邵氏家學述略 ……………………………………………… 32

第二章　隻眼觀書喜獨明──家傳鄉習，蘊蓄深厚 ……………………… 49
　第一節　幼年之家學師承 ………………………………………………… 49
　第二節　浙東儒哲之宗仰 ………………………………………………… 53

第三章　長安米貴居偏易──客居日下，浸染樸學 ……………………… 63
　第一節　入都後之師友淵源 ……………………………………………… 64
　第二節　《韓詩內傳考》發覆 …………………………………………… 68

第四章　名山夜雨成千古──遊幕中之論學與沉思 ……………………… 77
　第一節　客居朱筠幕 ……………………………………………………… 78
　第二節　論學章實齋 ……………………………………………………… 79

第五章　快讀人間未見書──四庫館內之輝煌與落寞 …………………… 89
　第一節　宋元佚書之纂輯 ………………………………………………… 90
　第二節　提要稿本之分撰 ………………………………………………… 95
　第三節　學術心態之影響 ………………………………………………… 108
　第四節　《邵氏史記輯評》書後 ………………………………………… 112

第六章　枕有遺書痛未成──晚年之治學與著述 ………………………… 117

第一節　邵、章晚年學術之異同 ………………………………… 118

第二節　〈邵與桐別傳〉之檢討 ………………………………… 122

第三節　《南都事略》與《宋志》 ……………………………… 125

第七章　傳承文獻之職志 ………………………………………… 131

第一節　留心文獻 ………………………………………………… 131

第二節　纂修方志 ………………………………………………… 133

第三節　詩具史筆 ………………………………………………… 138

第八章　經世致用之精神 ………………………………………… 145

第一節　研經治史之宗旨 ………………………………………… 145

第二節　社會現實之關注 ………………………………………… 149

結　語 ……………………………………………………………… 153

附錄一　邵晉涵現存著作簡表 …………………………………… 155

附錄二　邵晉涵遺文小集（附遺詩） …………………………… 157

附錄三　《清代學術概論》札記 ………………………………… 179

參考文獻 …………………………………………………………… 187

邵晉涵遺文小集（附遺詩）詳目

城北捨穗記 ………………………………………………………… 158

孝義家廟記 ………………………………………………………… 158

《餘姚景橋魯氏宗譜》序 ………………………………………… 159

《沈氏重修家譜》序 ……………………………………………… 160

《補續漢書藝文志》序 …………………………………………… 161

《歷代疆域表》序 ………………………………………………… 161

《周易辨畫》序 …………………………………………………… 162

跋鈔本《古文尚書考》 …………………………………………… 162

跋鈔本《東南紀聞》 ……………………………………………… 163

跋鈔本《五代春秋》 ……………………………………………… 163

跋鈔本《張文忠公文集》 ………………………………………… 164

書張義年〈三十初度自序〉後 …………………………………… 164

書章學誠〈書教〉後 ……………………………………………… 164

書章學誠〈原道〉後 ……………………………………………… 164

書章學誠〈與陳觀民工部論史學〉後 …………………………… 164

書吳玉綸〈西施說〉後 ······················· 165

書吳玉綸〈鄉飲酒說〉後 ···················· 165

與孫星衍書 ····································· 165

與黃璋書（一）································· 165

與黃璋書（二）································· 166

與黃璋書（三）································· 166

乾隆乙酉科浙江鄉試卷（大而化之之謂聖）····· 166

汪龍莊先生六十壽序 ·························· 167

儲封文林郎警寰朱先生六十壽序 ·············· 168

竹村公暨配陳宜人五旬雙壽序 ················ 169

吳節婦傳 ······································· 170

誥授中憲大夫前護安徽按察使安慶府知府會稽奠菴章公傳 ··· 171

傅文學龍光墓表 ······························· 173

誥授資政大夫兵部侍郎都察院右副都御史安徽巡撫何公裕城墓誌銘 ··· 174

《橋東詩草》題辭 ···························· 176

東陽張忠敏公賜諡建祠作 ···················· 176

屏山講寺題壁詩 ······························· 176

正誼書院偶占 ································· 176

十日奉陪槐亭先生遊萬柳堂率賦應命即正 ······ 177

題奉寶山老伯大人誨政 ······················ 177

芙蓉詩爲樂山學長賦 ························· 177

疊前韻奉酬蓋翁太老伯即求誨定 ·············· 177

題平湖徐春田孝廉志鼎《東湖春禊圖》········· 177

第二七冊　近世穩婆群體的形象建構與社會文化變遷

作者簡介

張璐，女，1984 年出生，籍貫陝西省耀縣。

2002 年至 2006 年，就讀於南開大學歷史學院，攻讀歷史學專業，獲歷史學學士學位。

2006 年至 2009 年，就讀於南開大學歷史學院，攻讀中國古代史專業，獲歷史學碩士學位。

2009年至2013年就讀於南開大學歷史學院，獲中國古代史專業博士學位。

提　要

本文試圖通過搜集爬梳史料中零散的相關記載，來還原歷史上一個甚少被關注的小人物的群體——穩婆的生活狀貌，並藉由對諸多文本中有關的敘述來呈現穩婆的群體形象及其形象變遷，進而探究其豐富多樣的個人形象和單一刻板的群體形象間的落差所體現的社會文化意涵，以及不同階層的他者在產婆形象建構過程中所反映出的不同社會觀念。因此，本文不只是性別史和醫療史的研究，更是一項社會文化史的研究。

　　以一個較長的時段來研究，相對更有利於把握該群體形象的文化建構過程。因此本文從比較寬泛的角度來定義近世，即起訖於宋，而下至於民國。本文在探討穩婆形象時，對文本做了醫學書籍和文學作品等其他文本的兩類區分。穩婆因涉及婦女分娩領域，成為醫家頗為關注的對象。在醫書之中，自宋代，醫家已對穩婆的助產手法進行總結，表明在難產救助上醫家對其之倚重；至明代，在醫書中尚能見到技藝熟練之穩婆的存在；至清代，醫家表現出對穩婆之言的不信任與強烈排斥，穩婆在醫書中基本呈現忙冗慌張、混鬧誤事的形象。在文學作品或者個人日記等記述中，穩婆往往是活躍婦女社交氣氛的熱鬧角色，讓人發笑的滑稽角色，溫厚熱心的鄰家老婦，甚至被稱為「地獄菩薩」的人物。但是明清文學中人物類型化的傾向使得該群體的形象表現趨於一致化，常被塑造成墮胎、殺嬰或品行不端的負面形象。而近代的輿論宣傳也在「衛生」等近代話語之下將穩婆認定成製造婦女悲慘境遇的劊子手。穩婆中多樣化的個人形象與穩婆群體單一的卑污形象形成一種矛盾。這種矛盾的形成主要因為：在醫學領域，傳統分娩醫學理論漸趨保守消極，醫者崇尚「瓜熟蒂落」的自然境界，而傳統醫學接生醫術的局限性使得穩婆成為產厄多發的替罪羔羊；在日常的道德教化中，穩婆侵入家庭私人生活空間等特點，又使其成了婦德教育的反面教材；而近代新法接生的引入與推廣這一產育「近代化」過程中，穩婆又在傳統和現代雙重力量的型塑下，成為與「科學」和「文明」無緣的「傳統」和「落後」的代名詞。由此可見，穩婆群體形象的形成與演變，很大程度上乃是社會文化觀念的使然，展現了文化建構的力量。

目　次

第一章　緒　論 ………………………………………………………… 1

第二章　近世穩婆的基本狀貌 ……………………………………… 25

第一節　穩婆的稱呼 ………………………………………… 26

第二節　穩婆的經濟狀況 …………………………………… 30

第三節　穩婆的知識與技藝 ………………………………… 40

第四節　穩婆的其他職能 …………………………………… 51

第五節　餘論：穩婆行業的特點 …………………………… 53

第三章　穩婆在傳統醫書中的形象 ………………………………… 57

第一節　古代醫家對難產的認識與應對 …………………… 57

第二節　醫書中的穩婆形象 ………………………………… 72

第三節　通俗胎產醫書的流行與穩婆形象的普及——以《達生編》

為例 ………………………………………………… 81

第四節　餘論：醫家與穩婆的關係 ………………………… 95

第四章　穩婆在其他文本中的形象 ……………………………… 101

第一節　良善之輩 ………………………………………… 101

第二節　富有喜劇色彩的滑稽人物 ……………………… 110

第三節　卑污的小人 ……………………………………… 114

第四節　與穩婆伴隨的魍魅色彩 ………………………… 123

第五節　餘論：穩婆形象體現的社會觀念 ……………… 128

第五章　晚清以降穩婆境遇及形象的變化 ……………………… 133

第一節　晚清以降婦嬰衛生行政的出現 ………………… 133

第二節　「衛生」話語下的穩婆境遇 …………………… 144

第三節　傳統穩婆形象在近代的延續與演變 …………… 166

第四節　餘論：傳統穩婆形象對近代助產事業的影響 … 186

第六章　結　語 ……………………………………………………… 191

參考文獻 ……………………………………………………………… 201

第二八、二九冊　「東亞通」薩道義與庚子和談

作者簡介

　　邊文鋒，1983 年 3 月 4 日出生，江西省峽江縣人。2004 年 7 月畢業於南昌大學機電學院，獲工學學士學位；2007 年 7 月畢業於中國人民大學清史研究所中國近現代史專業，獲史學碩士學位；2012 年 7 月畢業於北京大學歷史

學系近現代中外關係史專業，獲史學博士學位。北大讀博期間選修日語和俄語，尤其關注東北亞國際關係（史），先後於 2010 年和 2011 年分別前往日本關西大學和聖彼得堡大學短期交流。2012 年 7 月，前往日本北海道大學斯拉夫研究中心參加學術會議。現爲人民日報社新媒體中心編輯記者。

提　要

本文主要依據英國駐華公使薩道義（Ernest Mason Satow， 1843～1929）的已刊或未刊日記、信件和大量各國外交檔案，梳理和考證庚子和談與《辛丑條約》簽訂的全過程和諸多鮮爲人知的細節，尤其是薩道義及英國政府對和談的影響，有助於加深對這段中外關係史及東北亞國際關係史的理解。

1899～1900 年間，中國華北大地義和團運動風起雲湧。列強組成八國聯軍（英、法、德、美、日、俄、意、奧匈）對中國進行武裝干涉，1900 年 8 月 14 日佔領北京城，以慈禧太后和光緒皇帝爲首的清政府被迫撤出北京，倉皇西逃。9 月 25 日，清廷頒佈諭旨任命慶親王奕劻和大學士李鴻章爲特命全權大臣，負責與各國代表談判，開始庚子和談。

列強紛紛提出各自對華談判的方針和要求，在華各國使節也多次開會討論對華談判基礎。經過多輪磋商，外交團於 1900 年 12 月 24 日向中方代表正式遞交聯合照會，內含十二款強硬要求。隨後，中外雙方就具體問題展開談判。直到 1901 年 9 月 7 日，外交團與中國全權代表簽署《辛丑條約》。至此，爲期一年之久的庚子和談基本結束。

庚子和談涉及列強多達十一個，列強軍事行動也包括八個國家。其中，作爲老牌帝國主義強國，英國在庚子和談中的地位舉足輕重，而英國駐華公使薩道義在其中表現十分突出。薩道義之所以能有如此表現，這與他早年在中國和日本的學習、工作和生活經歷息息相關，他十分熟悉東亞事務，是國際知名的「東亞通」，1900 年赴任前又在上海、大沽和天津等地與中外各界人士交談，對中國局勢和各國對華政策都有詳細的瞭解。

懲辦「兇手」問題是庚子和談的先決條件和重要內容，中外雙方在懲辦「禍首」問題談判的焦點主要是如何懲辦端郡王載漪和甘軍將領董福祥。最初外交團一致決定要求全部處死 11 名「禍首」，後來立場發生改變，但英國政府仍主張處死全部「禍首」，遭到其他公使們的集體反對。最後薩道義只好代表英國政府提出妥協方案，雖仍堅持判處「禍首」死刑，並記錄在案，但可由清廷頒佈諭旨特赦，將他們改爲流放新疆。在懲辦「禍從」問題上，薩道

義協助外交團擬定懲罰名單並向中方施壓，還私下與中方代表接觸，迫使中方接受英方要求。

賠款問題是庚子和談最重要的內容。薩道義在賠款原則、對中國財政狀況調查、對華索賠總額和付款截止期限、賠款償付方式和監督執行等問題的談判中都發揮了重要作用。

此外，薩道義還在撤軍、武器禁運、修改商約、清廷回鑾、停止科舉考試、改革總理衙門和公使覲見禮節等問題談判中也起了重要作用。

在參加八國聯軍出兵中國華北的同時，沙俄還藉口保護鐵路權益單獨出兵侵略中國滿洲（時稱滿洲），燒殺搶掠，無惡不作。圍繞交收滿洲問題，中俄之間舉行談判。出於各自在華利益的考量，英日美德等國家積極出面干涉中俄談判。以兩江總督劉坤一和湖廣總督為首的中國東南部的「開明實力派」也極力勸阻清廷，並積極和各國政府及外交官聯繫，爭取外國支持。最後，清廷拒簽俄約，滿洲問題暫告一段落，但為後來日俄矛盾激化並導致日俄戰爭埋下了伏筆。

綜合來看，薩道義在庚子和談中的表現既反映了英國政府和列強的在華利益、對華政策及其之間的矛盾和妥協，又反映了薩道義本人的對華認識和外交手腕。因此，對薩道義日記、信函的發掘整理和研究，將有助於進一步認識《辛丑條約》談判時的中國政局、中外關係史和 國際關係史。

目　次

邊文鋒著《「東亞通」薩道義與庚子和談》序　王曉秋

上　冊

前　圖

緒　論 ………………………………………………………………………… 1

第一章　薩道義的「中國行」與「中國觀」……………………………… 37

　第一節　薩道義的早期上海之行（1862 年 1 月～3 月）……………… 38

　第二節　薩道義早期北京之行（1862 年 3 月～8 月）………………… 46

　第三節　薩道義的「中國觀」初探 ……………………………………… 54

　第四節　薩道義在中國期間的讀書情況 ………………………………… 64

第二章　薩道義赴任中國 …………………………………………………… 69

　第一節　薩道義臨危受命赴任駐華公使 ………………………………… 69

　第二節　薩道義在上海時對中國局勢的觀察 …………………………… 74

第三節　薩道義在大沽和天津的活動 ·· 84

第四節　薩道義接替竇納樂任職 ·· 88

第三章　薩道義與外交團對華聯合照會的提出 ························· 91

第一節　各國政府提出對華談判的基礎 ······································ 92

第二節　薩道義掌握中國動亂詳情並分析原因 ······················· 100

第三節　薩道義對軍事問題的看法 ··· 104

第四節　有關中方官員涉嫌密謀攻打教堂案的交涉 ················· 110

第五節　外交團草擬對華聯合照會 ··· 116

第四章　薩道義與懲辦「兇手」問題的談判 ························· 137

第一節　對慈禧太后戰爭責任的認定 ······································ 138

第二節　懲辦「禍首」問題談判 ·· 141

第三節　懲辦「禍從」問題談判 ·· 167

第五章　薩道義與中國賠款問題談判 ································· 183

第一節　外交團確立賠款問題談判的原則 ································ 183

第二節　外交團調查中國的財政狀況 ······································ 194

第三節　各國確定索賠數額 ·· 206

第四節　薩道義與中國賠款方式的確定 ··································· 216

第五節　薩道義與對中國賠款償付的監督與執行 ···················· 237

下　冊

第六章　薩道義與中俄滿洲問題談判 ································· 239

第一節　交涉增阿暫約 ··· 247

第二節　交涉俄財長維特擬稿 ·· 257

第三節　交涉俄外長所提約稿 12 條 ······································ 268

第四節　薩道義積極游說 ·· 280

第五節　各方最後博弈 ··· 287

第六節　清廷最終拒簽俄約 ··· 305

第七節　俄約暫罷留禍端 ·· 312

第八節　小結 ·· 314

第七章　薩道義與其他問題談判 ······································· 317

第一節　薩道義與修改商約稅則問題談判 ································ 317

第二節　薩道義與取消北京會試問題談判 ································ 320

結　　論 ……………………………………………………………… 329

參考書目 ……………………………………………………………… 415

後　　記 ……………………………………………………………… 425

第三十冊　明清廣東狀元與進士的人文地理研究

作者簡介

陳漢成博士，廣東省汕尾縣人士。現爲香港教育局課程發展處借調老師及保良局唐乃勤初中書院中國歷史科主任。2011 年獲香港教育局頒發「第十六屆表揚教師狀」。2017 年畢業於廣州暨南大學，獲中國史博士學位，主修歷史地理學。主要研究興趣爲中國明、清歷史地理學和香港教育史。其著述涵蓋香港教育歷史和非華語學生學習中國歷史的教育研究。

提　要

本研究工作的目的和創新點是在歷史人文地理的理論基礎上，從明清時期，廣東的文化、經濟與政治等方面，研究明清狀元與進士的人文地理。本書研究方法是透過分析明清時期的《明清歷科進士題名碑錄》，並參考各種形式的質性證據，包括明清時期的《方志》《府志》《州志》《縣志》《傳記》《家譜》作出歸納與總結。

本文主要的研究成果分爲三部分：第一、從明清廣東的文化、狀元與進士的人文地理分佈、經濟與政治等方向，作深入分析及探討其文化傳承。第二、整體檢視乾隆時代的廣東科舉盛況，分析明清廣東狀元與進士地理分佈的傳承。第三、透過廣東科舉興盛的南海縣、順德縣及番禺縣作地域個案考察，闡釋明清廣東狀元與進士的增長情況。

本文創新之處及結論共有三點：第一、明清時期廣東進士數目的增加，原因之一是廣東科舉家族積極地透過興建書院及利用科舉賓興制度，持續地鞏固廣東進士數目增加的成果。第二、乾隆對廣東科舉家族所作出的貢獻，例如乾隆積極地透過在廣東興建書院及推動科舉賓興制度，開創了廣東狀元與進士的發展方向。第三、透過明清廣東 1,909 名進士的籍貫分析，呈現明清廣東狀元與進士所具備的特性。

目　次

第一章　緒　論 …………………………………………………………… 1

　第一節　研究工作的目的及涉及範圍 ………………………………… 1

第二節　相關領域的前人研究成果及研究設想、研究方法和學術史
　　　　回顧 ……………………………………………………………… 4
第三節　實際的概述、理論意義和實際價值 ………………………… 16
第二章　廣東狀元與進士的人文地理基礎 ……………………………… 19
第一節　廣東的地理定義 ……………………………………………… 19
第二節　廣東的自然地理 ……………………………………………… 20
第三節　古時廣東的氣候特性 ………………………………………… 23
第四節　張九齡和蔡挺開鑿嶺南通道的貢獻 ………………………… 24
第五節　古代廣東的社會風俗 ………………………………………… 26
第三章　明朝至清朝科舉制度下廣東狀元與進士的變化 …………… 29
第一節　明朝至清朝廣東科舉制度變化 ……………………………… 29
第二節　明朝至清朝廣東狀元的變化 ………………………………… 39
第三節　明朝至清朝廣東進士的變化 ………………………………… 48
第四節　小結 …………………………………………………………… 128
第四章　廣東明朝與清朝狀元和進士的地域分佈 …………………… 131
第一節　明清兩朝廣東狀元與進士地域分佈的狀況 ………………… 131
第二節　明清兩朝廣東進士地域分佈比較 …………………………… 155
第三節　小結 …………………………………………………………… 161
第五章　明朝至清朝廣東狀元和進士的人文地理構成 ……………… 165
第一節　明清兩朝廣東狀元與進士地緣構成 ………………………… 165
第二節　明清兩朝廣東狀元年齡構成 ………………………………… 166
第三節　明清兩朝廣東狀元與進士家族構成 ………………………… 169
第四節　明清兩朝廣東狀元與進士仕宦構成 ………………………… 172
第五節　小結 …………………………………………………………… 190
第六章　個案考察（以清朝乾隆時代為例） ………………………… 197
第一節　乾隆時代共有 257 名廣東進士的背景 ……………………… 197
第二節　乾隆時代廣東科舉賓興的空間分佈與特點 ………………… 203
第三節　乾隆時代廣東科舉制度興盛的地區個案 …………………… 205
第七章　地域考察（以廣東南海、順德及番禺縣為例） …………… 209
第一節　明清時期廣東科舉制度的特色 ……………………………… 209
第二節　廣東南海、順德及番禺縣進士個案分析 …………………… 213

　　第三節　歷朝廣東三鼎甲及進士分析 ……………………………… 222

　　第四節　小結 ……………………………………………………………… 231

第八章　總　結 ……………………………………………………………… 235

參考文獻 ……………………………………………………………………… 245

後　記 ………………………………………………………………………… 259

第三一冊　江南木構架營造技藝比較研究

作者簡介

　　馬全寶，博士，國家一級註冊建築師，碩士生導師。現任北京建築大學歷史建築保護系副主任。2013 年，畢業於中國藝術研究院並取得博士學位，導師爲建築研究所所長劉託研究員。主要從事建築歷史及文化遺產保護研究。目前主持的科研課題主要有：國家社科基金藝術學項目「基於非物質文化遺產保護的中國傳統營造技藝構成與類型研究」、北京市教育委員會人文社科計劃研究面上項目「中國傳統營造技藝類非物質文化遺產保護體系研究」。曾參與：聯合國人類非物質文化遺產「中國傳統木構建築營造技藝」申報工作；「全國文化信息資源共享工程」；「非物質文化遺產數字化保護工程」等國家重點工程以及多項國家級省部級課題。

提　要

　　本文擬對江南地區傳統木構架營造的做法進行比較，理清不同地區及幫派營造工藝的異同，總結江南營造技藝的地域特徵與歷史特徵，從而提高對江南木構架的認識水平，並對非物質文化遺產分類保護進行理論探索。

　　本文共分爲六章，第一部分爲引言，對營造技藝這類非物質文化遺產進行概念上的闡述；對本文所研究的江南的範疇進行了界定，並介紹了江南木構架營造技藝發展的環境。第一章至第三章是對江南木構架從形制、結構、構造、做法、工藝等方面進行了比較研究，並做了建築學上的分析。第四章對江南木構架的裝飾工藝進行了歸納。第五章從歷史和地域文化的角度對江南木構架的特徵和內部差異做了分析，探討了歷史因素和地域因素的影響。

目　次

引　言 …………………………………………………………………………… 1

　　第一節　江南木構建築營造技藝的研究背景與研究目的 ……………… 1

　　第二節　江南的範圍與環境 ……………………………………………… 9

第一章　建築形制與木構架結構比較分析……………………………… 17
　第一節　平面布局分析…………………………………………………… 17
　第二節　建築剖面與木構架形制分析…………………………………… 34
　第三節　屋頂形制………………………………………………………… 46
第二章　木構件製作與結合工藝比較分析……………………………… 63
　第一節　木構件做法與工藝的比較……………………………………… 63
　第二節　木構架的結合工藝比較分析…………………………………… 78
第三章　木構架特殊部位的做法………………………………………… 89
　第一節　軒、椽與屋面基層工藝………………………………………… 89
　第二節　屋面轉角構造與製作工藝……………………………………… 94
　第三節　斗栱做法………………………………………………………… 102
第四章　木構架裝飾工藝與營造中的文化習俗………………………… 111
　第一節　木雕工藝………………………………………………………… 111
　第二節　油漆工藝………………………………………………………… 115
　第三節　彩畫工藝………………………………………………………… 120
　第四節　江南建築營造中的文化習俗…………………………………… 122
第五章　江南木構架的歷史特徵與地域特徵…………………………… 135
　第一節　《營造法式》與南北營造技術交流…………………………… 135
　第二節　江南木構架的地域特徵歷史特徵……………………………… 143
參考文獻…………………………………………………………………… 151
附　錄……………………………………………………………………… 155

第三二冊　晚清徽州文化生態研究

作者簡介

梅立喬，重慶人，歷史學博士；安徽大學歷史系講師，碩士生導師。目前主要從事徽學研究。在《河南社會科學》、《山西大學學報》、《安大史學》等刊物發表學術論文數篇。本書受安徽大學博士科研啓動經費項目資助，是安徽省哲社辦項目 AHSKQ2015075 成果之一。

提　要

本文以晚清時期徽州文化生態為主要研究內容，探究環境、個體、宗族、價值觀念的相互作用，以期管窺各要素運行規律。

　　第一章　解構晚清以前徽州的文化生態系統。從徽州自然環境與個體的關係著手，對個體生計模式選擇、宗族主體地位確定、區域價值觀的構建及大眾化等方面梳理。解構系統的運行機理及特點。

　　第二章　晚清徽州遭十餘年的咸豐兵燹，人口銳減，宗族顯現組織結構不穩，凝聚力、向心力削弱等問題，儒生的減少、文化符號的毀損，隔斷系統本應具有的遺傳性、多樣性。

　　第三章　晚清徽州個體四業之選擇。務農人數增加。傳統手工業和新興工業均無發展。半數成年男性從商。徽人外出經商使得大量客民進入填補農業、工業空缺，徽州本土形成土、客雜居的局面。

　　第四章　戰亂後宗族通過修譜、建祠堂、復禮制迅速恢復元氣，發揮重要作用。另一方面，經濟蕭條，宗族凝聚力、向心力減弱，佛教與宗族爭奪資源以及新思想的湧入決定宗族式微之勢。

　　第五章　區域在傳承既有價值觀念的同時，由於國家價值觀念的變遷、新式學堂的興辦、西教的流入等相繼衝擊原有價值體系。系統亦產生激烈之排異反應。

　　餘論　對文化生態研究及徽州文化生態新一輪構建談談認識。

目　次

緒　　論 ………………………………………………………………… 1
第一章　晚清以前的徽州文化生態 ……………………………………… 21
　第一節　徽州概況 ……………………………………………………… 21
　第二節　明清徽州文化生態構建 ……………………………………… 31
　第三節　明清徽州文化生態系統運轉 ………………………………… 53
第二章　咸同兵燹與晚清徽州文化生態的失衡 ………………………… 63
　第一節　太平軍入徽 …………………………………………………… 63
　第二節　徽州人口銳減 ………………………………………………… 67
　第三節　宗族勢力減弱 ………………………………………………… 73
　第四節　觀念傳承局部隔斷 …………………………………………… 80
第三章　農商並重的生計文化 …………………………………………… 91
　第一節　生計文化之基礎 ……………………………………………… 91
　第二節　農商並重之趨勢 ……………………………………………… 99
　第三節　生計文化之新動向 …………………………………………… 131

　　一、客民湧入 …………………………………………………………… 131

　　二、土客融合 …………………………………………………………… 133

第四章　更生中式微的徽州宗族 ………………………………………… 137

　第一節　宗族之更生 …………………………………………………… 137

　第二節　傳統宗族之式微 ……………………………………………… 149

　第三節　晚清徽州宗族功能 …………………………………………… 164

第五章　價值觀的傳承與變異 …………………………………………… 173

　第一節　價值觀之傳承 ………………………………………………… 173

　第二節　價值觀之變異 ………………………………………………… 177

　第三節　價值衝突 ……………………………………………………… 197

餘論：徽州文化生態及其構建之思考 …………………………………… 203

參考文獻 …………………………………………………………………… 211

第三三冊　咫尺天下：古代輿圖研究論稿

作者簡介

　　王耀，1982 年生，山東人，北京大學歷史系歷史地理學碩士，中國社會科學院中國邊疆史地研究中心歷史學博士。目前任職於中國社會科學院民族所新疆研究室，副研究員，碩士生導師，主要從事新疆史地、中國傳統輿圖和水利史研究，已經在《故宮博物院院刊》《中華文史論叢》《歷史檔案》等期刊上發表了二十餘篇學術論文，出版專著《水道畫卷：清代京杭大運河輿圖研究》《輿圖世界中的新疆故事》與古籍整理《〈黃運河口古今圖說〉圖注》。

提　要

　　本書是作者從事古地圖研究十餘年間的階段性總結，主要涉及總圖、運河圖和海圖等的版本、圖系、繪圖觀念和地圖背後的歷史等內容。

目　次

前　圖

自　序

一、萬曆本與嘉慶本《廣輿圖》辨識補遺 …………………………………………… 1

二、《太平天國萬歲全圖》考釋 ……………………………………………………… 5

三、清代彩繪《天下全圖》文本考述 ──兼釋海內外具有淵源關係的若

　　干地圖 ……………………………………………………………………………… 17

四、清代京杭大運河全圖初探 …………………………………… 33

五、明代京杭大運河地圖探微 …………………………………… 57

六、大英圖書館藏《運河圖》圖釋 ……………………………… 85

七、清代《大運河全圖》釋讀 …………………………………… 97

八、清代《海國聞見錄》系列海圖圖系初探 …………………… 107

九、清雍正《沿海全圖》釋讀 …………………………………… 119

十、中國文化遺產研究院藏《海疆形勢全圖》與　《沿海疆域圖》考述· 125

十一、《江海全圖》與道光朝海運航路研究 …………………… 139

十二、中國社科院民族所藏中文古地圖述論 ………………… 157

參考文獻 ………………………………………………………… 185

第三四冊　百越文化研究

作者簡介

　　黃秀卿，現任教育服務機構，從事教學工作。政大中文系，台灣師範大學國文研究所畢業。曾任高中教師，大專院校兼任講師。曾參與三民書局出版高中《語文表達能力》一書，東大出版高中國文課文撰寫賞析與課後習作，為玉山社出版施懿琳教授選編《國民文選》負責部份賞析編寫，參與校稿整理由玉山社出版莊萬壽教授的《台灣文化論——主體性之建構》等。

提　要

　　「文化研究」在學術界一直都是很熱門的話題，加上當代許多新式的文化理論不斷萌生，也為各類文化研究的議題，注入一股強勁的生命力。當我們在討論古代文化時，便能與新的理論產生思辨激盪，進而打開視野，所以本書－百越文化研究，一開始設定的研究方法，雖為歷史文獻討論佐以考古文物為證，但以其為主體延伸出來的文化相關問題，就不是單就古代文獻所能解決的，必須透過像「文化採借」等理論來說明整個百越文化演變經過。

　　百越文化研究範疇頗為廣大，與台灣最有淵源的應該是南島語系莫屬了，這也是為何我要以百越文化為主題來研究。綜觀歷史發展，文化的發展並非單一路線，影響所及，更是難以想像，比如口語當中有些使用的語彙、倒裝的句法、甚至某些傳統的干欄式建築起居習慣、多淫祀好卜筮的越巫信仰、葬俗習慣，百越文化仍不鑿痕跡地在我們的日常生活中顯露。即便主流強勢的漢文化，仍是被這些不起眼的百越文化所滲透了，這也是文化研究不

能簡單視之的原因。

　　本文所要探討的問題是先秦廣大的百越族，隨著歷史演變，最終消失了還是仍存在著？這是一個有趣的議題，想想當今全球化趨勢的影響下，許多國度消失在全球化的框架中失去自我？還是重新走出自己的路？也許，百越族人這些過來人可以告訴我們答案。

目　次

誌　謝
第一章　緒　論 ……………………………………………………………… 1
第二章　百越定義及分佈範圍 …………………………………………… 9
　　第一節　百越釋名 ……………………………………………………… 9
　　第二節　百越與周邊民族界限 ……………………………………… 20
　　第三節　百越民族歷史發展與演變 ………………………………… 27
　　第四節　小結 …………………………………………………………… 32
第三章　百越文化與族屬溯源 ………………………………………… 35
　　第一節　百越文化溯源 ……………………………………………… 35
　　第二節　百越族屬溯源 ……………………………………………… 40
第四章　百越的山水文化 ………………………………………………… 69
　　第一節　民族標誌——斷髮文身 …………………………………… 70
　　第二節　經濟生活——植稻與物產 ………………………………… 73
　　第三節　河湖文化——習於舟水 …………………………………… 80
　　第四節　工業技術——精於鑄劍 …………………………………… 84
　　第五節　神秘宗教信仰 ……………………………………………… 87
　　第六節　語言 …………………………………………………………… 100
　　第七節　結語 …………………………………………………………… 103
第五章　百越族之吳越文化發展 ……………………………………… 111
　　第一節　吳、越崛起之因 …………………………………………… 111
　　第二節　吳越治國思想與措施 ……………………………………… 116
　　第三節　吳、越滅後情勢 …………………………………………… 139
　　第四節　吳、越歷史之定位 ………………………………………… 144
　　第五節　小結 …………………………………………………………… 148
第六章　百越文化之漢化與轉變 ……………………………………… 151

第一節　百越民族發展概況 ……………………………… 152

第二節　百越文化內容轉變 ……………………………… 159

第三節　漢越交融——宗教信仰 ………………………… 171

第四節　百越文化轉變因素之探討 ……………………… 185

第五節　結語 ……………………………………………… 191

第七章　結　論 …………………………………………… 195

引用與參考書目 …………………………………………… 199

第三五冊　李清《南北史合注》的史法與思想：以《南史》爲中心

作者簡介

徐鳳霞，台灣大學中文系碩畢，三峽人。

提　要

李清，字映碧，一字心水，明末清初人。明亡後歸隱山林，潛心作史。《南北史合注》爲其精讀李延壽之《南史》、《北史》後，爲補其敘事上的缺漏，重採北四史、南四史，以及當時可得相關史料而成。除純粹的補注外，李清也對《南史》、《北史》的部分內容進行刪改，並大量加入自己的意見與批評。歷來的評論者多以李清的改動不合注書習慣，且於改動原書內容時未作標注，造成原文與新作文字混雜，以及其所補入亦不符合所引原文，似憑己意擅改等情形大作批評，致使《南北史合注》的歷來評價並不高。然在對《南北史合注》的內容加以爬梳後，卻不得不注意到李清在書中表現出的史觀與價值判斷早已超出注本的範疇，若單單以一注本作爲定位對此書進行評價，似略顯褊狹。

從《南北史合注》的內容以及改動形式中，可見得其在文史領域的貢獻與價值至少有四：首先，不泥於原文而能精簡之，既能使全書不因資料量而顯冗贅，也能藉修改聚焦於各段重點，使情節與人物刻劃更爲立體、清晰；其次，以較中立的價值觀重述歷史，適時平衡李延壽以北爲正統的觀念，並改進書中因成敗定論的情形，使歷史的記述不致因政治因素而偏斜；第三，藉由改動史書結構與意見書寫，呈現出李清注重正統及忠逆分判的個人價值觀；第四，多處針對歷史寫作手法與事實進行批評與考證，備存相異史料以供參照對照，同時也藉由辨析、比較，進一步釐清事件眞僞。這些類型的改

動，除呈現李清的史觀與價值判斷，也提醒讀者留意書寫者的立場對歷史記載的影響，更能起互見、參照與辨析之功。

　　因《南北史合注》篇幅較大，今僅就南史的部分進行研究，討論李清的史學貢獻與價值觀，進一步回應歷來對此書的評價，並討論其定位。

目　次

第一章　緒　論 ……………………………………………………………… 1
第二章　《南北史合注》的形成及寫作意圖 ……………………………… 15
　一、從南四史、北四史到《南史》、《北史》 ………………………… 15
　二、從《南史》、《北史》到《南北史合注》 ………………………… 37
第三章　《南北史合注》的資料添補類型與功能 ……………………… 49
　一、資料的類型 ………………………………………………………… 49
　二、明晰歷史事件 ……………………………………………………… 68
　三、呈現歷史觀點 ……………………………………………………… 75
第四章　《南北史合注》的文句改動類型與功能 ……………………… 79
　一、改動內文、字句 …………………………………………………… 79
　二、改動補注資料 ……………………………………………………… 89
　三、顯示書寫傾向 ……………………………………………………… 93
第五章　彰顯意見的結構調整與考證辨析 ……………………………… 97
　一、結構調整 …………………………………………………………… 97
　二、考異與辯證 ………………………………………………………… 102
　三、介入閱讀經驗 ……………………………………………………… 113
第六章　李清思想背景與核心價值 ……………………………………… 127
　一、神異觀 ……………………………………………………………… 128
　二、天道觀與復仇觀 …………………………………………………… 135
　三、是非忠逆觀 ………………………………………………………… 142
第七章　結　論 …………………………………………………………… 157
　一、總論李清的修史特徵 ……………………………………………… 157
　二、總論李清的倫理思想 ……………………………………………… 167
　三、《南北史合注》的問題、價值與定位 …………………………… 173
參考書目 …………………………………………………………………… 183

第三六冊　中國佛教寺院鐘鼓樓的形成背景與建築形制及布局研究

作者簡介

玄勝旭（Hyun Seung-Wook），男，1978 年 5 月生於韓國。2005 年畢業於韓國高麗大學建築工學科，獲學士學位；2008 年 7 月獲清華大學建築學院建築歷史與理論專業碩士學位；2013 年 7 月獲清華大學建築學院建築歷史與理論專業博士學位。2013 年到 2017 年期間，在韓國國立文化財研究所擔任先任研究員。現為國立江原大學建築學科教授、江原道文化財委員會專門委員、韓國建築歷史學會理事。

提　要

佛教寺院鐘鼓樓，是中國明清佛教寺院最為代表的對稱樓閣建築。在佛教寺院中出現鐘鼓樓建築之前，在宮殿、城市等其他類型建築中，早就設置鐘樓與鼓樓。但是，目前，對於宮殿、城市、佛寺鐘鼓樓之間的相互演變關係，以及對於佛寺鐘鼓樓的形成時期，尚未有系統而明顯的研究成果。因此，本書對於中國佛教寺院鐘鼓樓建築對設制度的形成背景與建築形制及布局特徵進行研究。

本研究，首先，考察佛寺鐘鼓樓制度的形成背景，主要對於宮殿和城市鐘鼓樓建築的形成及演變過程進行分析，以及對於佛教寺院內對稱樓閣建築的布局演變過程進行分析。其次，考察佛寺鐘鼓樓的形成時期，即對於佛寺鐘鼓樓制度的始建時期及確立時期進行分析。最後，對於中國佛寺鐘鼓樓實物現狀進行梳理，然後考察佛寺鐘鼓樓建築形制與布局特徵。此外，對於韓國佛教寺院鐘鼓樓建築進行簡單梳理。

通過本研究的分析，得出如下結論：

一、佛寺鐘鼓樓制度的形成背景，可以分為外在因素和內在因素：佛寺鐘鼓樓形成的外在因素，是宮殿鐘鼓樓制度的廢止。之後，城市鐘鼓樓和佛寺鐘鼓樓，互相影響而發展，各成為明清城市和明清佛寺的代表布局方式；佛寺鐘鼓樓形成的內在因素，則是佛寺內鐘樓與其他樓閣之間的對稱布局變化，即從「鐘樓與經藏」對稱布局開始，經過「鐘樓與輪藏」和「鐘樓與觀音閣」對稱布局，終於固定形成為「鐘樓與鼓樓」對設布局。

二、佛寺鐘鼓樓制度的形成時期：佛寺鐘鼓樓制度的始建時期推定於元

末時期，佛寺鐘鼓樓制度的確立時期推定於明代中期，即由明正統年間至明正德年間。

　　三、佛寺鐘鼓樓建築形制與布局特徵：明清佛寺鐘鼓樓最爲普遍的形式爲，重簷歇山頂二層樓閣式；上層爲木製障日板壁，下層爲磚牆；上層平面爲面闊、進深各一間，下層爲面闊、進深各三間。一般位於第一進院落內兩側，即山門和天王殿之間兩側。

目　次

第1章　緒　論 ……………………………………………………………… 1
第2章　鐘鼓樓建築的形成與演變 ………………………………………… 11
　2.1　鐘與鼓的象徵意義 …………………………………………………… 11
　2.2　鐘鼓樓建築的形成與發展 …………………………………………… 13
第3章　佛寺內對稱樓閣布局演變 ………………………………………… 35
　3.1　中國歷代佛寺布局演變簡述 ………………………………………… 35
　3.2　佛寺內樓閣建築簡述 ………………………………………………… 38
　3.3　佛寺內對稱樓閣布局演變 …………………………………………… 40
第4章　佛寺鐘鼓樓的形成及確立 ………………………………………… 73
　4.1　佛寺內鐘與鼓的使用 ………………………………………………… 73
　4.2　佛寺鐘鼓樓制度的始建及確立時期 ………………………………… 75
第5章　佛寺鐘鼓樓實物現狀 ……………………………………………… 87
　5.1　山西地區 ……………………………………………………………… 91
　5.2　北京地區 ……………………………………………………………… 106
　5.3　河北地區 ……………………………………………………………… 111
　5.4　河南地區 ……………………………………………………………… 113
　5.5　浙江地區 ……………………………………………………………… 114
　5.6　山東、遼寧地區 ……………………………………………………… 116
第6章　佛寺鐘鼓樓建築形制與布局特徵 ………………………………… 119
　6.1　建築形制 ……………………………………………………………… 119
　6.2　布局特徵 ……………………………………………………………… 133
第7章　韓國佛寺鐘鼓樓建築 ……………………………………………… 143
　7.1　朝鮮時期佛教及佛寺簡述 …………………………………………… 144
　7.2　朝鮮時期佛寺鐘鼓樓演變 …………………………………………… 145

7.3　佛殿四物的設置方式 ……………………………………………… 150

7.4　中國與韓國佛寺鐘鼓樓比較 ……………………………………… 152

第8章　結　論 …………………………………………………………… 155

8.1　佛寺鐘鼓樓的形成背景 …………………………………………… 155

8.2　佛寺鐘鼓樓的形成時期 …………………………………………… 156

8.3　佛寺鐘鼓樓的建築形制與布局特徵 ……………………………… 156

8.4　中國與韓國佛寺鐘鼓樓比較 ……………………………………… 156

8.5　需要進一步開展的工作 …………………………………………… 157

參考文獻 …………………………………………………………………… 159

第三七冊　唐道宣所撰兩部圖經中寺院建築及其可能形象研究

作者簡介

　　楊澍，女，1986 年 5 月出生於河南省鄭州市。先後於同濟大學和意大利米蘭理工大學獲得建築學學士、碩士學位。2012 年 9 月進入清華大學建築學院，師從王貴祥教授，2017 年 7 月獲工學博士學位。主要研究方向爲中國古代建築法式制度、漢地佛教寺院與建築、鄉土建築保護、中西方建築交流，同時從事西方建築理論經典著作翻譯工作。

提　要

　　《中天竺舍衛國祇洹寺圖經》和《關中創立戒壇圖經》是初唐僧人道宣以古印度舍衛城祇洹寺及寺中戒壇爲主體創作的兩部作品。本書以《祇洹寺圖經》和《戒壇圖經》爲研究對象，在其基礎上結合其他相關材料，對圖經的寫作背景、創作目的、流傳情以及其中所蘊含的規劃思想等進行了全面分析。同時根據已知的唐代建築信息，對這兩部作品中用文字構建出的龐大寺院進行可能形象的推測，以進一步深化對隋、唐漢地佛教寺院的殿閣配置、空間格局與發展演變的認知。

　　全書分爲兩大部分。第一部分是兩本圖經的基礎研究。在這一部分，本書首先回顧了道宣的生平與著作，對其駐錫地和作品中出現的寺院建築進行梳理，爬梳經文與傳記裏有關祇園的描寫，並考察眞實世界中祇洹寺的考古發掘情況和「祇園」一詞在中國的流傳。接下來，本書從宗教環境和寺院建設兩方面對道宣所處時代進行分析，並結合道宣在經文中的自述對其寫作兩

本圖經的眞實目的做出闡釋，明確道宣的寫作目的在於通過對佛教建築空間、式樣及尺度的規定，使寺院建設有法可依，使其建築中的一磚一石都能彰顯佛法的精要。與此同時，本書亦從文獻角度整理兩本圖經的資料來源，對圖經成書之後的流傳情況進行了較爲系統的考證。

　　第二部分是兩本圖經中建築及其可能形象研究。本書首先對《祇洹寺圖經》、《戒壇圖經》和《戒壇圖經》所附「祇洹寺圖」三份材料中寺院的基本格局和其中「中佛院」內各建築的形式與功能進行概述，並對比其與現存或史料中可考寺院建築的異同，確認了兩本圖經中的寺院乃基於現實寺院模式寫作而成，是道宣對南北朝以來漢地佛教寺院布局發展的一個總結。接著對唐代佛教寺院中的別院進行考察，根據功能和形式的不同將圖經中的別院進行分類，並探討了《祇洹寺圖經》裏幾個特殊的別院功能配置。同時本書詳細解析了兩本圖經中所描繪的戒壇並討論了圖經中體現出的寺院規劃思想及其對後世的影響。在上述研究的基礎上，本書從圖經中寺院的基址規模入手，將其置入唐長安城的尺度中進行比較，發現它的比例與規模同道宣曾經駐錫過的西明寺所在之延康坊及周圍七坊所圍合成的八坊之地非常接近。隨後統計出祇洹寺院落的數量與佔地面積，並將祇洹寺道路進行分級，繪製出《祇洹寺圖經》和《戒壇圖經》中寺院的總平面圖。最後對圖經中主要建築物進行了單體建築的可能形象研究。

目　次

第1章　緒　論 ……………………………………………………………… 1

第2章　兩部圖經的作者與創作原型 ………………………………… 23

　2.1　圖經的作者：道宣 ………………………………………………… 23

　2.2　圖經的創作原型：祇園 ………………………………………… 52

第3章　兩部圖經的背景與流佈 ……………………………………… 69

　3.1　圖經的寫作背景與寫作目的 …………………………………… 69

　3.2　圖經寫作的可能來源及其日後之流佈 ……………………… 77

第4章　兩部圖經的建築研究 ………………………………………… 93

　4.1　圖經中寺院的基本格局 ………………………………………… 93

　4.2　兩部圖經中「中佛院」建築布局比較 ……………………… 143

　4.3　兩部圖經中的別院設置 ………………………………………… 154

　4.4　兩部圖經之戒壇研究 …………………………………………… 175

4.5 圖經中的規劃思想 ………………………………………… 184

4.6 兩部圖經對後世的影響 …………………………………… 187

第5章 兩部圖經中寺院建築可能形象探討 ………………… 193

5.1 《祇洹寺圖經》中寺院總平面復原 ……………………… 193

5.2 《戒壇圖經》寺院建築總平面復原 ……………………… 226

5.3 《祇洹寺圖經》中單體建築可能形象研究 ……………… 233

第6章 結 論 ………………………………………………… 267

參考文獻 ………………………………………………………… 269

第三八冊　歷史文物與中國古代文明探研

作者簡介

　　田率，男，1981 年生，北京人。1999 年至 2009 年，就讀於北京師範大學歷史系、歷史學院，依獲學士、碩士、博士學位。現就職於中國國家博物館藏品徵集與鑒定部，副研究館員，兼任山東師範大學碩士研究生導師。研究方向：先秦史、中國古代青銅器。公開發表學術論文 20 餘篇，譯著 2 部，專著 1 部。主持國家社科基金項目 1 項、中國國家博物館自主科研項目 1 項。

提 要

　　本書收入的十五篇論文是作者 2009 年入職中國國家博物館以來陸續創作的，每篇文章討論的主題器物都是中國國家博物館的藏品，既包括舊藏，也彙集了近年來新入藏的精品。這些器物以商周時期具銘青銅器為主，另有一件漢代鋼鐵兵器，皆是學術價值豐厚的文物資料。這些珍貴的歷史文物對於研究中國古代文明具有非常重要的意義。

目 次

序一　晁福林

序二　朱鳳瀚

論新發現的亞束父丁方觚及其重要意義 ………………………………… 1

新見鄂監簋與西周監國制度 …………………………………………… 17

宜侯夨簋銘文相關史地國族問題補論 ………………………………… 29

內史盨與伯克父甘婁盨 ………………………………………………… 39

新見夒簋考釋 …………………………………………………………… 57

伯斿簋小考 ……………………………………………………………… 71

召卣淺識 ………………………………………………………… 77

盠駒尊、盠方彝剩義 …………………………………………… 83

師酉簋補論 ……………………………………………………… 91

𧨥簋與西周金文中的豐國（氏） ……………………………… 103

介紹幾件中國國家博物館舊藏的西周青銅器 ………………… 129

國家博物館新入藏的兩周青銅器管見 ………………………… 153

中國國家博物館新入藏西周青銅器選介 ……………………… 175

中國國家博物館新入藏兩周青銅器咀華 ……………………… 197

伯有父劍考釋 …………………………………………………… 215

論永壽二年錯金環首鋼刀的重要價值 ………………………… 229

引用甲骨、金文來源著錄書簡稱表 …………………………… 243

後　記 …………………………………………………………… 245

第三九冊　先秦至唐書寫規範化研究

作者簡介

郭良實，1981 年生於甘肅天水，美學博士，研究方向爲中國書畫理論與實踐。先後從首都師範大學中國書法文化研究院與中國人民大學藝術學院獲碩、博士學位，師從解小青、鄭曉華教授。後在清華大學美術學院從事博事後研究，合作導師爲陳池瑜教授。現就職於首都博物館國內合作與民族考古研究部。

學術論文《論「六書」與書寫規範化》《論異體字與書法的關係》等發表於《中國書法》《藝術百家》《中國美術研究》等專業期刊。

提　要

該研究以「先秦至唐書寫規範化研究」爲題，以與之相關的系列問題爲研究對象。主要從「內」、「外」兩方面展開論述。「內」指的是漢字自身的發展演變機制；「外」指的是政治制度、文化教育與書法藝術。

第一章，影響書寫規範化的內在因素。「六書」理論作爲漢字形義關聯的紐帶，對漢字書寫規範起到直接制約作用。漢字各種字體從產生到成熟的演變過程，也是漢字書寫典範的建立過程。

第二章，政治制度與書寫規範化。本章選取史官、文吏、校書校、正字、楷書手等職管，探討其與書寫規範的關係。選官制度當中的「以書取士」也

促進了書寫規範。

第三章，文化教育與書寫規範化。本章探討書寫教育、歷代字書與歷代石經對書寫規範的影響與關係。

第四章，書法與書寫規範化。本章考察書法技法理論對書寫規範的影響。此外，探討了過度追求文字形體規範對書法藝術表現力的影響以及爲了滿足美觀需求，隨意改變文字結構，形成異體字的現象。

第五章，書寫規範化取樣調查。本章選取唐代墓誌文字爲考察對象，探討其形成原因，並參照文字構形學理論對其進行梳理分類。

餘論，書寫規範的形成是以「六書」機制與漢字演變爲內部動因，以國家行政制度爲推動力，最後以文化教育爲實現方式。

目　次

緒　論 ……………………………………………………………………… 1
第1章　影響書寫規範化的內在因素 ………………………………… 11
　1.1 「六書」與書寫規範化 ……………………………………… 11
　1.2 字體演變與書寫規範的形成 ………………………………… 19
第2章　政治制度與書寫規範化 ……………………………………… 35
　2.1 史官與文吏 …………………………………………………… 35
　2.2 校書郎與正字 ………………………………………………… 44
　2.3 楷書手與翰林書待詔 ………………………………………… 47
　2.4 以書取士 ……………………………………………………… 59
第3章　文化教育與書寫規範化 ……………………………………… 65
　3.1 書寫教育 ……………………………………………………… 65
　3.2 字書教育 ……………………………………………………… 79
　3.3 石經與字樣學 ………………………………………………… 91
第4章　書法與書寫規範化 …………………………………………… 101
　4.1 書寫技法理論 ………………………………………………… 101
　4.2 書法與規範化的矛盾 ………………………………………… 114
第5章　書寫規範化取樣調查（以唐代墓誌異體字爲考量對象）……… 121
　5.1 唐代墓誌異體字的成因 ……………………………………… 122
　5.2 唐代墓誌異體字的類型 ……………………………………… 127
餘論：先秦至唐書寫規範化的規律與基本特徵 …………………… 155

參考文獻 ···217

第四十、四一、四二冊　風格的視野——漢唐之間平面圖像美術考古

作者簡介

　　李杰，美術學博士，西安外國語大學藝術學院副院長、藝術研究所所長，藝術學理論學術帶頭人，碩士研究生導師，陝西高校人文社科工作專家，陝西省藝術類高考專家組專家，陝西省美術博物館學術委員，陝西唐代藝術研究會副會長，中華炎黃文化研究會農耕文化研究會副秘書長，湯用彤國學院特聘教授，黃帝學學會會員，九三學社社員。

　　出版專著四部：《勒石與勾描——唐代石槨人物線刻的繪畫風格學研究》（人民美術出版社）、《中國美術考古學的風格譜系研究》（科學出版社）、《基於美術考古學語境下的唐代石槨藝術研究》（臺灣花木蘭出版社）、《立象盡意——魏晉南北朝墓室壁畫的風格學研究》（商務印書館）。在《人民日報》《文藝研究》《美術》《美術觀察》《人大複印》《人文雜誌》《民族藝術》等核心期刊發表論文 40 餘篇。獲陝西省第十一次哲學社會科學優秀成果二等獎；陝西高校人文社會科學優秀成果二等獎、三等獎；西安市第十次哲學社會科學優秀成果二等獎。主持國家社科基金 1 項、國家重大子課題 1 項，主持教育部重點課題 1 項，主持省部級項目 3 項，主持其他縱向課題 7 項。

　　弓淼，設計藝術學碩士，西安外國語大學藝術學院講師。發表論文十餘篇，主持參與國家社科及省部級、地廳級項目 8 項。

提　要

　　本書以漢唐之間考古物質數據爲基礎，對這一時期美術作品平面圖像進行美術考古學研究。全書從歷時和共時兩個角度，對期間發現的美術作品的區域、風格及延承發展等進行考察，總結作品風格的演變趨勢和特點，建構中古時期平面圖像的美術考古學基礎性研究構成。

　　本書的創新點主要有二。其一，豐富了中國考古學中美術作品時代風格的研究方法。本研究著眼於建立中國美術風格學必不可缺的技術環節，通過對各個時期大量作品元素的定量研究和定性分析，使之形成一套相對完整和有效的研究手段。其二，定性了漢唐時期美術時代風格的研究屬性。本書力求將各時期作爲一個整體，在上下時期進行縱向比較，使之形成完整流變體

系。通過對形式風格、造型規則、線型程式等本體元素的討論，在一定程度上對各時期考古作品的時代風格以及在其發展序列中的地位與意義進行定位。旨在為中國美術考古學研究的這一領域開闢一條直接的通道，從平面圖像的角度重建業已失傳的證據。

目　次

上　冊

導　言 ……………………………………………………………… 1

上部　圖像研究的物質基礎 …………………………………… 33

第一章　墓室圖像的考古學陳述 ……………………………… 35

　　第一節　漢唐之間主要墓室圖像的發現 …………………… 37

　　第二節　漢唐之間壁畫墓的地理分佈 ……………………… 47

第二章　漢唐之間墓室圖像的配置系統 ……………………… 57

　　第一節　漢代墓室圖像題材的配置關係 …………………… 57

　　第二節　魏晉南北朝墓室圖像題材配置規制 ……………… 77

　　第三節　唐代墓室圖像題材配置規制 ……………………… 102

中部　圖像學研究 ……………………………………………… 129

第三章　墓主與作者 …………………………………………… 131

　　第一節　壁畫墓的墓主類型 ………………………………… 131

　　第二節　墓室壁畫的創作者 ………………………………… 141

第四章　工藝與材料 …………………………………………… 159

　　第一節　墓室壁畫的製作工藝 ……………………………… 159

　　第二節　勒石線刻 …………………………………………… 166

中　冊

第五章　造型的時代普識性 …………………………………… 191

　　第一節　造型類型化 ………………………………………… 191

　　第二節　時代風尚承變 ……………………………………… 203

　　第三節　臉形形式 …………………………………………… 211

　　第四節　眼形規程 …………………………………………… 221

　　第五節　程序中的凸式特例 ………………………………… 240

　　第六節　襆頭 ………………………………………………… 253

第七節　寺人之令 ……………………………………………… 264

下部　風格學研究 ……………………………………………… 277

第六章　觀念的顯現 …………………………………………… 279

第一節　墓室圖像的敘事頃間 …………………………………… 279

第二節　六朝士人形象 …………………………………………… 298

第三節　魏晉美學中的玄佛互文 ………………………………… 308

第四節　佛造像的形式影響 ……………………………………… 320

第五節　士女畫的圖式構建 ……………………………………… 348

第六節　密體與疏體 ……………………………………………… 361

第七節　白畫的形態 ……………………………………………… 386

第八節　空間營造 ………………………………………………… 395

第九節　善畫存形 ………………………………………………… 415

下　冊

第七章　形式風格延承 …………………………………………… 429

第一節　線群的結構性 …………………………………………… 430

第二節　裝飾性線群 ……………………………………………… 482

第三節　線群的重構 ……………………………………………… 501

第八章　線形程式 ………………………………………………… 521

第一節　線型的延承軌跡 ………………………………………… 522

第二節　時代線型對比 …………………………………………… 559

結　論 …………………………………………………………… 565

主要參考文獻 …………………………………………………… 569

第四三、四四、四五冊　漢中石門摩崖石刻群書法文化研究

作者簡介

陳思，1988 年，本科獲北師大漢語言文學與書法學雙學位，碩、博就讀於北師大藝術與傳媒學院，導師鄧寶劍、倪文東，獲藝術學理論博士學位，現爲清華大學藝術史論系博士後，合作導師陳池瑜。本、碩、博均獲國家獎學金。在多家刊物發表文章三十餘篇。參加國家教材《中國書法文化與鑒賞》、國內第一套視覺書法教材的編寫、爲《楷書教程》書寫範字。多次獲全國學

生書法大賽一等獎，爲中國書法家協會會員。音樂方面已過全國鋼琴考級十級。

提　要

　　漢中石門摩崖石刻群上啓東漢下至民國，發展脈絡完整，在交通、建築、歷史、文學、書法、刊刻等方面價值非凡，卻在建國後築壩時淹於水不可復見，這對於中國乃至世界藝術文化史都是一個巨大的損失。

　　石門石刻歷代頗受關注，本書以古今動態轉換視角、「經典性」與「歷史性」相結合的研究方法，借鑒圖像學、心理學、文學、歷史學、傳播學等跨學科領域相關知識，以「群落」圖景的立體重構、本體價值的多重挖掘、當代反觀的價值定位等三大主線，建構起對石門摩崖石刻群立體、鮮活、富有張力的文化觀照與研究。

　　全書分六章，一章，進行「經典性」維度研究，主要集中在「原貌」「現狀」「勘正」三方面，將已沉沒水下的石門摩崖群落「原貌」進行概念復原，再現其分區格局。對留存的漢魏石刻的現狀進行微觀勘測與記錄。對前人訛誤進行証正。二章，進行「歷史性」重構研究，以動態發展的藝術史眼光，深入歷史原境，探尋其發展三起二落背後的歷史文化動因，建構起一部動態立體的石門摩崖石刻群文化發展史；三至五章，對其本體價值作分類考察，主要包括文學、史學、書法、刊刻四大核心領域價值的深入挖掘。末章，將其與國內摩崖群落、古今傳播媒介、中西廢墟審美等全方位比較，探尋其在中國乃至世界文化史中的地位，闡發其在當代語境下持續延伸的審美價值與精神意義。

目　次

上　冊

緒　論 …………………………………………………………………………… 1
　　第一節　研究緣起 …………………………………………………………… 1
　　第二節　現有研究成果 ……………………………………………………… 4
　　第三節　研究總框架及設想 ………………………………………………… 6
第一章　石門摩崖群遺址復原與現狀考察 …………………………………… 11
　　第一節　石刻群整體區域總述及概念復原圖景 ………………………… 12
　　第二節　中心區及十大分區石刻群復原及信息匯總 …………………… 18
　　第三節　殘存經典石刻手摹復原與現狀描述 …………………………… 34

第四節　研究新發現及勘正前人著述之誤 ……………………… 53

第二章　石門摩崖群發展成型歷史重構 ……………………………… 75

　第一節　東漢石刻源生與初具規模 ………………………………… 77

　第二節　魏晉延續與「母碑群」成型 …………………………… 86

　第三節　南宋「景觀化」與首次復興 …………………………… 98

　第四節　清代訪碑熱與廢墟再度復興 …………………………… 110

　第五節　石門的最後輝煌、危機與落幕 ………………………… 119

第三章　石門摩崖群文史價值初探 ……………………………… 127

　第一節　文本分類與文體風格解讀 ……………………………… 128

　第二節　文本主體意識與留名心態探究 ………………………… 153

　第三節　石刻文獻「公共史傳」的史料價值 ………………… 176

　第四節　蜀道母題與石門文本的審美張力 …………………… 198

中　冊

第四章　石門摩崖群書法價值研究 ……………………………… 211

　第一節　石門石刻書法字體研究與概述 ………………………… 212

　第二節　《大開通》《石門頌》兩大漢隸經典書風 …………… 216

　第三節　魏楷《石門銘》書風與雜糅之美 …………………… 242

　第四節　宋隸式微下石門隸書逆時代興盛 …………………… 260

　第五節　碑學視野下的清代石門書風 …………………………… 272

　第六節　清代碑學對石門漢魏書法「經典化」闡釋 ………… 276

　第七節　石門書史定位與美學價值的當今啟示 ……………… 281

第五章　石門摩崖群刊刻藝術試析 ……………………………… 291

　第一節　摩崖的工藝流程與碑刻的比較 ………………………… 293

　第二節　石門摩崖選址與石質因素 ……………………………… 301

　第三節　石門摩崖形制與布局特色 ……………………………… 310

　第四節　石門摩崖刊刻與時代遞變 ……………………………… 318

　第五節　拓片誤差與回歸原石 …………………………………… 350

下　冊

第六章　石門摩崖群的當代價值與文化審美新探 ……………… 363

　第一節　摩崖群評價體系與石門摩崖之定位 ………………… 364

第二節　石門摩崖群傳播媒介的特色 …………………………………… 372
第三節　廢墟審美與石門精神的當代重構 ……………………………… 384
結　語 ……………………………………………………………………… 399
參考文獻 …………………………………………………………………… 405
作者鳴謝 …………………………………………………………………… 413
附錄：石門漢魏摩崖石刻現狀具體描述 ………………………………… 415
附表：石門石刻信息匯總表 ……………………………………………… 475

第四六冊　寶髻釵橫墜鬢斜——唐代婦女髮飾初探

作者簡介

臺中市南屯人，1970 年生，國立中興大學歷史學碩士，現任職國立臺中科技大學。研究領域爲中國前唐時期文化史、隋唐社會生活史等。

提　要

唐代是中國封建社會的特殊時代，經濟空前繁榮，思想空前活躍，而且婦女的地位也得到了空前的提高。與其他時代，尤其是明清封建下的婦女相比，她們的社會地位不再那麼卑賤，她們所受到的封建禮教束縛和壓迫要少一些，還有著較多的自由。女性的妝扮往往是社會風貌的縮影，女性的化妝行爲，是當時社會文化的一環，與社會風俗有著密切連動關係，而風俗蘊含民族長期形成的社會風尚和人民的習慣。唐代因外來文明與唐文化互相消融，女性身處胡漢交融的相對開放風氣中，有些宦門貴婦直接參與經濟活動，女性的觸角逐漸深入社會，在社交活動需求下，女性除了因應各種場合梳妝打扮外，在男權社會中女性所扮演的角色，與自身所處的社會階級認同，是唐代仕女勇於展現美貌與競逐流行妝樣的催化劑。唐代仕女爭奇鬥豔的風氣，也形塑唐代仕女特殊髮式頭飾的發展。本文系統梳理了各時期女子髮式、髮飾的歷史演變，然後，進一步分析如何從外來文化等方面使得唐代婦女妝飾產生深刻的變化，進而分析此背景下唐代女性審美、心理及社會地位的重大變化。

目　次

第一章　緒　論 ……………………………………………………………… 1
第二章　頭飾的歷史流變 ………………………………………………… 15
　第一節　前唐時期的時尚美學 ………………………………………… 15

第二節　隋唐時期雍容的頂上風華 …………………………………… 22

第三節　後唐時期的仿唐流行 ……………………………………… 24

第四節　小　結 …………………………………………………… 32

第三章　從樸素到華麗的髮式 ……………………………………… 35

第一節　垂　髻 …………………………………………………… 38

第二節　高　髻 …………………………………………………… 49

第三節　角　觶 …………………………………………………… 74

第四節　鬢鬢的修飾 ……………………………………………… 80

第五節　小　結 …………………………………………………… 87

第四章　儀態萬千的頭飾 …………………………………………… 89

第一節　巾幗風韻 ………………………………………………… 91

第二節　簪釵鎏金 ………………………………………………… 94

第三節　冠飾綽態 ………………………………………………… 135

第四節　小　結 …………………………………………………… 154

第五章　結　論 …………………………………………………… 157

第六章　附論：唐代婦女頭飾舉以文創產業的發想 ………………… 161

第一節　文化創意商品的興起 …………………………………… 161

第二節　唐代婦女頭飾在多媒體文化產業下的影響 ……………… 165

第三節　小　結 …………………………………………………… 174

參考書目 …………………………………………………………… 175

第四七冊　元人畫松研究——以畫爲喻爲寄，以畫體道識史

作者簡介

邱雯，女，現爲中國美術學院藝術人文學院講師。自 1999 年起就讀於中國美術學院史論系，2003 年本科畢業後師從任道斌教授研究元、明、清美術史。2013 年博士畢業並授予學位。在此期間曾在各級刊物上發表文章如下：

1. 論文《董邦達藝術初探——兼論董源、董其昌與董邦達畫風之傳承》發表於《美術學報》（2013 年第 2 期），2013 年 3 月。

2. 論文《趙孟頫筆下的松樹畫》發表於《文藝研究》（2013 年第 7 期），2013 年 7 月。

3. 論文《畫為心印——黃公望筆下的松樹畫作品》發表於《上海藝術家》（2015 年第 2 期），2015 年 4 月。

4. 論文《只釣鱸魚不釣名——品吳鎮筆下的松樹畫》發表於《藝術中國》（2015 年第 4 期），2015 年 4 月。

5. 論文《董邦達與西湖十景圖》發表於《新美術》（2015 年第 5 期），2015 年 5 月並於 2016 年編纂、出版《中外美術史教材》。

2014 年至今參與《圖像新世界——明清中西繪畫交流史研究》課題（國家社科基金藝術學項目）：項目名稱《圖像新世界——明清中西繪畫交流史研究》。

提 要

和梅蘭一樣，松樹自古便被人們賦予高尚的含義，歷朝歷代詠松詩詞不斷。自魏晉始，松樹便入畫圖。而至元代，不僅松樹圖題材入畫進入了一個高峰期，並且眾多文人畫家筆下都湧現出松樹的身影。可以說元人繪畫在一個新的時空拓展了新的領域。這種新雖然是承傳了舊，但卻賦予時代了新內涵，注入了深入發展的新動力。誠如明人王世貞所說，文人畫起自東坡，而至松雪（趙孟頫）敞開大門。晚明董其昌曾作歸納指出，文人畫不僅以風格筆墨來區分;更應以個人自我意識強弱，能否將心中丘壑真率地流露，正所謂宇宙在乎手，眼前無非生機，寄情藏意於紙絹筆墨間作為品評文人畫作品高低的準則。後人更以文人畫能吐露高雅意趣，反映時代心聲為尚。而元代文人可謂是這其中的重要力量，起到敞開文人畫大門的作用，從此富有文化內涵和精神價值的文人畫成為中國畫史中的主流。

雖然關於「歲寒三友」松竹梅的繪畫內涵，研究者頗眾，而相比之下，後人對松樹圖，包括文人畫松的研究卻較為薄弱，甚至沒有專門的成果，為彌補畫史研究滯後的缺憾，加深對中國繪畫內涵的認識，論文從松樹入畫及元代文人畫松兩個方面進行研究。第一部分，對以前松樹入畫的由來及其在繪畫中的含義進行分析。第二部分，首先分析元代畫松題材繁榮的狀況，其次，考察元代十五位文人畫家的畫松作品，具體分析在特定時代背景之下松樹的豐富內涵，再次，從上述考察中尋求元人畫松繁興的社會原因與藝術特色。最後論及元代松樹圖對後世的影響。通過具體考察的實證，小中見大，得出元文人松樹入畫的最終目的 即畫為心印，以畫為喻，以畫為寄，以畫體道，以畫識史，而這一結論闡明了元代文人畫宏傳與發揚了中國畫的優秀傳

統，加高加闊了中國畫的藝術之峰，這正是元代文人畫對中國美術與文化的重要貢獻。

目　次

緒　論 ………………………………………………………………………… 1

第一章　元以前的松樹入畫研究 ………………………………………… 5

　1.1　松樹入畫的由來 …………………………………………………… 5

　1.2　松樹在繪畫中的豐富內涵 ………………………………………… 19

　1.3　常見的松柏題材繪畫 ……………………………………………… 21

第二章　元代畫松題材的繁榮 …………………………………………… 33

　2.1　元代文人畫家畫松題材的興起 …………………………………… 33

　2.2　存世元代畫家畫松作品概況 ……………………………………… 33

第三章　元代文人畫家的松樹情結 ……………………………………… 35

　3.1　錢選《幽居圖》及其他 …………………………………………… 37

　3.2　李衎《雙松圖》及其他 …………………………………………… 39

　3.3　西域畫家高克恭《春山晴雨圖》及其他 ………………………… 40

　3.4　趙孟頫《雙松平遠圖》及其他 …………………………………… 44

　3.5　商琦《春山圖》及其他 …………………………………………… 48

　3.6　黃公望《富春山居圖》及其他 …………………………………… 51

　3.7　曹知白《松亭圖》及其他 ………………………………………… 56

　3.8　吳鎮《洞庭漁隱圖》及其他 ……………………………………… 60

　3.9　李士行《喬松竹石圖》及其他 …………………………………… 70

　3.10　朱德潤《渾淪圖》及其他 ………………………………………… 71

　3.11　楊維楨《歲寒圖》及其他 ………………………………………… 79

　3.12　唐棣《霜浦歸漁圖》及其他 ……………………………………… 80

　3.13　倪瓚《六君子圖》及其他 ………………………………………… 82

　3.14　張遜《雙鉤竹及松石圖卷》及其他 ……………………………… 87

　3.15　王蒙隱逸世界中的松樹圖 ………………………………………… 89

　3.16　元代其他畫家筆下松樹圖題畫詩 ………………………………… 93

第四章　元人畫松繁榮的社會原因及藝術特色 ………………………… 103

　4.1　元代畫家的藝術政治環境 ………………………………………… 103

　4.2　元代畫家的政治取向 ……………………………………………… 107

4.3 元代畫家借松抒情的藝術特色 …………………………………………… 113

第五章　元人畫松對後世的影響及元以後松樹圖創作特點 …………… 117

結　語 ……………………………………………………………………………… 127

參考文獻 …………………………………………………………………………… 131

附錄一：隋唐五代與宋遼金畫松畫家統計表 ………………………………… 137

附錄二：元代松樹圖存世概況表 ………………………………………………… 143

附錄三：論文引用圖錄 …………………………………………………………… 147

附錄四：文中提及元代松樹圖賞析 ……………………………………………… 151

後　記 ……………………………………………………………………………… 175

第四八冊　明初書法與臺閣體之研究

作者簡介

黃昭祥

歷任：南投縣慕陶書法學會理事長

學歷：國立中興大學中文研究所

提　要

　　臺閣體，為長久以來一直被書家忽略且聚訟的問題。然書法發展絕非朝代更替而一言以蔽之。元末明初的書家如：危素、楊維楨、倪瓚、宋濂、宋克等。他們引領著明初的書法潮流，也因循著趙孟頫、康里子山的書風，對明初書壇扮演著承先啟後的角色。明初諸帝，雅好翰墨，還於朝中設立專門機構，以蓄能書之人。文士也因善書授予中書舍人一職，成為御用書家。其中備受寵遇，榮耀天下者莫過於三宋、二沈。他們的書法，蔚為時尚，與當時文壇以楊士奇為代表的臺閣體文風相呼應。卻也因朝廷的宣導，促使了明初行草的昌熾與小楷的繁榮。

　　臺閣士人向來以鳴盛頌世為特徵，以文辭修飾為職事。長久以來，一直被認為是翰林文人感恩逞技心態之體現。在這讓人忽略且無可避及的年代，筆者試圖一探時代氛圍，就人物、政治、社會、典章制度及《永樂大典》之編修，分五章論述，庶幾還原明初書法與臺閣體之本質。

目　次

致謝辭

第一章　緒　論 ………………………………………………………………………… 1

第二章　元代書風遺響 ……………………………………………… 5

　　第一節　元代的政治氛圍與忽必烈的用人與取才 …………… 5

　　第二節　忽必烈以後帝王的儒治方針 ………………………… 7

　　第三節　元代書法發展 ……………………………………… 10

　　第四節　承先啓後 …………………………………………… 41

第三章　明代前期書風 …………………………………………… 45

　　第一節　皇家新風 …………………………………………… 47

　　第二節　三宋與陳璧 ………………………………………… 67

　　第三節　二沈與解縉 ………………………………………… 81

　　第四節　張弼與陳獻章 ……………………………………… 94

第四章　《永樂大典》與內閣制度對臺閣體的影響 …………… 107

　　第一節　《永樂大典》的編纂 …………………………… 108

　　第二節　明代內閣與翰林院的形成 ……………………… 115

　　第三節　中書舍人與臺閣體 ……………………………… 123

第五章　臺閣體的興衰 ………………………………………… 135

　　第一節　臺閣體初起時期（1402～1424）…………………… 136

　　第二節　臺閣體鼎盛時期（1425～1449）…………………… 150

　　第三節　臺閣體衰落時期（1450～1516）…………………… 165

第六章　結　論 ………………………………………………… 177

參考文獻 ………………………………………………………… 183

附錄　明初洪武至弘治年間大事年表 ………………………… 195

第四九冊　趙宧光《寒山帚談》「書學格調說」之研究

作者簡介

　　林中元，花蓮人，國立台南大學國語文學系研究所畢業，現職國小老師。

　　國小於校內參加書法社團，自此與書法結下不解之緣……才怪！拿毛筆的第二天便面臨被老師轟出去的窘境，一週後淚眼汪汪的賭誓餘生不再碰毛筆（其實是老師教得淚眼汪汪）。是誰說的人生難料？大學因緣際會開始寫字，一提筆就是好幾年，那個被書法老師轟出去的小鬼也成了書法老師。

　　於是，就成了沒有什麼頭銜，大學才接觸書法的門外漢，眞要說的話，就是對書法抱持著熱情的國小老師。

提　要

　　趙宧光（1559～1625），字水臣，號凡夫，爲晚明書法家、文字學家，其以「草篆」傳世，爲近幾年研究明清篆書不可漏缺之人物，特別是其提出之「書學格調論」更於書論中獨樹一格。本研究之目的即在於對《寒山帚談》做深入的剖析，並以此一窺趙宧光之「書學格調論」。本文共分七章：

　　第一章「緒論」，說明本文研究方向及研究目的、研究方法，同時對於前行研究進行回顧，同時探討《寒山帚談》版本流傳及《寒山帚談》成書問題。

　　第二章「趙宧光之生平與時代背景」，分析趙宧光所處之晚明背景、書學風氣，同時針對趙宧光家世、生平、與吳門及時人的交遊探討。

　　第三章「《寒山帚談》『書學格調說』之發端與釋義」，釐清「詩學格調說」與《寒山帚談》「書學格調說」之差異，並剖析「書學格調說」之「格」與「調」之意涵。

　　第四章「《寒山帚談》格調說之『格』論」，探討「格」與結構之建立方法，同時釐清趙宧光「用筆爲上」論之建立與應用，此外，釐清趙宧光「破體」所指意涵亦爲本章重點。

　　第五章「《寒山帚談》格調說之『調』論」，從「清雅」敘述趙宧光「調」之建立與執筆方法，並分析趙宧光「調」與「風格」之關係，以及其兩種「品第論」之意涵。

　　第六章「《寒山帚談》『格調說』於書篆學習之運用」，敘述趙宧光之學書方法，並由「書學格調說」探討其選材方法及原因，此外亦從《寒山帚談》分析其篆刻論及影響。

　　第七章「結語」，綜述本文之研究心得、成果，同時指出未來可繼續研究之方向。

目　次

致　謝
第一章　緒　論 …………………………………………………………………… 1
第二章　趙宧光之生平與時代背景 …………………………………………… 23
　　第一節　晚明時代背景 ……………………………………………………… 24
　　第二節　趙宧光之書學背景 ………………………………………………… 31
　　第三節　趙宧光之家世與生平 ……………………………………………… 38
　　第四節　趙宧光之交遊 ……………………………………………………… 52

第三章 《寒山帚談》「書學格調說」之發端與釋義 …………………… 65
  第一節 「詩學」與「格調」——格調之發端 …………………… 66
  第二節 「格」與其相關意涵之析義 …………………………… 75
  第三節 「調」與其相關意涵之析義 …………………………… 86
第四章 《寒山帚談》格調說之「格」論 …………………………… 101
  第一節 「結法」與「構法」之解析 …………………………… 101
  第二節 「以結構持心」——從結構到心法 …………………… 114
  第三節 「以格為上」之解析 …………………………………… 125
  第四節 從結體到破體 ………………………………………… 134
第五章 《寒山帚談》格調說之「調」論 …………………………… 149
  第一節 風格之調 ……………………………………………… 150
  第二節 執筆之調 ……………………………………………… 171
  第三節 書品之調 ……………………………………………… 179
第六章 《寒山帚談》「格調說」於書篆學習之運用 ……………… 187
  第一節 學習之方法 …………………………………………… 187
  第二節 用材之選取 …………………………………………… 200
  第三節 篆刻論 ………………………………………………… 216
第七章 結 論 ………………………………………………………… 227
參考書目 ……………………………………………………………… 231
附錄：趙宧光年表 …………………………………………………… 245

中古大軍制度緣起演變史論（上）

雷家驥　著

作者簡介

雷家驥：廣東順德人，出生於廣州，曾先後在大陸、香港、臺灣受教育。1979 年教育部部頒文
學博士，現爲中正大學榮譽教授。治學斷限以漢至唐爲主，領域橫跨政治與政制、戰史與軍制、
民族與文化、史學觀念與歷史文學。著有專書十餘部，論文凡百篇。

提　　要

　　本書集結著者半世紀以來，討論軍權、軍制及其與政治政局、民族文化關係的論文十一篇，
都四十餘萬字，約而成書，尤著眼於大軍制度的緣起變化，及其與當時歷史的關係，對日後歷
史的影響。常由無疑處起疑，經考證後提出歷史解釋，自成一家之說。

序

　　筆者素性好奇，興趣廣泛，以故治學繁雜，斷限亦長。執教鞭恆半個世紀，今屆退休，檢討所爲文凡約百篇，平生爲學大體概見。已成書者固無論矣，餘篇如玉屑，放散於期刊雜誌，不聚而成冊，則無以見爲學的重心與軌轍的變化，由是思欲修訂整理，釐分部類，使能系統面世，質正於方家。

　　今之所以先約取漢唐軍制論文十一篇，以爲首部結集也者，原因有二：其一，此範疇是筆者從正式發表第一篇論文〈宣宗對禁煙及鴉戰各期之態度〉以來，〔註1〕所最究心的研究重心；其二，筆者曾以「魏周至唐初國策、國家戰略及府兵體制的建立與演變」爲題，申請得國科會研究計畫（NSC97-2420-H194-030-MY2）資助，當時雖已完成初稿，但是迄未刊行，欠其一個交代。爲此之故，遂以此作爲結集出版之優先。

　　正式發表的第一篇論文，因其與大軍制度之創建與演變，以及其與當時軍事權力變化，以至與政治政局之變動等問題關係不大，且在斷限上並不屬於中古歷史，是故暫不選入本書，待將來結集系列戰史論文時再作考慮。

　　國科會資助的研究計畫全稿雖然早已完成，然而之所以遷延多年而不出版，蓋與本人求好心切、敝帚自珍的心理有關。此心理又與其中有些問題一時尚難予以確切解釋，思量與其急就成章，則毋寧等待賢者發表高見後，再作參考斟酌的態度有關。這些當時難予解釋的問題，重要者概有五：

　　一、拓跋鮮卑自魏晉以來雖已交好中國，漸薰華風，但是仍依舊俗以組

〔註1〕 此文原爲1969年本人大二時發表的論文，後來收入中華文化復興運動推行委員會主編之《中國近代現代史論集》第一編，臺北：臺灣商務印書館，民國75.4初版，頁187-217。

成部落聯盟，須至道武建國始雜採華夷制度，文成帝〈南巡碑〉足以證之。不過，此碑所列胡制官名究何所指，從筆者撰寫初稿以迄於今，中、外學者曾無確解，致使本人躊躇不敢定稿，期盼有賢者高見可以發懵。高見迄不可得，由是本書所論，仍不免為管窺鄙見而已。

二、北魏晚期官爵氾濫，都督制尤甚，以致論者或謂是都督貶值，或謂是朝廷壓抑武人。竊意揆諸隋朝軍制，的確兩者皆是；然而揆諸晚魏因戰亂而重用武人之際，則恐不盡然。思中、日學者對此皆無確解，自忖必須越出計畫原定斷限，另起爐灶研究其緣起，始能漸有所明，遂為此而躊躇遷延。

三、自陳寅恪先生以來，謂宇文泰所創早期府兵制為鮮卑部落兵制，蓋已成定論，世多無疑；然而此制果僅單一為鮮卑部落兵制，抑或另外雜有其他胡族制度的淵源?若是雜有其他胡族制度，則究為何種胡族之舊制?筆者亦一時難解。治學於不疑處有疑如是之難，以故躊躇久之。

四，宇文泰所創早期府兵制並無「以衛領軍」的十二衛建制，「以衛領軍」由周武帝啟之，過渡為隋文帝的十二衛制。其間淵源演變，論者多言而不詳，論之未審，筆者當時也不易確切把握，因而亦躊躇久之。

五、唐朝北門禁軍向為治唐史者所重視，然而早期北門禁軍的性質、建制、演變，及其與十二軍、十二衛的關係，耙疏不易，論者亦多未詳審，是以筆者難以定稿，一再斟酌躊躇。

基於此故，研究計畫固可以初稿向國科會交差，但卻未敢遽然出版。此期間一再思考，反覆推求，遷延經年，年屆退休，因而不得不汗顏付梓，就正於方家，復有所盼於來者而已。

於此欲為補充說明者：初稿因遷延經年，以故中間曾抽出部分章節，先作若干獨立論文而予以發表，但因有些論文內容偏重檢視軍制在戰爭中的發揮與效果，格於本書主題，故未收入於本書。本書所收十一篇論文之中，第一篇〈試論都督制之淵源及早期發展〉與第二篇〈漢晉之間吳蜀的督將與都督制〉共約十萬字，即為解決上述第二個問題而作，本不屬於研究計畫原定的斷限。第十篇〈從戰略發展看唐朝節度體制的創建〉及第十一篇〈唐樞密使的創置與早期職掌〉，雖非初稿原有的章節，但因前者為盛唐以降的顯要大軍制，後者則為中唐以降的重要軍機制度，並從五代至宋元成為與中書對掌文武大柄的「二府」，符合本書「中古大軍制度」的主題，以故一併收入本書。其餘七篇，則皆屬於研究計畫的原有內容。

　　此十一篇論文都約四十餘萬字，第二篇〈漢晉之間吳蜀的督將與都督制〉、第三篇〈北魏至北齊禁衛制度的緣起演變〉及第四篇〈隋唐十二衛淵源：北朝後期侍衛體制的演變與定型〉，凡約二十萬字，迄今爲止均未曾在期刊發表。由於此十一篇論文與研究計畫初稿的原來章節結構已頗爲不同，因此筆者決定保留其獨立論文的形式，依發生之時間先後編結爲書。但自第一篇以至第十篇，所論軍制之內容及其建制原理仍有相當大的相關性，尚頗能使全書一以貫之，有益於對中古時期軍權的設計與運作，軍制的淵源與演變，以及其與當時政治環境、政局變動作系統而整體的理解，是以諸文之間實際上是「雞犬相聞」，而非「老死不相往來」。即使第十一篇的〈唐樞密使的創置與早期職掌〉，雖是由筆者 1971 年之學士論文〈唐代樞密使制度研究〉中抽出發表，然而此制的創置與軍機有關，尤與各節度之監軍使關係密切，大有總監軍使的架勢。此與都督制之源於軍隊監軍，以及節度使之所以被制衡，原理上亦頗有共通相因之處，未可視爲完全獨立於諸篇之外，以故不忍割棄。

　　此諸論文皆曾修改補充經年，第四篇〈隋唐十二衛淵源：北朝後期侍衛體制的演變與定型〉及第十篇〈從戰略發展看唐朝節度體制的創建〉改動尤大，幾可稱得上重寫，曾令筆者爲之暴瘦五公斤，因此絕非將舊作編排成書而已。斷限綿長，篇幅繁大，筆者雖已盡心竭力，猶恐有所未逮。遙想班彪當年，批評司馬遷「一人之精，文重思煩，故其書刊落不盡，尚有盈辭，多不齊一」，不禁心有戚戚焉！故爲之序，以志其事。

　　　　　　　　　　　　　　　　　雷家驥　2018 年中秋前夕

上 冊

序

試論都督制之淵源及早期發展 ························· 1

　一、前言 ·························· 2

　二、都督制之廣義淵源：護軍制 ············· 5

　三、都督制之狹義淵源：監軍與督軍 ········ 13

　四、靈、獻之際軍隊監督制度的變化與督軍及督將
　　 ························· 25

　五、建安、黃初間曹軍體制變化：大帥級都督制之
　　 成立 ························· 35

　六、結論 ······················ 54

漢晉之間吳蜀的督將與都督制 ·············· 61

　一、前言 ······················ 62

　二、赤壁之戰前後孫軍督將的肇始與變化 ········ 63

　三、荊州三役所見孫、劉兩軍督軍督將之演變 ···· 73

　四、吳祚建後之由要塞督發展至軍區都督 ········ 82

　五、劉備建國前後都督制的發展 ············ 96

　六、蜀漢國家戰略的改變以及軍區、要塞督 ····· 101

　七、結論 ····················· 117

北魏至北齊禁衛制度的緣起演變 ············· 123

　一、前言 ····················· 124

　二、道武建國前後之情勢與內侍制度的創置 ····· 125

　三、北魏前期內侍制度 ················ 134

　四、南巡碑所記內侍之官及其制度問題 ········· 144

　五、從殿內兵至左右侍衛：二衛府建制與領左右
　　 府創置的淵源 ················ 156

　六、結論 ····················· 166

中 冊

隋唐十二衛淵源：北朝後期侍衛體制的演變與定型
　　 ························· 177

　一、前言 ····················· 178

二、二衛府所統近衛「五直屬官」在魏齊的變化
發展 ⋯⋯⋯⋯⋯⋯⋯⋯⋯⋯⋯⋯⋯⋯⋯⋯ 178
三、魏末宮衛：「領左右」的創置、統屬與職權⋯ 188
四、東魏北齊宮衛體制的變化 ⋯⋯⋯⋯⋯⋯⋯⋯ 214
五、西魏北周宮衛制度施行的情況⋯⋯⋯⋯⋯⋯ 227
六、周武帝的軍事改革與侍衛體制的變化 ⋯⋯⋯ 240
七、結論 ⋯⋯⋯⋯⋯⋯⋯⋯⋯⋯⋯⋯⋯⋯⋯⋯ 261

略論魏周隋之間的復古與依舊：一個胡、漢統治
文化擺盪改移的檢討 ⋯⋯⋯⋯⋯⋯⋯⋯⋯⋯⋯ 283
一、前言 ⋯⋯⋯⋯⋯⋯⋯⋯⋯⋯⋯⋯⋯⋯⋯⋯ 284
二、宇文泰之開國策略與復古政策⋯⋯⋯⋯⋯⋯ 285
三、復古政策的施行 ⋯⋯⋯⋯⋯⋯⋯⋯⋯⋯⋯⋯ 289
四、政軍一體下的皇帝權與統帥權 ⋯⋯⋯⋯⋯⋯ 297
五、國策改移與還復漢魏 ⋯⋯⋯⋯⋯⋯⋯⋯⋯⋯ 302
六、結論 ⋯⋯⋯⋯⋯⋯⋯⋯⋯⋯⋯⋯⋯⋯⋯⋯ 309

試論西魏大統軍制的胡漢淵源 ⋯⋯⋯⋯⋯⋯⋯⋯ 313
一、前言 ⋯⋯⋯⋯⋯⋯⋯⋯⋯⋯⋯⋯⋯⋯⋯⋯ 314
二、大統軍制的建制與編階 ⋯⋯⋯⋯⋯⋯⋯⋯⋯ 315
三、大統軍制的漢制史源與漢表特徵 ⋯⋯⋯⋯⋯ 324
四、大統軍制的胡制史源與胡裏特徵 ⋯⋯⋯⋯⋯ 337
五、結論 ⋯⋯⋯⋯⋯⋯⋯⋯⋯⋯⋯⋯⋯⋯⋯⋯ 355

從政局與戰略論唐初十二軍之興廢⋯⋯⋯⋯⋯⋯ 359
一、前言 ⋯⋯⋯⋯⋯⋯⋯⋯⋯⋯⋯⋯⋯⋯⋯⋯ 360
二、開國時期之戰略構想、國家戰略與十二軍創建
⋯⋯⋯⋯⋯⋯⋯⋯⋯⋯⋯⋯⋯⋯⋯⋯⋯⋯⋯ 362
三、大戰略、國家戰略之改變與十二軍重建 ⋯⋯ 372
四、政治鬥爭、軍事安全對十二軍重建重罷的影響
⋯⋯⋯⋯⋯⋯⋯⋯⋯⋯⋯⋯⋯⋯⋯⋯⋯⋯⋯ 379
五、結論 ⋯⋯⋯⋯⋯⋯⋯⋯⋯⋯⋯⋯⋯⋯⋯⋯ 389

下　冊

試論唐初十二軍之建軍及其與十二衛的關係⋯⋯ 393
一、前言 ⋯⋯⋯⋯⋯⋯⋯⋯⋯⋯⋯⋯⋯⋯⋯⋯ 394
二、十二軍建軍與部署之創意來源⋯⋯⋯⋯⋯⋯ 395

　　三、星象二重性下之十二軍建制與十二衛關係 ⋯ 400
　　四、十二軍與十二衛之間的實際運作問題 ⋯⋯⋯ 407
　　五、結論 ⋯⋯⋯⋯⋯⋯⋯⋯⋯⋯⋯⋯⋯⋯⋯ 418

元從禁軍之建置發展以及兵源問題 ⋯⋯⋯⋯⋯⋯⋯ 421
　　一、前言 ⋯⋯⋯⋯⋯⋯⋯⋯⋯⋯⋯⋯⋯⋯⋯ 422
　　二、元從禁軍的創建 ⋯⋯⋯⋯⋯⋯⋯⋯⋯⋯⋯ 426
　　三、武德、貞觀間北衙部隊的改編與兵源 ⋯⋯⋯ 432
　　四、貞觀朝北衙屯營之軍事體制及其與諸衛之關係
　　　⋯⋯⋯⋯⋯⋯⋯⋯⋯⋯⋯⋯⋯⋯⋯⋯⋯⋯ 437
　　五、關於「飛騎」與「百騎」 ⋯⋯⋯⋯⋯⋯⋯ 450
　　六、結論 ⋯⋯⋯⋯⋯⋯⋯⋯⋯⋯⋯⋯⋯⋯⋯ 456

從戰略發展看唐朝節度體制的創建 ⋯⋯⋯⋯⋯⋯⋯ 459
　　一、前言 ⋯⋯⋯⋯⋯⋯⋯⋯⋯⋯⋯⋯⋯⋯⋯ 460
　　二、唐朝的開國戰略 ⋯⋯⋯⋯⋯⋯⋯⋯⋯⋯⋯ 462
　　三、大戰略的施展 ⋯⋯⋯⋯⋯⋯⋯⋯⋯⋯⋯⋯ 470
　　四、唐朝前期大戰略的策定與實行 ⋯⋯⋯⋯⋯⋯ 475
　　五、新國防軍事體制的建立 ⋯⋯⋯⋯⋯⋯⋯⋯ 493
　　六、節度使的界定與創建 ⋯⋯⋯⋯⋯⋯⋯⋯⋯ 508
　　七、結論 ⋯⋯⋯⋯⋯⋯⋯⋯⋯⋯⋯⋯⋯⋯⋯ 546

唐樞密使的創置與早期職掌 ⋯⋯⋯⋯⋯⋯⋯⋯⋯⋯ 551
　　一、前言 ⋯⋯⋯⋯⋯⋯⋯⋯⋯⋯⋯⋯⋯⋯⋯ 552
　　二、樞密使創置的背景 ⋯⋯⋯⋯⋯⋯⋯⋯⋯⋯ 553
　　三、樞密使的初置與職掌 ⋯⋯⋯⋯⋯⋯⋯⋯⋯ 559
　　四、知掌樞密的實際情況與影響 ⋯⋯⋯⋯⋯⋯⋯ 570
　　五、結論 ⋯⋯⋯⋯⋯⋯⋯⋯⋯⋯⋯⋯⋯⋯⋯ 576

試論都督制之淵源及早期發展

一、前言

二、都督制之廣義淵源：護軍制

三、都督制之狹義淵源：監軍與督軍

四、靈、獻之際軍隊監督制度的變化與督軍及督將

五、建安、黃初間曹軍體制變化：大帥級都督制之成立

六、結論

一、前　言

論軍需先論制。本文所論之都督制，於魏晉而言實爲新興的軍制，與秦漢以來之將軍制及監軍制關係密切。換言之，魏晉都督制之淵源，決不會憑空而產生，實與監軍監督將軍及其所屬軍隊有關，是以本文專從軍隊之統率、監督角度，進論都督制與此制的關係淵源，並溯及其早期的發展演變。〔註1〕

按：中國正史向爲文人所撰，故對軍制論述不多，據《漢書・百官公卿表》所載，其敍述秦漢之最高軍事機關以及將軍制即甚簡，僅云：

> 太尉，秦官，金印紫綬，掌武事。武帝建元二年省。元狩四年初置大司馬，以冠將軍之號。宣帝地節三年置大司馬，不冠將軍，亦無印綬官屬。……前後左右將軍，皆周末官，秦因之，位上卿，金印紫綬。漢不常置，或有前後，或有左右，皆掌兵及四夷。有長史，秩千石。

《續漢書・百官志》所載雖較詳，但仍感失之在略。茲省略太尉，而逐引將軍之官及其統率指揮系統，以概見其制度。該志載云：

> 將軍，不常置。本注曰：掌征討背叛。比公者四：第一大將軍，次驃騎將軍，次車騎將軍，次衛將軍。又有前、後、左、右將軍。（蔡質漢儀曰：「漢興，置大將軍、驃騎，位次丞相，車騎、衛將軍、左、右、前、後，皆金紫，位次上卿。典京師兵衛，四夷屯警。」）……世祖中興，……前、後、左、右雜號將軍眾多，皆主征討，事訖皆罷。……
>
> 其領軍皆有部曲：大將軍營五部，部校尉一人，比二千石；軍司馬一人，比千石。部下有曲，曲有軍候一人，比六百石。曲下有屯，屯長一人，比二百石。其不置校尉部，但軍司馬一人。又有軍假司馬、假候，皆爲副貳。
>
> 其別營領屬爲別部司馬，其兵多少各隨時宜。……
>
> 其餘將軍，置以征討，無員職，亦有部曲、司馬、軍候以領兵。

〔註2〕

〔註1〕 《漢書・百官公卿表》另述中央自郎中令、衛尉、中尉……以至地方之郡尉等官，與統兵征伐作戰之體系關係不大，故本文暫不討論。本文所引正史，俱據臺北：鼎文書局新校標點本。

〔註2〕 司馬彪《續漢書》諸志今已補入范曄《後漢書》而爲志，爲尊重原作者，今仍稱《續漢書》。按：本段標點頗爲筆者所改。

是知秦漢將軍之官，位階甚高，平時「典京師兵衛，四夷屯警」，戰時掌征討作戰，屬於軍令系統。然因將軍對所屬軍隊握有全般統率指揮權，故君主為策安全起見，對將軍平時所領之屯駐軍派有監督，而對其戰時所統之征討軍亦派有監督，此即監督系統，與將軍之軍令系統固不全同一系也。將軍統領直屬部隊，轄下之戰鬥單位分部、曲、屯，各級主官依次為校尉（司馬）、軍候、屯長；有時視需要而另配以他部，配屬部隊的兵力雖不一定，但建制則與直屬部隊相同。至於其他將軍亦置以征討，統率系統之建制也同於大將軍。可見秦漢軍制原無所謂都督、督將之制，都督制與將軍制實為不同歷史分期的一代大制。然雖如此，不過兩者之間卻不能謂全無關係，蓋都督制導源於將軍之監督制也。

本問題之緣起，與晉、宋、南齊官志敘述都督制起源及演變，其間差異頗大之事有關。據《宋書‧百官志》載都督制的淵源及其早期發展云：

> 持節都督，無定員。

> 前漢遣使，始有持節。光武建武初，征討四方，始權時置督軍御史，事竟罷。建安中，魏武帝為相，始遣大將軍督軍。二十一年，征孫權還，夏侯惇督二十六軍是也。

> 魏文帝黃初二年，始置都督諸州軍事，或領刺史。三年，上軍大將軍曹真都督中外諸軍事，假黃鉞，則總統外內諸軍矣。……

> 晉世則都督諸軍為上，監諸軍次之，督諸軍為下。使持節為上，持節次之，假節為下。使持節得殺二千石以下；持節殺無官位人，若軍事得與使持節同；假節唯軍事得殺犯軍令者。晉江左以來，都督中外尤重，唯王導居之。宋氏人臣則無也。江夏王義恭假黃鉞。假黃鉞，則專戮節將，非人臣常器矣。

所載與唐初修成之《晉書‧職官志》大抵相同，唯晉官志在載述此制之前，稱此制為「常都督制」，並謂是「黃初三年，始置都督諸州軍事」，此略異耳。是則常都督制即是州都督制，完成於晉世，當時已成方面大員之職，兩志所載出入不大；然而，「常都督制」之外是否尚有「非常都督制」？斯則兩志所未嘗言。至於其未成為方面大員以前之演變如何，如何發展成魏晉之制，為何最後發展成有都督、監、督，以及使持節、持節、假節三等級之別？此則亦為兩志所未嘗言。

其後，南齊王室蕭子顯所撰之《南齊書》，於〈百官志‧州牧刺史〉條所

述又與二書頗不同，謂：

> 魏晉世州牧隆重，刺史任重者爲使持節都督，輕者爲持節督，
> 起漢從帝（按：即順帝）時，御史中丞馮赦討九江賊，督揚、徐二州
> 軍事，而何、徐宋志〔註3〕云起魏武遣諸州將督軍，王珪之職儀云
> 起光武，並非也。

宋以下所纂類書多據此三書而抄之，且又頗常抄錯，是則都督制果起於何時，淵源爲何，早期演變如何，何書所載爲是等等問題，誠值得再研究。

上述諸問題近今中外學者對之多乏系統而完整的解釋，即使研究都督制最著名的嚴師歸田與小尾孟夫亦然，步其塵轍諸後學更無論矣。小尾孟夫論州都督（本文或稱爲軍區都督）之制自曹魏始，論征討都督（本文或稱爲野戰都督）之制自西晉始，上限如此，其不論及此制的淵源及早期演變，固可無待論焉。〔註4〕然而，研究都督制最爲權威之嚴先生，所論頗亦仍有問題待究或論述不足，如其大著僅略考都督制始於東漢馮緄，而未反證此前是否並無此制，以及說明此制淵源爲何，爲何發展爲都督制，到底先有軍區都督抑或先有征討都督，兩者關係爲何等等，皆因惜墨而無所論及。〔註5〕

筆者曾發表〈從督軍制、都督制的發展論西魏北周之統帥權〉一文，內中曾參考廖伯源相關之論文，〔註6〕概略論及督軍制之起源云：

> 督軍之制起於監軍，監軍之制起於秦漢，但秦與西漢之監軍置有專官曰護軍；降至東漢，朝廷臨時派遣使者擁節監軍，而以派遣御史官爲多，故有「督軍御史」之稱。督軍使者所掌之職，也就是其軍事任務，有三種：一、監察諸軍征討，二、監督屯營駐軍，三、督州郡諸軍討捕叛亂。使者擁節監軍，所奉者即是天子之命，以故直屬於天子，遂逐漸侵奪諸將的統率權，終成魏晉以降的都督諸軍

〔註3〕 所謂何、徐宋志，蓋即何承天、徐爰二人所撰之宋書官志。《宋書‧徐爰列傳》謂「元嘉中，使著作郎何承天草創國史，……又以爰領著作郎，使終其業」，卷九十四，頁2308～2309。

〔註4〕 參其《六朝都督制研究》，廣島市：溪水社，2001.1。

〔註5〕 嚴先生名著《中國地方行政制度史》乙部《魏晉南北朝地方行政制度》（中研院史語所專刊之四十五B，民國79.5三版）有多章論述都督制及其相關問題，請逕參考，不贅。

〔註6〕 如廖伯源，〈漢代監軍制度試釋〉，《大陸雜誌》70-3。該文後來收入其所著《歷史與制度——漢代政治制度試釋》一書，臺北：臺灣商務，1998年5月。拙著〈從督軍制、都督制的發展論西魏北周之統帥權〉一文，見《中國中古史研究》8，2008.12。

事，爲軍事方面之大員。……由此觀之，督軍制之初起原屬軍事授
權，是臨時軍事差遣之職，未爲官銜；朝廷之所以常遣侍御史或御
史中丞出外臨督者，蓋因其屬本爲內廷官，具有法定之監察權，更
有利於直承天子以監督諸軍執行任務耳。

其實監軍、督軍、護軍皆與軍隊監督制度有關，只是職權地位頗有差異，其
中以監軍、督軍的職權較爲接近，是較純粹的監軍制；而護軍早時本爲軍隊
之督察長，其後與軍隊監督制度亦頗有關係。由於上述拙文的主旨僅欲從督
軍制至都督制的發展論西魏北周之統帥權，並未以都督制本身的淵源及其早
期發展爲主以作詳論，故所論難免疏略，偶有解釋亦尚未清晰完整，容易令
人忽略而不易明瞭。職是之故，忝爲嚴先生門生，不免斗膽思爲先生作後續
的補充解釋，並略申拙見以補前衍，用懷先生百年之紀念也。

　　都督制之淵源殆有遠源與近源兩種，遠源又可分爲廣義軍隊監督——護
軍制，以及狹義軍隊監督——監（含督）軍制兩種制度；近源則爲東漢末始
出現並發展之「都督」制。另外，魏晉都督制雖是一種制度，但卻有兩種亞
型：第一種是非常都督制，即是征討都督制；第二種才是常都督制，即爲軍
區都督制。下列分以甲、乙型表示其核心基本銜，或可一目瞭然：

　　甲型：擁節＋都督（或大都督）征討諸軍事＋本官→出征
　　乙型：擁節＋都督（或監或督）某州郡諸軍事＋本官＋領州郡→駐防

　　兩型核心基本職銜皆爲「都督諸軍事」，而甲型通常不領州郡。本篇茲將
此兩型都督制，融入淵源及其早期發展中依次論述。至於吳、蜀方面，因此
制發展較慢，非居主流變化地位，復多模仿曹魏之制，故請容日後另行發表。

二、都督制之廣義淵源：護軍制

　　《漢書・百官公卿表》云：

　　　　護軍都尉，秦官，武帝元狩四年屬大司馬，成帝綏和元年居大
　　司馬府比司直，哀帝元壽元年更名司寇，平帝元始元年更名護軍。

此表但言護軍都尉是秦官，未載職掌。據《通典・職官・勳官・護軍都尉》
條，先述陳平於秦漢之間爲護軍中尉，至漢武帝元狩四年（前119）復稱爲護
軍都尉，接著同於《漢書・百官公卿表》所述之內容，並尋而再述此制由東
漢至魏晉之變化云：

　　　　漢東京省。班固爲大將軍中護軍，隸將軍幕府，非漢朝列職。

魏武帝爲丞相，以韓浩爲護軍，史奐爲領軍，亦非漢官也。建安十二年改護軍爲中護軍，領軍爲中領軍。魏初，因置護軍將軍，主武官選，隸領軍；晉世則不隸矣。〔註7〕

《通典》於此條小注云：「歷代史籍皆云護軍將軍主武官選。……今按：漢高帝初以陳平爲護軍中尉，已令主武官選矣，故平有受金之讒。又魏略云：護軍之官總統諸將，主武官選，前後當此官者不能止貨賄。……此則護軍主選明矣。」按：小注所引之「歷代史籍」不詳，而明示書名者則有魚豢《魏略》、王隱《晉書》、《晉起居注》、《宋志》。至於《太平御覽·職官部·雜號將軍下·中護軍》條蓋本於《通典》，而所示歷代史籍除了《晉起居注》外，尚有郭頒《世語》與王羲之的〈臨護軍教〉，殆皆魏晉以降之文獻，或許護軍主武官選蓋是魏晉以降重要職權之一，故特別強調之。筆者竊疑，護軍都尉由秦官變爲東漢之幕府軍職，再變爲魏國的國官，然後隨著曹丕篡漢復變成魏晉以降之常制禁衛軍官，其間職權或應有所轉變，而《通典》等書對此卻無詳述。

筆者按：秦漢間今見最早有關護軍的記載蓋爲陳平之事。《史記·陳丞相世家》載平由項羽改投劉邦時云：

> 是日乃拜平爲都尉，使爲參乘，典護軍。諸將盡讙，曰：「大王一日得楚之亡卒，未知其高下，而即與同載，反使監護軍長者！」漢王聞之，愈益幸平。遂與東伐項王。……絳侯、灌嬰等咸讒陳平曰：「平雖美丈夫，如冠玉耳，其中未必有也。臣聞平居家時，盜其嫂；事魏不容，亡歸楚；歸楚不中，又亡歸漢。今日大王尊官之，令護軍。臣聞平受諸將金，金多者得善處，金少者得惡處。平，反覆亂臣也，願王察之。」漢王疑之，……召讓平曰：「先生事魏不中，遂事楚而去，今又從吾游，信者固多心乎？」平曰：「臣事魏王，魏王不能用臣説，故去事項王。項王不能信人，其所任愛，非諸項即妻之昆弟，雖有奇士不能用，平乃去楚。聞漢王之能用人，故歸大王。臣躶身來，不受金無以爲資。誠臣計畫有可采者，願大王用之；使無可用者，金具在，請封輸官，得請骸骨。」漢王乃謝，厚賜，

〔註7〕 參《通典》，卷三十四，頁典195～196。按：護軍都尉本爲官，護軍等則蓋爲將軍出征時之戰時編制職，《通典·職官典》將之列爲勳官蓋誤，原因應是護軍在唐朝列屬勳官系統，以故杜佑沿之。至於曹操所置魏國之護軍、領軍，乃至魏朝建立後所改之中護軍、中領軍等，皆爲禁衛軍主帥之官，晉官志有載述，而杜佑則未予説明。

拜爲護軍中尉，盡護諸將。諸將乃不敢復言。……

（高帝）與功臣剖符定封。……平辭曰：「此非臣之功也。」上曰：「吾用先生謀計，戰勝剋敵，非功而何？」……其明年，以護軍中尉從攻反者韓王信於代。卒至平城，爲匈奴所圍，七日不得食。高帝用陳平奇計，使單于閼氏，圍以得開。高帝既出，其計祕，世莫得聞。……其後常以護軍中尉從攻陳豨及黥布。凡六出奇計，輒益邑，凡六益封。奇計或頗祕，世莫能聞也。

此記載《漢書・陳平傳》與之相同，文句較異者乃是將陳平典護軍「反使監護軍長者」改爲「使監護長者」。無論如何，現今的問題乃在漢王拜素昧平生的陳平爲都尉，使之「參乘」而又「典護軍」，爲何使到諸資深將領爲之鼓譟？深入究其原因，應是「參乘」與人主太近密，而陳平於軍中向無資歷反而禮遇超越諸將；禮遇既已超越矣而又使之典護軍，其權責在「監護軍長者」──監護諸軍資深將領，以故遂引起諸將之不滿而鼓譟也。是知護軍之職掌爲監護諸將。

「監護」一詞，似乎與杜佑所謂「主武官選」相關不大。按：漢代許慎《說文解字》云：「護，救視也。」即其爲字有挽救視察之義。是則「護軍」之監護諸將，其作用就是監視督察諸將以保護軍中的安全，其職掌類似近今之軍隊督察，而護軍都尉無異即是督察長，在統帥之下對諸將擁有廣義的監督權。由於劉邦經常親征而爲最高統帥，爲了表示對陳平的信任，以塞諸將之噪音，是以乾脆提升陳平爲位當九卿之護軍中尉。護軍都尉與中尉之所以能影響諸將的部署甚或獎懲升黜，原因在此，於是諸將不得不巴結之，遂有「平受諸將金，金多者得善處，金少者得惡處」的事情發生。

及至元狩四年，漢武帝命衛青、霍去病分軍出擊匈奴，大捷，封狼居胥，禪姑衍。尋乃創置大司馬位，以青爲大司馬・大將軍，去病爲大司馬・驃騎將軍，並且將護軍都尉一官移隸於大司馬。降至成帝綏和元年（西元前 8 年）置三公官，大司馬去所帶將軍官，而護軍都尉之職權明確定位於「居大司馬府比司直，哀帝元壽元年（前 2 年）更名司寇」，最後在平帝朝定名爲護軍。眾所周知，司寇向掌刑罰，至於司直則隸丞相府，「秩比二千石，掌佐丞相舉不法」，〔註8〕顯示護軍都尉以軍中武官之督察監護權爲本職，及至移隸最高

〔註8〕 司直參見《漢書》卷十九上〈百官公卿表〉相國、丞相條（頁 725）。司寇於元壽二年五月正三公官分職時置，故同書〈哀帝紀〉該年月條謂「正三公官

軍事機關後，其職乃兼及軍事檢察權，蓋由協助統帥督察武官之原來職權，擴大爲察知軍中犯罪即可主動佐府主舉不法也。由是，司直佐丞相舉不法，護軍佐大司馬舉不法，一文一武，雖非官僚體系中狹義的監察官，但卻成爲分掌監視督察文武百官之要任。由於是外朝官，所以護軍通常不擁節，護外國及蠻夷則例外。

由於護軍本職有監視督察軍旅之權責，故雖盟軍，漢廷亦得派遣護軍充使以監護之，如《漢書・常惠傳》載宣帝時，匈奴連發大兵擊烏孫，烏孫求救，於是漢大發十五萬騎由五將軍統領分道出征，而常惠別護烏孫國軍，傳云：

> 以惠爲校尉，持節護烏孫兵。（烏孫國主）昆彌自將翎侯以下五萬餘騎從西方入至右谷蠡庭，獲單于父行及嫂居次，名王騎將以下三萬九千人，得馬牛驢贏橐佗五萬餘匹，羊六十餘萬頭，烏孫皆自取鹵獲。惠從吏卒十餘人隨昆彌還，未至烏孫，烏孫人盜惠印綬節。惠還，自以當誅。時漢五將皆無功，天子以惠奉使克獲，遂封惠爲長羅侯。

常惠既然帶印、綬、節「持節護烏孫兵」，故是奉使監護盟國軍隊，不屬五道漢軍軍中編制之職，也非總監。此差遣任命的方式，是最接近「持節監」或「持節督」某某軍的任命方式。由於監（含督）軍約與主帥平等，雖主帥也在被監之列，與護軍之位下於主帥不同，故「監軍」位號重於「護軍」；〔註9〕也或許正因常惠所監護的對象爲外國元首及其國軍，因此不便以「持節監」爲名，使之與外國盟軍統帥平等也。要之監、護性質相近，而位號則前者重於後者，此可爲證。當五道皆無功而獨常惠所護之盟軍有功時，常惠遂因「奉使克獲」之功而封侯。〔註10〕由於頗常有此類事例，故後來漢魏以降，因監

分職……正司直、司隸，造司寇職。」注引師古曰：「司直、司棣，漢舊有之，但改正其職掌。而司寇舊無，今特創置，故云造也。」（卷十一，頁344）不知〈百官公卿表〉爲何謂護軍都尉早就在「元壽元年更名司寇」；要之，護軍都尉雖更名司寇，仍隸屬於大司馬府。

〔註9〕《史記・衛將軍驃騎列傳》載「護軍都尉公孫敖三從大將軍擊匈奴，常護軍，傳校獲王，以千五百戶封敖爲合騎侯。」（見卷一百一十一，頁2926；又見同書〈建元以來侯者年表・合騎〉條（卷二十，頁1033），可見同是以征匈奴而立功封侯，但護軍都尉公孫敖則是在主帥之下屬從征，與常惠之「持節護烏孫兵」不同。

〔註10〕《漢書・景武昭宣元成功臣表》常惠條：「以校尉光祿大夫持節將烏孫兵擊匈

護西域諸國而置西域都護，因監護匈奴而置護匈奴中郎將，因監護氐、羌、蠻等而置護氐、羌、蠻校尉，甚至直以護軍爲名用以護雜胡——非單一之少數民族，其淵源皆本於此；〔註11〕而且因是奉使監護外國或少數民族君長，因此也以授節爲常，〔註12〕只是史家偶爾省文而已。

護軍職典監護諸將，維護軍紀軍風，責任重要，即使東漢以降省罷護軍之官，然而卻未省卻其職，軍隊出征時仍然常於將軍幕府之內編置護軍之職，乃至在護軍專名之外，另分有中、左、右等護軍職名，〔註13〕而皆事竟乃罷。例如大將軍竇憲出征匈奴，「以固爲中護軍，與參議」，故班固有大將軍中護軍之稱。〔註14〕護軍對軍隊如此重要，以故漢末魏晉戰亂頻繁之時，漸漸恢復護軍爲武官，且必要時直接領兵執行軍事行動，〔註15〕稍後又由掌領禁衛

奴，獲名王，首虜三萬九千級，侯，二千八百五十戶。」（卷十七，頁669）至於五將，同書〈五行志中之上〉注引師古曰：「本始三年，御史大夫田廣明爲祁連將軍，後將軍趙充國爲蒲類將軍，雲中太守田順爲武牙將軍，及渡遼將軍范明友、前將軍韓增，凡五將軍，兵十五萬騎。校尉常惠持節護烏孫兵，咸擊匈奴，是爲二十萬眾也。」（卷二十七，頁1393）

〔註11〕 護軍本以監護本國軍隊爲主，漢魏以來漸漸兼以監護西域、匈奴以至其他少數民族，是其職權之推廣擴張，不過此趨勢之發展卻是由西域都護、護匈奴中郎將、護蠻夷校尉以至蠻夷護軍，位秩陸續降低，或許與所護國內外的民族地位高下或人數多少有關。要之這些官職之所以以護軍爲名，即取其具有監護之作用，甚至可能是對之軍管。嚴先生曾從地方行政制度角度專章論述諸部護軍，參前揭書第十三章；馬長壽〈前秦《鄧太尉祠碑》和《廣武將軍□產碑》所見的關中部族〉（收入其《碑銘所見前秦至隋初的關中部族》，北京：中華書局，1985.1）則是以個案分析部族護軍管治雜胡的情況；拙著〈從漢匈關係的演變略論劉淵屠各集團復國的問題——兼論其一國兩制的構想〉（《東吳文史學報》，第八期，1990.3，頁47～91），及〈氐羌種姓文化及其與秦漢魏晉的關係〉（《國立中正大學學報》第六卷第一期，1995.12，頁159～209），則對南匈奴與氐羌在漢魏時被中國監護並軍管頗有論述。

〔註12〕 《後漢書·光武帝紀》建武六年是歲條引《漢官儀》云：「使匈奴中郎將，擁節，秩比二千石。」（卷一下，頁51）按：使匈奴中郎將後改稱護匈奴中郎將，因是奉使往護匈奴，故擁節，此是西漢以來之制度。匈奴也學有此漢制，故其單于臣服西域諸國時，所遣監護之使亦持節。如《後漢書·班超列傳·子勇附傳》載班勇於東漢初經略西域諸國，在擊車師後部時，「捕得（其王）軍就及匈奴持節使者」，可以爲證，見卷四十七，頁1589～1590。

〔註13〕 《續漢書·百官一·將軍》注引《東觀書》曰：「大將軍出征，置中護軍一人。」可爲例，見《後漢書》卷二十三，頁3564。

〔註14〕 參《後漢書》卷二十三〈竇融列傳·憲附傳〉，及卷四十下〈班彪列傳·固附傳〉。

〔註15〕 例如史載曹操西征馬超之亂，因有後顧之憂，乃「見官屬曰：『今當遠征，而

軍的中護軍或護軍將軍（按：中護軍之資深者爲護軍將軍）主武官選。蓋由於護軍行使廣義的監軍權，職權應會涉及武官風紀的考核，也就是涉及軍事人事行政，以故能影響諸將的獎懲升黜，陳「平受諸將金，金多者得善處，金少者得惡處」之另一原因亦應在此。因此，或許在漢武帝將護軍都尉移屬大司馬府之後，護軍亦逐漸在制度上兼涉軍事人事行政，以故降至魏晉遂正式「主武官選」歟。

　　護軍除了上述職權外，蓋亦有參預軍機、獻策計謀之權便。護軍中尉陳平屢出奇計而使漢王戰勝剋敵，班固爲大將軍中護軍參議遠征軍軍機，已見前述。第二個見於史策的護軍中尉是隨何。隨何以謁者向漢王劉邦獻策，並主動請纓，奉使前往說降黥布，使黥布舉九江兵與漢擊楚，破項羽於垓下。天下已定，漢高帝論功行賞，「迺以隨何爲護軍中尉」。〔註16〕除此之外，兩漢至魏晉以護軍之名參與征討，領兵作戰或監護軍隊而立功之例尚多，因與本文此處論廣義監軍權的關係不大，以故不贅。或許有人要問，陳平由護軍都尉遷護軍中尉有何特殊的意義？鄙意恐怕主要是官位的提高。〔註17〕至於陳平拜護軍中尉而「盡護諸將」，蓋或有總監護的性質，恐怕是漢王針對絳、

此方未定，以爲後憂，宜得清公大德以鎮統之。』乃以宣爲左護軍，留統諸軍」。（見《三國志·徐宣傳》，卷二十二，頁645）又如，李嚴爲劉璋成都令，「建安十八年，署嚴爲護軍，拒先主於緜竹。嚴率眾降先主，先主拜嚴裨將軍。成都既定，爲犍爲太守、興業將軍。二十三年，盜賊馬秦、高勝等起事於郪，合聚部伍數萬人，到資中縣。時先主在漢中，嚴不更發兵，但率將郡士五千人討之，斬秦、勝等首。枝黨星散，悉復民籍。又越嶲夷率高定遣軍圍新道縣，嚴馳往赴救，賊皆破走。加輔漢將軍，領郡如故。章武二年（即魏文帝黃初三年），先主徵嚴詣永安宮，拜尚書令。三年，先主疾病，嚴與諸葛亮並受遺詔輔少主，以嚴爲中都護，統內外軍事，留鎮永安」（見《三國志》本傳，卷四十，頁998～999）。可見漢魏間戰亂之時，諸集團皆以護軍統兵執行軍事行動，或作戰或屯守矣。

〔註16〕參《史記》卷九十一〈黥布列傳〉，頁2603。

〔註17〕據《漢書·百官公卿表》，都尉秩一般是比二千石，護軍都尉既比司直，司直之秩即爲比二千石，可以概見。至於中尉則位九卿，屬中二千石；而帶有某些名目之中尉，如主爵中尉，則位爲二千石，故護軍中尉恐秩二千石至中二千石之間。《漢書》卷六十九〈趙充國傳〉謂武都氐人反，車騎將軍長史趙充國「以大將軍護軍都尉將兵擊定之，遷中郎將，將屯上谷，還爲水衡都尉」。按：車騎將軍長史秩千石，中郎將秩比二千石，水衡都尉秩二千石，可以參考。又按：《續漢書·輿服下·青紺綸》注引《東觀書》謂「建武元年，……校尉、中郎將、……中護軍、司直秩皆二千石」。（見《後漢書》卷三十，頁3675～3676）或許是比二千石之誤，見《後漢書》卷二十三，頁3675。

灌諸將之不滿而故意對陳平加重授權。其後隨何之爲護軍中尉，則未見有此殊遇矣。

至於大軍征行作戰，漢時也偶會編置具有總監而又頗帶統帥性質之護軍將軍，如《漢書》卷五十二〈韓安國傳〉載漢武帝元光二年漢、匈破交大戰之首役——馬邑事變——時云：

> 當是時，漢伏兵車騎材官三十餘萬，匿馬邑旁谷中。衛尉李廣爲驍騎將軍，太僕公孫賀爲輕車將軍，大行王恢爲將屯將軍，太中大夫李息爲材官將軍。御史大夫安國爲護軍將軍，諸將皆屬。約單于入馬邑縱兵。

其因恐與各道統兵會戰諸將，盡多秩爲比二千石以至中二千石，乃至位爲九卿之大官有關，以故需命上卿級的御史大夫韓安國爲護軍，提高其至將軍名義，使「諸將皆屬」而盡護諸軍，故同書〈匈奴傳〉謂是「御史大夫韓安國爲護軍將軍，護四將軍以伏單于」云。又如東漢末之夏侯淵亦是其例。《三國志·諸夏侯曹傳》載云：

> （建安）十四年，以淵爲行領軍。太祖征孫權還，使淵督諸將擊廬江叛者雷緒，緒破，又行征西護軍，督徐晃擊太原賊，攻下二十餘屯，斬賊帥商曜，屠其城。從征韓遂等，戰於渭南。又督朱靈平隃糜、汧氐。與太祖會安定，降楊秋。十七年，太祖乃還鄴，以淵行護軍將軍，督朱靈、路招等屯長安，擊破南山賊劉雄，降其眾。圍遂、（馬）超餘黨梁興於鄠，拔之，斬興，封博昌亭侯。

夏侯淵分以行征西護軍、行護軍將軍先後督軍作戰，不啻握有監護權以督軍作戰，其性質實已是該支軍隊的統帥，只因非由漢朝正拜而僅由霸府任命，以故未持節而以「行」的名義任之耳。

作爲軍中督察主管，在涉及某些監督檢察相關的權力時，護軍殆無直接行使軍事司法之權，從《漢書·胡建傳》可見其例：

> 胡建……孝武天漢中，守軍正丞，貧亡車馬，常步與走卒起居，所以尉薦走卒，甚得其心。時監軍御史爲姦，穿北軍壘垣以爲賈區，建欲誅之，乃約其走卒曰：「我欲與公有所誅，吾言取之則取，斬之則斬。」於是當選士馬日，監御史與護軍、諸校列坐堂皇上，建從走卒趨至堂皇下拜謁，因上堂皇，走卒皆上，建指監御史曰：「取彼。」走卒前曳下堂皇。建曰：「斬之。」遂斬御史。護軍、

諸校皆愕驚，不知所以。建亦已有成奏在其懷中，遂上奏曰：「臣
聞軍法，立武以威眾，誅惡以禁邪。今監御史公穿軍垣以求賈利，
私買賣以與士市，不立剛毅之心，勇猛之節，亡以帥先士大夫，尤
失理不公。用文吏議，不至重法。黃帝李法曰：『壁壘已定，穿窬
不繇路，是謂姦人，姦人者殺。』臣謹按軍法曰：『正亡屬將軍，
將軍有罪以聞，二千石以下行法焉。』……臣謹以斬，昧死以聞。」
制曰：「司馬法曰『國容不入軍，軍容不入國』，何文吏也？……建
又何疑焉？」建繇是顯名。〔註18〕

由此傳可知，軍法與一般法律各自為體系，軍法由軍正等軍事司法系統獨立
執行，不屬於作為主帥的將軍，所以謂「正亡屬將軍」也。除了將軍有罪必
須奏聞之外，至於對其他軍中校尉等比二千石之屬，皆可得逕行執法。此次
是監軍御史在軍穿垣做生意，以故軍正丞胡建於當選士馬日，監御史與護軍、
諸校列坐之時，率兵執斬監軍御史，而令護軍與諸校皆愕驚而不知所以。可
見軍事督察與軍事司法之職權在軍中蓋為分開的二系統，護軍系與主帥之軍
令系統關係較近密，而軍正系則相對較為獨立，是以護軍不能直接行使軍事
司法權，用以制止秩位較低的軍正丞逕行執法斬殺監軍御史也。

　　軍隊歷來具有封閉性之特質，所以「國容不入軍，軍容不入國」，各級軍人
只聽其上一級長官的軍令。為了使軍令貫徹、軍紀落實，是以設置作為軍事督
察之護軍，使握有廣義的監軍權，協助統帥護衛軍中安全。是則其與握有狹義
監軍權之監軍，究竟有何重要的差別？按：監軍是專掌監察軍隊之職，與護軍
所握之權除了行使時有範圍廣、狹的不同外，二者最明顯的差異，厥是監軍乃
奉使赴軍之差遣職，不屬於統帥，反而統帥也在其監察之列，而護軍則為軍中
編制的督察職，隸屬於主帥；另外，監軍與及較其後起的督軍，可得授予擁節
之特權，而秦漢之護軍則無——監護外國或蠻夷則例外。其詳請見下節。

〔註18〕《漢書·胡建傳》本段文字的解讀頗為艱澀，請自參卷六十七、頁2910～2911
　　　　之顏師古注。按：正文標點原為「護軍諸校」，今改為「護軍、諸校」，蓋護
　　　　軍雖有直屬部屬，但此處之「護軍諸校」，應是指點選士馬之日，群坐堂上的
　　　　護軍以及校尉也，故改。又按：《漢書·百官公卿表》載廷尉職掌刑辟，其屬
　　　　有正，秩千石。據前注所揭《續漢書·輿服下》注引《東觀書》，謂「諸秩千
　　　　石者，其丞、尉皆秩四百石」，則軍正丞可參考。至於校尉、司直、中護軍之
　　　　秩皆是比二千石，而監御史原為掌監郡之秦官，秩不載，至武帝元封五年置
　　　　制史後，官名職權遂為秩六百石的刺史所取代。要之，此為軍正丞以低秩官
　　　　逕行法以斬監御史，而比二千石之護軍不敢制止之例。

三、都督制之狹義淵源：監軍與督軍

雖然將由君命，但是軍中既然「國容不入軍，軍容不入國」，一切均聽令於主帥，是則人君豈能放心？由是遂有監軍之制產生。軍隊監督者由君主所遣，以奉使之性質代表君主赴軍，故爲差遣使職，兩漢或多稱監軍爲監軍使或監軍使者，後起之督軍則較多稱爲督軍使者，至於直稱監某軍、督某軍，或加稱本官名，如監軍御史、督軍中郎將等，東漢亦頗常見。不過，監軍之制起源甚早，也不一定以御史充使。茲以司馬穰苴之監軍爲例，此也是載述監軍制諸書所常見之首例。《史記·司馬穰苴列傳》載云：

> 司馬穰苴者，……齊景公時，晉伐阿、甄，而燕侵河上，齊師敗績。景公患之。晏嬰乃薦田穰苴……以爲將軍，將兵扞燕晉之師。穰苴曰：「臣素卑賤，君擢之閭伍之中，加之大夫之上，士卒未附，百姓不信，人微權輕，願得君之寵臣、國之所尊以監軍，乃可。」於是景公許之，使莊賈往。穰苴既辭，與莊賈約曰：「旦日日中會於軍門。」穰苴先馳至軍，立表下漏待賈。賈素驕貴，以爲將己之軍而己爲監，不甚急；……夕時，莊賈乃至。穰苴曰：「何後期爲？」賈謝曰：「不佞大夫親戚送之，故留。」穰苴曰：「將受命之日則忘其家，臨軍約束則忘其親，……君寢不安席，食不甘味，百姓之命皆懸於君，何謂相送乎！」召軍正問曰：「軍法期而後至者云何？」對曰：「當斬。」莊賈懼，使人馳報景公，請救。既往，未及反，於是遂斬莊賈以徇三軍。三軍之士皆振慄。

> 久之，景公遣使者持節赦賈，馳入軍中。穰苴曰：「將在軍，君令有所不受。」問軍正曰：「馳三軍法何？」正曰：「當斬。」使者大懼。穰苴曰：「君之使不可殺之。」乃斬其僕，車之左駙，馬之左驂，以徇三軍。遣使者還報，然後行。…遂取所亡封內故境而引兵歸。……景公……尊爲大司馬。

按：莊賈是以君之寵臣、國之所尊而監穰苴軍，當時監軍持節之制似未成慣例，以故因犯軍法，在穰苴詢問過軍正後被斬。此與上述之監軍使犯軍法，而被軍正丞胡建所斬之事例略同，顯示先秦時監軍的權勢尚未陵越將軍。此外，穰苴不殺亦犯軍法而當斬的齊景公來使，僅斬其僕等作替代，顯示軍中似有「君之使不可殺」之例。然則監軍與使者皆爲奉使，爲何一者可殺一者不可？筆者以爲，恐怕此與奉使者當時有否持節，應有相當大的關係。持節

者明顯代表人君，明顯爲「君之使」，以故若非人君下令則不可殺，而監軍則是差遣至軍中之職。上述二監軍之例皆未提及持節與否，又犯軍法，以故可得而斬歟？若是，則漢魏監軍、督軍有時書持節有時不書，則殆非全是史官之漏記或省文，而是自先秦以來即有監軍不持節的事例也。

秦時另有一例，可以窺見人君始能下令殺監軍，而監軍權位約與主帥平等。《史記·秦始皇本紀》三十五年條載坑儒之事發生，「始皇長子扶蘇諫……。始皇怒，使扶蘇北監蒙恬於上郡」，即是要扶蘇奉使出監蒙恬軍。兩年之後，同紀復載云：

> 上病益甚，乃爲璽書賜公子扶蘇曰：「與喪會咸陽而葬。」書已封，在中車府令趙高行符璽事所，未授使者。七月丙寅，始皇崩於沙丘平臺。丞相（李）斯爲上崩在外，恐諸公子及天下有變，乃祕之，不發喪。……高乃與公子胡亥、丞相斯陰謀破去始皇所封書賜公子扶蘇者，而更詐爲丞相斯受始皇遺詔沙丘，立子胡亥爲太子。更爲書賜公子扶蘇、蒙恬，數以罪，賜死。

史公於卷八十七〈李斯列傳〉對此事有詳載，其中述及：

> 始皇帝至沙丘，病甚，令趙高爲書賜公子扶蘇曰：「以兵屬蒙恬，與喪會咸陽而葬。」書已封，未授使者，始皇崩。……（趙高等）更爲書賜長子扶蘇曰：「……今扶蘇與將軍蒙恬將師數十萬以屯邊，十有餘年矣，不能進而前，士卒多耗，無尺寸之功，乃反數上書直言誹謗我所爲，以不得罷歸爲太子，日夜怨望。扶蘇爲人子不孝，其賜劍以自裁！將軍恬與扶蘇居外，不匡正，宜知其謀。爲人臣不忠，其賜死，以兵屬裨將王離。」封其書以皇帝璽，遣胡亥客奉書賜扶蘇於上郡。

> 使者至，發書，扶蘇泣，入內舍，欲自殺。蒙恬止扶蘇曰：「陛下居外，未立太子，使臣將三十萬眾守邊，公子爲監，此天下重任也。今一使者來，即自殺，安知其非詐？請復請，復請而後死，未暮也。」使者數趣之。扶蘇爲人仁，謂蒙恬曰：「父而賜子死，尚安復請！」即自殺。蒙恬不肯死，使者即以屬吏，繫於陽周。

及至二世立後，遣使者至陽周，責其罪，蒙恬乃吞藥自殺。〔註19〕按：扶蘇以君之長子監軍，與莊賈以君之寵臣監軍，身份不同，但似皆未擁節；然而，

〔註19〕詳《史記·蒙恬列傳》，卷八十八，頁 2567～2570。

始皇死前詔令扶蘇會葬咸陽，「以兵屬蒙恬」，應即表示監軍不論持節與否，實際職掌皆是與主帥共同掌控所屬軍隊，也就無異分享統帥權，只是一者掌監督，一者掌統率而已，兩者即使本官高低不同，然而權位則約相當也，除非一方犯法。

監軍之例先漢已有，上述司馬穰苴率軍出征而置監軍，蒙恬領兵屯駐亦置監軍，而為監者皆非御史。其後西漢沿用秦制，雖《史》、《漢》所載事例不多，但亦有之，如武帝征和二年江充以水衡都尉奉使治蠱禍，連及皇后、太子之事即可為例。由於太子懼，不能自明，故收充斬之，《漢書·劉屈氂傳》載此事云：

> 戾太子為江充所譖，殺充，發兵入丞相府，（左丞相）屈氂挺身逃，亡其印綬。是時上避暑在甘泉宮，丞相長史乘疾置以聞。上問「丞相何為？」對曰：「丞相祕之，未敢發兵。」上怒曰：「事籍籍如此，何謂祕也？丞相無周公之風矣。周公不誅管蔡乎？」乃賜丞相璽書曰：「捕斬反者，自有賞罰。……堅閉城門，毋令反者得出。」

> 太子既誅充發兵，宣言帝在甘泉病困，疑有變，姦臣欲作亂。上於是從甘泉來，幸城西建章宮，詔發三輔近縣兵，部中二千石以下，丞相兼將。太子亦遣使者矯制赦長安中都官囚徒，發武庫兵，命少傅石德及賓客張光等分將，使長安囚如侯持節發長水及宣曲胡騎，皆以裝會。侍郎莽通使長安，因追捕如侯，告胡人曰：「節有詐，勿聽也。」遂斬如侯，引騎入長安，……太子召監北軍使者任安發北軍兵，安受節已，閉軍門，不肯應太子。太子引兵去，……逢丞相軍，合戰五日，死者數萬人，血流入溝中。丞相附兵浸多，太子軍敗，南犇覆盎城門，得出。會夜司直田仁部閉城門，坐令太子得出，……及北軍使者任安，坐受太子節，懷二心，司直田仁縱太子，皆要斬。〔註20〕

〔註20〕 《漢書》此傳原標點為「太子召監北軍使者任安發北軍兵，安受節已閉軍門，不肯應太子」，不甚可解。按：任安與司馬遷是朋友，同時被腰斬的司直田仁亦與司馬遷善，故遷為田仁之父田叔作傳，論及仁而未論及安，更未為安作傳。今據諸先生所補《史記·田叔列傳》云：「是時任安為北軍使者護軍，太子立車北軍南門外，召任安，與節令發兵。安拜受節，入，閉門不出。武帝聞之，以為任安為詳邪，不傅事，何也？任安笞辱北軍錢官小吏，小吏上書

據褚少孫所補《史記・田叔列傳》，謂任安、田仁俱爲衛青舍人，爲武帝所賞識，「使任安護北軍，使田仁護邊田穀於河上」。按：西漢首都長安有南、北二軍，北軍掌保衛京城，南軍掌保衛宮城，任安時爲「監北軍使者」，然褚少孫之所補，先謂任安「護北軍」，中轉爲益州刺史，後稱「北軍使者護軍」。按：時無「北軍使者護軍」之職，筆者以爲應謂任安充「北軍使者」，而以此職監護北軍，未必遽謂其爲「北軍使者護軍」或「北軍護軍」也。班彪父子以補續《史記》的好事者「多鄙俗，不足以踵繼其書」，因而「斟酌前史而譏正得失」，另起爐灶撰《史記後傳》及《漢書》，〔註21〕所言當較褚少孫之續書可信，因此以任安時爲「監北軍使者」爲是，亦即是北軍之監軍使者也。〔註22〕不過，仍值注意的是，任安奉詔爲「監北軍使者」，但似未持節，與穰苴及蒙恬之監軍頗同，蓋爲秦漢間之慣例或是史家之省文歟？

《漢書》載監軍事例較少而《後漢書》較多，殆因東漢初及末皆戰事頻繁之故。據所見事例，前引《宋書・百官志》謂「前漢遣使，始有持節。光武建武初，征討四方，始權時置督軍御史，事竟罷」之說或有商榷餘地。蓋「前漢遣使，始有持節」，事例多見，不必贅。然而由於後漢初對內對外之戰爭，常爲規模較大的征討野戰，與監州郡兵以事較小規模的地方平亂頗不同，爲因應事勢需要，故光武頗以差遣武官赴軍監戰爲常，差遣御史則罕見。

例如建武初，軍旅草創後，光武將自征隗囂，尋還宮，中郎將來歙等仍留關中。九年（西元33年）隗囂死，「詔使（來歙）留屯長安，悉監護諸將」，並「拜（馬）援爲太中大夫，副來歙監諸將」，〔註23〕是則來歙之監護諸將，

言之，以爲受太子節，言『幸與我其鮮好者』。（按《索隱》：「謂太子請其鮮好之兵甲也。」）書上聞，武帝曰：『……今懷詐，有不忠之心。』下安吏，誅死。」（見卷一百四，頁2779～2783。）因此筆者改原標點爲「安受節已，閉軍門，不肯應太子」。

〔註21〕 見《後漢書・班彪列傳》，卷四十上，頁1325。

〔註22〕 《資治通鑑》（臺北：宏業書局，62.4再版）亦稱任安爲「護北軍使者」（見漢武帝征和二年七月條，卷二十二，頁731），蓋據褚少孫所補之《史記・田叔列傳》歟？按：奉使護外國之軍殆可稱爲使者，護本國之軍稱使者則少見。褚少孫既先謂任安「護北軍」，中爲益州刺史，後稱「北軍使者護軍」，則「護北軍」與「北軍使者護軍」（或「北軍使者」）是不同的先後二職，中間隔以益州刺史之官。司馬光似將「護北軍」與「北軍使者護軍」混爲一事矣。又，「北軍使者護軍」似應標點爲「北軍使者，護軍」，即以北軍使者監護本軍。蓋刺史爲正式之監察官，監北軍使者則爲正式之監軍職，與護軍仍頗有不同，故任安由護軍遷監郡刺史，復遷爲北軍監軍使，以北軍使者監護此軍，固其宜也。

〔註23〕 參《後漢書・來歙列傳》（卷十五，頁587），及〈馬援列傳〉（卷二十四，頁

實則是監察諸將的另一種說法，與護軍監護諸將之說法頗有同有不同。姑無論來歙如何監護諸將，要之馬援既然「副來歙監諸將」，則來歙必就是正監軍。稍後，《後漢書・光武帝紀》載建武九年「八月，遣中郎將來歙監征西大將軍馮異等五將軍討隗純（隗囂子）於天水」，來歙於此役自稱「使者」，正顯示其的確是監軍使者，馬援為監軍副使。同書〈來歙列傳〉載歙於此役被刺前後云：

> 詔歙率征西大將軍馮異、建威大將軍耿弇、虎牙大將軍蓋延、揚武將軍馬成、武威將軍劉尚入天水，擊破公孫述將田弇、趙匡。……十一年，歙與蓋延、馬成進攻公孫述將王元、環安於河池、下辨，陷之，乘勝遂進。蜀人大懼，使刺客刺歙，未殊，馳召蓋延。延見歙，因伏悲哀，不能仰視。歙叱延曰：「虎牙何敢然！今使者中刺客，無以報國，故呼巨卿，欲相屬以軍事，而反效兒女子涕泣乎！刃雖在身，不能勒兵斬公邪！」延收淚強起，受所誡。歙自書表曰：「臣夜人定後，為何人所賊傷，中臣要害。臣不敢自惜，誠恨奉職不稱，以為朝廷羞。……」投筆抽刃而絕。

按：本傳又載來歙早在建武五年已以太中大夫持節奉璽書於隗囂，而此時卻是要監戰，故以比二千石的中郎將充監軍使者，「悉監護諸將」，雖不言持節與否，但因先前已持節，諸將又多為二千石卿級將軍或上卿級大將軍，因此來歙是以低秩監高秩、以鄙官監高官也。此次正式作戰，來歙由留屯監軍改派為征討監軍，史稱歙是「率」諸將以行，用辭遣句頗有以上臨下之意。而其被刺後，竟以監軍使者身份「召」虎牙大將軍蓋延至，「欲相屬以軍事」，又「叱」之，且言「刃雖在身，不能勒兵斬公邪」，則的確有以上臨下之權勢也，可以無疑。監軍中郎將何以有如此大的權勢？或許可先從漢代許慎之解字先行窺悉。《說文解字》云：「監，臨下也。」段玉裁注則謂視也，臨下也。是知監軍秩位雖較將軍低，實則對所監者具有監視臨下之意，以故有此權勢。再者，同書〈馬武列傳〉載「顯宗（明帝）初，西羌寇隴右，覆軍殺將，朝廷患之，遂「復拜武捕虜將軍，以中郎將王豐副，與監軍使者竇固、右輔都尉陳訢，將烏桓、黎陽營、三輔募士、涼州諸郡羌胡兵及弛刑，合四萬人擊之。」〔註24〕此次作戰，由馬武以捕虜將軍掛帥，故本傳所書以其為

835～836）。按：馬援原為隗囂之綏德將軍，是武官，此時投奔光武帝，拜秩比千石的太中大夫。

〔註24〕詳該傳卷二十二，頁 786。

首，固當也；然而〈顯宗紀〉中元二年（57）十一月條則記此次征行，謂「遣中郎將竇固監捕虜將軍馬武等二將軍討燒當羌」，顯示較正式的官方記載是以監軍——即監軍使者——竇固為先。蓋竇固雖為中郎將，但隸於郎中令體系，具有內廷禁衛軍官性質，是以天子命之奉使監軍，遂有臨下之勢。來歙亦同此例。

　　監軍既對主帥及諸將有臨下之勢，因此也大有與主帥共同統率軍隊之權，如秦始皇死前詔令扶蘇「以兵屬蒙恬」，來歙「率」及「叱」所監將軍等行為表現，皆足以說明監軍的確有此權勢。《後漢書‧馬援列傳》載其征討五溪蠻，亦見有此類事例：

> （建武）二十四年（48），武威將軍劉尚擊武陵五溪蠻夷，深入，軍沒，援因復請行。……遂遣援率中郎將馬武、耿舒、劉匡、孫永等……四萬餘人征五溪。……明年……三月，進營壺頭。賊乘高守隘，水疾，船不得上。……耿舒與兄好時侯弇書曰：「……伏波類西域賈胡，到一處輒止，以是失利。今果疾疫，皆如舒言。」弇得書，奏之。帝乃使虎賁中郎將梁松乘驛責問援，因代監軍。會援病卒，……。

同書〈宋均列傳〉則載云：

> 後為謁者。會武陵蠻反，圍武威將軍劉尚，詔使均乘傳發江夏奔命三千人往救之。既至而尚已沒。會伏波將軍馬援至，詔因令均監軍，與諸將俱進，賊拒隘不得前。及馬援卒於師，軍士多溫溼疾病，死者太半。均慮軍遂不反，乃與諸將議曰：「今道遠士病，不可以戰，欲權承制降之何如？」諸將皆伏地莫敢應。均曰：「夫忠臣出竟，有可以安國家，專之可也。」乃矯制調伏波司馬呂种守沅陵長，命种奉詔書入虜營，告以恩信，因勒兵隨其後。蠻夷震怖，即共斬其大帥而降，於是入賊營，散其眾，遣歸本郡，為置長吏而還。均未至，先自劾矯制之罪。光武嘉其功，迎賜以金帛。

筆者按：武威將軍劉尚擊五溪蠻，因輕敵而全軍覆沒，以故光武遣伏波將軍馬援率中郎將馬武等往征。因援軍遲滯，是以光武遣虎賁中郎將梁松乘驛來責問，大概當馬援病危時「因代監軍」。此之所謂「因代監軍」，恐怕是指臨時代行統帥以監統其軍之意，蓋因馬援率軍至時，光武已詔「令（宋）均監軍，與諸將俱進」，故不可能一軍中有兩監軍也。因此，不論梁松是代監軍也

好，代統帥也好，皆應指代馬援行使統率權而監統其軍。宋均本官雖是掌理賓讚受事的六百石謁者，然於統帥死後，仍以正式監軍的身份，召集諸將商議軍事，行使監軍權，而致「諸將皆伏地莫敢應」，其權勢可見一斑。〔註25〕由此言之，監軍與護軍性質雖相類似，但後者決無前者之地位權勢，可以知矣。

至於督軍，漢常制無此官，其初起時蓋是戰時之編制。

《宋書‧百官志》追溯其淵源，謂「光武建武初，征討四方，始權時置督軍御史，事竟罷」，可謂說對了一半，因為督軍既是戰時編制，故當然「事竟罷」也；然筆者前面之所以言其說尚值商榷者，蓋因揆諸史書，似未見建武初即有征討四方時始權置督軍御史之例也。而《南齊書‧百官志》謂刺史為使持節都督或持節督，「起漢從帝（即順帝）時，御史中丞馮赦討九江賊，督揚、徐二州軍事」云云，嚴耕望先生亦以《南齊書》所載為是，並謂馮赦即馮緄，〔註26〕其說頗有疑處，以故竊謂可再商榷。

按：《後漢書‧馮緄列傳》云：

> 初舉孝廉，七遷為廣漢屬國都尉，徵拜御史中丞。順帝末，以緄持節督揚州諸郡軍事，與中郎將滕撫擊破羣賊，遷隴西太守。

而同書〈順帝紀〉建康元年（144年）八月條則云：

> 楊、徐盜賊范容、周生等寇掠城邑，遣御史中丞馮赦督州郡兵討之。

是則馮赦即馮緄，嚴說殆無可疑，所謂「督州郡兵」即是「督揚州諸郡軍事」，恐怕《南齊書‧百官志》所謂「督揚、徐二州軍事」有誤。又，馮緄獲督軍討賊之授權，而一書之中或載其持節或否，正可作為省文之例。又據同書〈法雄列傳〉載此類事情更詳細，謂：

> （安帝）永初三年（110），海賊張伯路等三千餘人，冠赤幘，服絳衣，自稱「將軍」，寇濱海九郡，殺二千石令長。初，遣侍御史龐雄督州郡兵擊之，伯路等乞降，尋復屯聚。明年（111），伯路復與平原劉文河等三百餘人稱「使者」。攻厭次城，殺長吏，轉入高唐，

〔註25〕《資治通鑑》漢光武帝建武二十五年三月條有載此事（見卷四十四，頁1408～1413），但對梁松「因代監軍」，宋均「監援軍」之事無考。又，虎賁中郎將領期門兵，秩比二千石，謁者掌賓讚受事，六百石，皆郎中令（即光祿勳）之屬官，見《漢書‧百官公卿表》，卷十九上，頁727。

〔註26〕詳嚴先生前揭書上冊，頁87～88。

燒官寺，出繫囚，渠帥皆稱「將軍」，共朝謁伯路。……乃遣御史中丞王宗持節發幽、冀諸郡兵，合數萬人，乃徵（宛陵令法）雄爲青州刺史，與王宗并力討之。連戰破賊，……會赦詔到，賊猶以軍甲未解，不敢歸降。於是王宗召刺史太守共議，皆以爲當遂擊之。雄曰：「不然。兵，凶器；戰，危事。勇不可恃，勝不可必。……可且罷兵，以慰誘其心，執必解散，然後圖之，可不戰而定也。」宗善其言，即罷兵。賊聞大喜，乃還所略人。

此是地方性動亂，事情發生較馮緄之事更早，〈安帝紀〉載於永初三年七月，謂「海賊張伯路等寇略緣海九郡，遣侍御史龐雄督州郡兵討破之」，是則龐雄先以侍御史督州郡兵討破張伯路，只是翌年伯路復叛，聲勢更大，於是乃有命王宗以御史中丞「持節」發幽、冀諸郡兵數萬人，與青州刺史法雄并力進討之後續行動。然而，〈安帝紀〉永初四年正月條，又謂「……遣御史中丞王宗督青州刺史法雄討破之」，則省去「持節」而用「督」字。是則此次平亂，行使督戰權的先是督軍御史龐雄，後爲持節督軍御史中丞王宗，其名義皆是以督州郡兵作戰，與馮緄之督州郡軍作戰正同。是則督州郡兵即是督州郡軍，也就是督軍，若是，則不論持節督也好或不持節督也好，其制皆不起於順帝時之馮緄，甚至也可能不起於安帝時之王宗。茲試論之。

由於地方動亂常有流寇性質，動輒連及數郡乃至數州，以故所謂督州郡軍事或督州郡兵之「事竟罷」戰時編制因而肇興，以免督軍由督戰進而佔據地盤，造成尾大不掉之局。按「督」之爲義，《說文解字》云：「督，察視也。」前引段玉裁注釋監字，亦謂視也；但監有臨下之意，而督字無此意。是則「督」字用於軍事派遣，蓋具有視察督促之意較多，然視察督促行之既久，則毋寧就如同監軍之監督也。督軍之起始雖不及監軍、護軍之早，但西漢即已有之，如《漢書‧酷吏傳》載漢武帝時：

盜賊滋起。南陽有梅免、百政，楚有段中、杜少，齊有徐勃，燕趙之間有堅盧、范主之屬。大羣至數千人，擅自號，攻城邑，取庫兵，釋死罪，縛辱郡守都尉，殺二千石，……小羣以百數，掠鹵鄉里者不可稱數。於是上始使御史中丞、丞相長史使督之，猶弗能禁，乃使光祿大夫范昆、諸部都尉及故九卿張德等，衣繡衣，持節虎符發兵以興擊，斬首大部或至萬餘級。

此爲差使前往州郡督軍討捕盜賊或持節發州郡兵討捕盜賊之例。《漢書‧成帝

紀》永始三年（前 14 年）十二月條載督軍使之職責更清楚云：

> 山陽鐵官徒蘇令等二百二十八人攻殺長吏，盜庫兵，自稱將
> 軍，經歷郡國十九，殺東郡太守、汝南都尉。遣丞相長史、御史中
> 丞持節督趣逐捕，汝南太守嚴訢捕斬令等。

顏師古注曰：「趣讀曰促。」〔註27〕此更明顯是盜賊流動爲禍，竟至經歷十九
個郡國之多，天子於是分遣使者前往督促州郡逐捕之，而且皆是持節前赴。
此事與上條引文之事皆發生於西漢，而早於馮緄之例甚多。

及至兩漢之間，群雄與盜賊林立，〔註28〕由是戰爭頻仍。於是遂因用兵
需要，光武即位後，與監軍一般，乃起用武官督軍作戰，如建武四年（28）
拜將軍馬成督軍征討，《後漢書・馬成列傳》云：

> 拜（成）揚武將軍，督誅虜將軍劉隆、振威將軍宋登、射聲校
> 尉王賞，發會稽、丹陽、九江、六安四郡兵擊李憲。時帝幸壽春，
> 設壇場，祖禮遣之。進圍憲於舒，……至六年春，……盡平江淮地。

其後又派將軍馬援督軍遠征，〈馬援列傳〉載此事云：

> （建武）十七年，……交阯女子徵側及女弟徵貳反，攻沒其郡，
> 九眞、日南、合浦蠻夷皆應之，寇略嶺外六十餘城，側自立爲王。
> 璽書拜援伏波將軍，以扶樂侯（官中郎將）劉隆爲副，督樓船將軍
> 段志等南擊交阯。……明年正月，斬徵側、徵貳，傳首洛陽。

交阯之役亦見於〈光武帝紀〉建武十八年四月條，謂「遣伏波將軍馬援率樓
船將軍段志等擊交阯」云云，是則將軍「督」將軍、諸校作戰之爲義，實乃
等同於「率」，因而督率也就頗有統率之意，即使督軍非武官充任亦然。因
此，同書〈張宗列傳〉謂：

> 建武六年，都尉官省，拜太中大夫。八年，潁川桑中盜賊復起，
> 宗將兵擊定之。後青、冀盜賊屯聚山澤，宗以謁者督諸郡兵討平之。
> 十六年，琅邪、北海盜賊復起，宗督二郡兵討之，乃設方略，明購
> 賞，皆悉破散。

是則張宗先以太中大夫將兵討賊，後以謁者督郡兵討賊，與後來王宗之以御
史中丞督郡兵討賊般，皆是以非武官身份充使視察督促軍隊，而實際上行使
作戰指揮權。上述史書所載諸「督」例，均有領兵作戰的軍事作爲，只是兩

〔註27〕 此條並注見該紀卷十，頁 323～324。
〔註28〕 此情況可概見於《後漢書・光武帝紀》更始二年正月條，卷一上，頁 12～18。

漢群雄之間,戰爭較正式而大型,故頗以武官充督或監罷了。蓋將軍知兵,原本在制度上即爲法定統兵作戰之官;至於地方動亂,非是正式征伐野戰,以故仍沿西漢慣例而多以文臣充使。其實光武以來如此諸例,不論是以武官督軍征戰也好抑或是以文臣督兵討捕也好,性質皆與監軍使之監軍殆無大異。由於督軍原掌視察督促軍隊作戰,初對主帥諸將殆無臨下之意,至光武時以將軍任之始如同主帥,故由此可知,爲何督軍之權位高於護軍,而監軍又高於督軍,以至晉世定制,遂成爲「都督諸軍爲上,監諸軍次之,督諸軍爲下」之等級矣。

又,據《後漢書‧桓帝紀》延熹三年(160)九月條載:「太山、琅邪賊勞丙等復叛,寇掠百姓,遣御史中丞趙某持節督州郡討之。」而同書〈趙彥列傳〉則載云:

> 趙彥者,琅邪人也。……延熹三年,琅邪賊勞丙與太山賊叔孫無忌殺都尉,攻沒琅邪屬縣,殘害吏民。朝廷以南陽宗資爲討寇中郎將,杖鉞將兵,督州郡合討無忌。彥爲陳孤虛之法,……一戰破賊,燔燒屯塢,徐兗二州一時平夷。〔註29〕

是則此御史中丞趙某即是趙彥,而此役不僅是趙彥持節督州郡討賊,而且宗資也以討寇中郎將「杖鉞將兵督州郡」合討。據此而論,蓋趙彥先以文臣持節督州郡討賊,似因戰事不理想,是以再命武官宗資杖鉞將兵督州郡實行合討。在軍中,趙彥既爲宗資陳策,因此統帥應即是宗資。另外,「節」是帝王之大器,「持節」是代表天子臨軍,殆有加重持節者威權的作用。〔註30〕然而更值得注意的是,宗資「杖鉞」將兵督州郡合討寇盜之「鉞」,即是大斧,亦是帝王之大器,授予領兵出征的統帥,殆有授予專征討以行大刑的全權之意,〔註31〕宗資在此役之所以作爲統帥,權力在持節督軍御史趙彥之上,即與此

<hr />

〔註29〕見《後漢書‧方術列傳‧趙彥傳》,卷八十二下,頁2732。

〔註30〕《續漢書‧輿服上‧大使車》條謂「大使車,立乘,駕駟,赤帷;持節者,重導從」(見《後漢書》志二十九,頁3650)。同書〈郡國五‧交州〉條注引王範《交廣春秋》,載「詔書以州邊遠,使持節,并七郡皆授鼓吹,以重威鎮」(志二十三,頁3533)。因此鄭興勸隗囂,謂「使持節官皆王者之器,非人臣所當制也」(《後漢書》興傳,卷三十六,頁1219),而《續漢書‧百官四》載武帝初置比二千石的司隸校尉時,使「持節,掌察舉百官以下,及京師近郡犯法者」,注引蔡質《漢儀》謂「職在典京師,外部諸郡,無所不糾。……入宮,開中道稱使者。每會,後到先去」(志二十七,頁3613),亦是爲了加重司隸校尉的威權。此皆可見擁節有加重威權的作用。

〔註31〕《續漢書‧輿服上‧法駕》注引「《說文》曰:『鉞,大斧也。』《司馬法》曰:

授權有關。又，史載「桓帝末，鮮卑、南匈奴及高句驪嗣子伯固並畔，爲寇鈔，四府舉（橋）玄爲度遼將軍，假黃鉞。玄至鎮，休兵養士，然後督諸將守討擊胡虜及伯固等，皆破散退走」。〔註32〕是則或因此戰具有大型國際戰爭的性質，於是天子不僅假「鉞」於征討軍統帥，而且是假以「黃鉞」。此在後來的魏晉都督制中，「假黃鉞則專戮節將」，〔註33〕其先例概已見於此時。

綜觀《後漢書》所載，名稱不論是督軍使者或督軍，其實就是督州郡兵（軍）、督某將軍軍之稱謂，前者多持節，是較名正言順的使，後者少持節，常爲派遣武官督戰時所任。當其派出時，史文常書爲遣使者督，或謂遣謁者督、遣侍御史督、遣御史中丞督，遣中郎將督，遣校尉督，以至遣都尉督等，不一而定；而亦常與本官合銜而連稱，如督軍御史、督軍中郎將、督軍校尉等。要之督軍使者位秩一般皆高不過領兵之將軍或州郡二千石長官，而且也不一定是武官，因漸以具有法定監察權的御史系統官員充使爲多，以故「督軍御史」較常見。除正式作戰之時，朝廷常命法定統兵武官擔任督軍，而不常書其爲持節使者之外，至於平時督軍使者執行之任務，或是監督軍隊的屯駐，或是平定地方——含少數民族——之動亂，戰事都不算太大或太持久，所以常由文臣充使，並常是就近督發州郡兵執行任務，當然兵力規模也就不致太大。

史載建安十七年曹操南征孫權，表請荀彧勞軍于譙，因表留彧曰：「臣聞古之遣將，上設監督之重，下建副二之任，所以尊嚴國命，謀而鮮過者也。臣今當濟江，奉辭伐罪，宜有大使肅將王命。……臣輒留彧，依以爲重。」遂以彧爲侍中‧光祿大夫，持節，參丞相軍事。〔註34〕既然曹操已挾持天子，則其強逼獻帝命內臣持節，用參軍事之名義監督己軍，誠是絕對可能之事。然而既謂「古之遣將，上設監督之重，下建副二之任，所以尊嚴國命，謀而

『夏執玄鉞，殷執白鉞，周杖黃鉞。』」（見《後漢書》，卷三十，頁3649）。《後漢書‧公孫述列傳》注引《淮南子》曰：「武王伐紂，左操黃鉞，右秉白旄而麾之，則瓦解而走。」（卷十三，頁539）可見統帥杖鉞，是代表帝王用兵之大器，而用兵即是行大刑也。

〔註32〕 見《後漢書‧橋玄列傳》，卷五十一，頁1696。

〔註33〕 《宋書‧百官志》謂「假黃鉞，則總統外內諸軍矣」；又謂「假黃鉞，則專戮節將，非人臣常器矣」，見卷三十九，頁1225。

〔註34〕 見《三國志‧荀彧傳》，卷七十，頁2290。按：荀彧自獻帝都許以來，一直以侍中‧守尚書令參與籌劃軍國之事，表上後改爲持節‧侍中‧光祿大夫‧參丞相軍事，職稱非監軍使或督軍使，但據曹操所言，則實際有監督之重。

鮮過者也」，是則副二之將居於監督之下固可無論矣，不過主將、監與督三者在軍，權位差別如何？

前謂監督軍旅之使，位秩殆皆高不過領兵之將軍，但是威權則不然。或許由馮緄督軍平揚州動亂後之事例可作考察。據《後漢書·馮緄列傳》所載：

> 馮緄……少學春秋、司馬兵法。……徵拜御史中丞。順帝末，以緄持節督揚州諸郡軍事，與中郎將滕撫擊破羣賊，遷隴西太守。後……遷廷尉、太常。時長沙蠻寇益陽，屯聚積久，至延熹五年（桓帝，162），眾轉盛，而零陵蠻賊復反應之，合二萬餘人，攻燒城郭，殺傷長吏。又武陵蠻夷悉反，寇掠江陵閒，荊州刺史劉度、南郡太守李肅並奔走荊南，皆沒。於是拜緄爲車騎將軍，將兵十餘萬討之，詔策緄曰：「蠻夷猾夏，久不討攝，各焚都城，蹈籍官人。州郡將吏，死職之臣，相逐奔竄，曾不反顧，可愧言也。將軍素有威猛，……今非將軍，誰與修復前迹？進赴之宜，權時之策，將軍一之，出郊之事，不復內御。……』將軍其勉之！」

> 時天下飢饉，帑藏虛盡，每出征討，常減公卿奉祿，假王侯租賦，前後所遣將帥，宦官輒陷以折耗軍資，往往抵罪。緄性烈直，不行賄賂，懼爲所中，乃上疏曰：「……願請中常侍一人監軍財費。」……荊州平定。詔書賜錢一億，固讓不受。振旅還京師，……監軍使者張敞承宦官旨，奏緄將傅婢二人戎服自隨，又輒於江陵刻石紀功，請下吏案理。……會長沙賊復起，攻桂陽、武陵，緄以軍還盜賊復發，策免。

按：馮緄曾有持節充督軍使之經歷，及至拜爲朝廷第三號的車騎將軍，將兵十萬而爲統帥，雖說天子已特別聲言委以指戰全權，但卻仍自請於監軍使者之外，另置宦官以監軍財費，可謂畏慎已極。然而戰勝而還，作爲大軍統帥的他，最後仍因監軍使者之奏劾而受審。可見面對天子所派、具有臨下權勢的軍隊監使，連大軍統帥如馮緄者也不免爲之畏懼，是則何來事權一之、不復內御的全權委任？至於下文所述小黃門蹇碩之例，以上軍校尉充「元帥」，督司隸校尉以下以及大將軍所領屬，可見統帥在軍，威權不在監軍使及督軍使之上，反而像曹操所言，監督之重在將之上也。或曰此爲漢末情況，且涉及宦官，不過觀東漢初中郎將來歙監征西大將軍馮異等五將軍軍時之威勢，是知統帥之「上設監督之重」，的確是由來有自也。

又，《後漢書‧皇甫規列傳》載桓帝延熹四年，命中郎將皇甫規持節‧監關西兵出討叛羌云：

> 延熹四年秋，叛羌零吾等與先零別種寇鈔關中，……三公舉規
> 爲中郎將，持節監關西兵，討零吾等，破之，斬首八百級。先零諸
> 種羌慕規威信，相勸降者十餘萬。明年，規因發其騎共討隴右，……
> 涼州復通。先是安定太守孫儁受取狼籍，屬國都尉李翕、督軍御史
> 張稟多殺降羌，涼州刺史郭閎、漢陽太守趙熹並老弱不堪任職，而
> 皆倚恃權貴，不遵法度。規到州界，悉條奏其罪，或免或誅。

皇甫規持節監關西兵出討諸羌，使涼州復通。及至來到州界，悉條奏督軍御
史張稟、涼州刺史郭閎等官員之罪，使之或免或誅。此例顯示即使並在軍中，
不但統帥之「上設監督之重」，而且監使之威權又重於督使也。這正是魏晉都
督制監州諸軍事權位在督州諸軍事之上的淵源。

四、靈、獻之際軍隊監督制度的變化與督軍及督將

東漢順帝差遣馮緄督軍之後，督軍制之變化尚有若干事例值得注意。

桓帝之後是靈帝，諸葛亮〈出師表〉所謂「親小人，遠賢臣，此後漢所
以傾頹也。先帝在時，每與臣論此事，未嘗不歎息痛恨於桓、靈也」。親小
人遠賢臣而導致後漢傾頹，從靈帝晚年黃巾大起後，而竟任命宦官督軍之事
例，可以窺見於一斑。按：中平元年（184）二月張角起事，約三十餘萬人，
十餘年間，自青、徐、幽、冀、荊、楊、兗、豫八州之人，莫不畢應，顯然
與以前州郡動亂之規模大不相同。〔註35〕當時，靈帝以外戚何進爲大將軍，
率左右羽林、五營士屯都亭，以鎮京師。復起大壇，列步兵、騎士數萬人，
結營爲陳。天子親出臨軍，躬擐甲介馬，稱「無上將軍」，行陳三匝而還，
詔使進悉領兵屯於觀下，〔註36〕時勢可謂緊張之極；不過《後漢書‧何進列
傳》卻載云：

> 是時置西園八校尉，以小黃門蹇碩爲上軍校尉，虎賁中郎將袁
> 紹爲中軍校尉，屯騎都尉鮑鴻爲下軍校尉，議郎曹操爲典軍校尉，
> 趙融爲助軍校尉，淳于瓊爲佐軍校尉，又有左右校尉。帝以蹇碩壯

〔註35〕 詳《後漢書‧孝靈帝紀》中平元年二月條並注，及同書卷七十一〈皇甫嵩列傳〉。
〔註36〕 此事靈紀繫於中平五年（188）十月甲子，軍事部署與天子閱兵則詳於《後漢
　　　　書‧何進列傳》，卷六十九，頁 2246～2247。

> 健而有武略，特親任之，以爲元帥，督司隸校尉以下，雖大將軍亦
> 領屬焉。

西園八校是禁軍，司隸校尉所屬是首都治安部隊，大將軍當時統有部分禁軍
以及首都衛戍部隊，由此可見，此時中央一切軍隊，均隸屬於擁有督軍權之
上軍校尉小黃門蹇碩，以故受命充「督」之宦官蹇碩，即是以督軍校尉成爲
首都諸軍的「元帥」——在魏晉軍事體制上，禁軍是中（內）軍，衛軍是外
軍，魏晉以降中央置有「都督中外諸軍事」一職，〔註37〕此則爲其濫觴。爲
此，稍後大將軍何進不得不召董卓兵團入京，欲以兵變方式盡誅宦官，卻遭
實際掌握統帥權之督軍宦官反兵變，導致董卓廢立天子，使後漢爲之傾頹。
據此可知，督軍以文臣充使討賊，原是沿襲西漢以來的慣例；但在征討作戰
時，則頗改以將軍或中郎將任之，因此之故，當漢末國家已進入緊急狀態之
時，靈帝竟以秩比四百石之小黃門蹇碩督軍爲元帥，是則實爲異數矣。

　　不但中央兒戲如此，當此之時，史載官爲太常的宗室劉焉，見「靈帝政
化衰缺，四方兵寇，焉以爲刺史威輕，既不能禁，且用非其人，輒增暴亂，
乃建議改置牧伯，鎮安方夏，清選重臣，以居其任。焉乃陰求爲交阯，以避
時難」。於是「出焉爲監軍使者，領益州牧，太僕黃琬爲豫州牧，宗正劉虞爲
幽州牧，皆以本秩居職。州任之重，自此而始」。及至獻帝興平元年（194），
劉焉病卒，州吏立其子劉璋爲刺史，詔書因而以璋繼爲「監軍使者，領益州
牧」。〔註38〕此處宜注意的是，假如董卓兵團之崛起代表了漢朝軍隊的私人部
曲化，則劉焉父子類似世襲的相繼以監軍使者領益州牧，使監軍權與地方行
政權合一，則更是代表了全權掌控地方的制度已開始興起。稍後，建安二年
（197），獻帝遣將作大匠孔融持節拜冀州牧袁紹爲「大將軍，錫弓矢節鉞，
虎賁百人，兼督冀、青、幽、并四州」，使管治四州之地、數十萬眾。〔註39〕

〔註37〕中、外軍之分別有多說，筆者從軍制學觀察，認爲以禁、衛二軍作解釋爲宜，
　　　　請詳前揭〈從督軍制、都督制的發展論西魏北周之統帥權〉拙文。有關中央
　　　　都督制之討論，較著者爲何茲全的〈魏晉的中軍〉（《史語所集刊》17，民國
　　　　37年），與祝總斌的〈都督中外諸軍事及其性質、作用〉（收入北京大學中國
　　　　中古史研究中心編《紀念陳寅恪先生誕辰百年學術論文集》，北京大學出版
　　　　社，1982.12），主要討論中軍組成、功能，以及中、外軍之別等問題。後者更
　　　　稱西晉以降都督中外諸軍事虛銜化、榮譽銜化，以致至隋消失云云，所論非
　　　　從軍制學觀察，且有過推之嫌，筆者不能苟同。
〔註38〕引文見《後漢書・劉焉列傳》，卷七十五，頁2432～2433。《三國志・劉二牧
　　　　傳》略同，卷三十一，頁865。
〔註39〕見《後漢書・袁紹列傳》，卷七十四上，2389～2390。

抑且代表了原本已擁有監軍權而逐漸干預統率權的監使督使，至此又與地方行政長官相兼，並且是以天子名義任命之，是則朝廷自中央至地方名實俱失，斯則後漢傾頹之勢已不可扶救。難怪建安十五年丞相曹操下〈求賢令〉，大言「設使國家無有孤，不知當幾人稱帝，幾人稱王」矣！〔註40〕

由上所論可知，魏晉都督制中之戰時征討都督制——濫觴於西漢之遣使督州郡兵討賊，其以督某將軍軍之名義督軍征伐者，則至遲在兩漢之間已見萌起，而固定督某州諸軍事之軍區督軍制，則約在靈、獻二帝之間乃見雛型。總而言之，征討都督制濫觴於西漢，軍區都督制則約成於東漢靈、獻之間，均非如《南齊書・百官志》所說般「起漢從帝時，御史中丞馮赦討九江賊，督揚、徐二州軍事」也，〔註41〕只是充任督軍者均未以「都督」一名作為大號而已。至於以「監」為名之征討監軍與軍區監軍，其制的發展情況約略相同，只是征討監軍較常見耳。

再者，獻帝遣使拜袁紹為大將軍兼督四州，是當時割據群雄之最強大者。實則袁紹崛起之初領冀州牧時，即已引沮授為別駕，尋「表授為奮武將軍，使監護諸將」。按：袁紹軍中另置有護軍，以故此之所謂「監護諸將」，即是監軍，故建安五年（200）官渡之戰前，沮授與袁紹軍府僚屬爭議應採之戰略時，郭圖等批評沮授之策保守，謂「監軍之計，在於持牢，而非見時知幾之變也」。並且，史載「圖等因是譖沮授曰：『授監統內外，威震三軍，若其浸盛，何以制之！……且御眾於外，不宜知內。』紹乃分授所統為三都督，使授及郭圖、淳于瓊各典一軍」云。〔註42〕就此而論，軍閥割據之時代，軍權被作為統帥的軍閥所牢牢掌握，監軍、督軍僅是為其監統軍隊而已，幾乎皆非天子所正授，以故多不擁節；然其威權地位以及在軍中之事任，則殆與兩漢以來的情況變化不大，故郭圖等謂監軍沮授監護諸將，監統內外、御眾於

〔註40〕見《三國志・武帝紀》是年注引《魏武故事》所載十二月己亥令，卷一，頁33。

〔註41〕順帝建康元年持節・督揚州諸郡軍事之馮緄應只是事畢則撤的征討統帥，助其平亂的中郎將滕撫，於翌年（沖帝永嘉元年，145）又以九江都尉「助馮緄合州郡兵數萬人共討」羣賊，尋於邊拜「中郎將，督揚徐二州事」後，復又進擊張嬰，悉平東南而還，遷為左馮翊。按：馮緄此時不知是否已改調去職，但其所帶是持節督軍職銜甚明，而滕撫則是以中郎將・督揚徐二州事繼續進討餘寇，似仍是征討之督而非軍區督，由於緄、撫二傳均記述不詳，故暫不視其二人為魏晉軍區都督制之先例。

〔註42〕參《後漢書・袁紹列傳》，卷七十四上，頁 2378～2379、2390～2391。《三國志・袁紹傳》略同。

外，威震三軍是也，而督軍之權勢則僅略遜耳。至於袁軍此時所置之三都督，究其實質殆爲督軍之另名，與始見於董卓軍系作爲戰鬥單位主官的都督不同。由於此職名關係漢晉之間都督大帥化的變化發展，故宜先考其初起時之地位職掌。

按：「督」之爲義有察視之意，用於軍旅意即差遣至軍視察軍隊並督之作戰，因而其基本職權就是視察督戰權。東漢差遣督軍使較西漢常見，且由視察部隊而漸干預指揮權，即使非武官任之亦頗然，此蓋因監督之重在於主將之上故也。及至靈、獻之際，督軍之身份職權遂因上述的演變，而發生兩種分化趨勢：即軍區大帥化以及戰鬥職稱化。前者指變爲大帥級——督某州諸軍事或都督某州諸軍事——軍區司令，後者則主要是指分化爲軍隊基層單位的各種督將。

先論後者，據《三國志·武帝紀》建安五年十月曹操襲擊袁紹軍糧所在之烏巢時，裴注引《曹瞞傳》，謂「大破之，盡燔其粮穀寶貨，斬督將睦元進等，割得將軍淳于仲簡鼻」云。〔註43〕所謂「將軍淳于仲簡」，即是前西園八校之一、後爲袁紹三都督之一的淳于瓊，可見袁軍野戰體系之中，督將與都督不同，而督將地位遜於都督。曹軍與此略不同，如龐悳拜立義將軍，率所領與曹仁戰關羽於樊，會霖雨十餘日，漢水暴溢，羽乘船攻之，悳謂督將成何曰：「吾聞良將不怯死以苟免，烈士不毀節以求生，今日，我死日也！」戰益怒，氣愈壯，因船覆水中而爲關羽所得。是役曹仁以假節·征南將軍爲統帥，〔註44〕顯示立義將軍龐悳應是其所部，即是其手下督軍之一，而悳之手下則置有地位更低的戰鬥督將。可見袁紹的戰時野戰編制爲主帥－都督－督將－戰兵；而曹軍則爲主帥－督軍－督將－戰兵。都督在野戰編制中，身份地位至此尚未有一致的規劃；但都督一職決非大帥之職則可知。尤其「督將」一名之漸見，代表了基層野戰軍官分化爲督將、騎督、都督等軍職之趨勢。

靈、獻以後，「督將」爲上述基層野戰軍官分化後的統稱，而其中之「都督」則殆爲督將中之專稱，董卓軍系載之最清楚，反而最早載於史書的公孫

〔註43〕《後漢書·袁紹列傳》注亦引此書，但不及〈武帝紀〉注所引詳，見卷七十四上，頁2401。

〔註44〕龐悳事參《三國志·龐悳傳》，卷十八，頁546。曹仁官職則見同書本傳。其實此役關羽所部亦見有都督，見《三國志·吳主權傳》建安二十四年條，卷四十七，頁1121；及同書〈潘璋傳〉，卷五十五，頁1299。

瓚恐不可靠。

按：「都督」一名表面上似始見於公孫瓚，但深究其實則不然。既事涉魏晉都督制的初始，以故宜略爲考證。《三國志·公孫瓚傳》載云：

> 公孫瓚……以孝廉爲郎，除遼東屬國長史。……遷爲涿令。光和（靈帝，178～183）中，涼州賊起，發幽州突騎三千人，假瓚都督行事傳，使將之。軍到薊中，漁陽張純誘遼西烏丸丘力居等叛，劫略薊中，……瓚將所領，追討純等有功，遷騎都尉。

然而《後漢書·公孫瓚列傳》所載參戰事頗與《三國志·公孫瓚傳》不同，而謂：

> 舉孝廉，除遼東屬國長史。……中平（靈帝，184～189）中，以瓚督烏桓突騎，車騎將軍張溫討涼州賊。會烏桓反畔，與賊張純等攻擊薊中，瓚率所領追討純等有功，遷騎都尉。

根據《後漢書·公孫瓚列傳》校勘記，則謂「『突騎』下疑有奪字，或是『從』字，或是『屬』字」云。姑無論奪去何字，要之此傳與《三國志·公孫瓚傳》所記時間以及隨誰作戰等，均互有出入。

據《後漢書·靈帝紀》載，張溫爲車騎將軍事在中平二年八月，翌年二月即去任而爲太尉，是則公孫瓚率突騎三千人隸張溫往討涼州賊，只能判定發生於此時段，故同書〈張霸列傳·玄附傳〉謂「中平二年，溫以車騎將軍出征涼州賊邊章等」，是也。〔註45〕

又據〈靈帝紀〉，涼州賊邊章於中平元年十一月從湟中義從胡北宮伯玉與先零羌叛，〔註46〕是則翌年遂命車騎將軍張溫前往討之，而公孫瓚率突騎三千人屬之，則所率之幽州突騎也就應就是烏桓突騎。〔註47〕

〔註45〕見《後漢書》，卷三十六，頁 1244。

〔註46〕《後漢書·蓋勳列傳》亦載謂「中平元年，北地羌胡與邊章寇亂隴右」，見卷五十八，頁 1880。

〔註47〕《三國志·公孫瓚傳》失載瓚督騎從張溫西征之事。又，兩漢之間幽州烏桓突騎即相當有名，爲光武所用（詳《後漢書》，卷十八〈吳漢列傳〉）。烏桓突騎或作烏丸突騎，魏晉世一直爲善戰之名騎，屢爲北方割據者所用，如《三國志·牽招傳》載謂「冀州牧袁紹辟（招）爲督軍從事，兼領烏丸突騎」（卷二十六，頁 730）。而《後漢書·應奉列傳·劭附傳》載「中平二年，漢陽賊邊章、韓遂與羌胡爲寇，東侵三輔，時遣車騎將軍皇甫嵩西討之。嵩請發烏桓三千人」（卷四十八，頁 1609），可以參考。筆者按：據〈靈帝紀〉，中平二年三月先遣左車騎將軍皇甫嵩西征，不尅，同年八月乃以司空張溫爲車騎將軍往討。因此，瓚督烏桓突騎隸屬張溫往討，殆在中平二年八月以後。其後

　　由於《三國志‧公孫瓚傳》將涼州賊起事提前繫於光和中，時間上不合，又失載瓚督騎從張溫往征之事，且謂「假瓚都督行事傳，使將之」一句不僅職稱不明，且語意欠通，〔註48〕而陳壽頗有將魏晉後來既定職稱與漢末尚在變化時之職稱相混淆之例（請詳後文之釋「行都督」），是以陳壽此處所述可信度較低；相對揆諸史書，中平二年以前尚未見有「都督」之名，而派督軍指揮作戰則是東漢常見之事，且其職位通常低於太守，以故《後漢書‧公孫瓚列傳》所載較符慣例，較爲可信。因此，靈帝末年征討軍系統已置有都督之職可以置疑，而最早之例約見於靈帝崩後董卓的軍中則爲可能。

　　靈帝崩（中平六年，189）後，董卓廢弒少帝，立獻帝，引起「山東義師」群起討伐，卓乃挾帝西遷長安（初平元年，190），全國自此陷入群雄割據戰爭之中。戰爭既頻，於是戰鬥單位「督將」之名遂在軍中漸漸普及，而「都督」一名亦連帶出現。茲試論之。

　　董卓挾帝西遷，當時長沙太守孫堅率郡兵進屯陽人。卓「以東郡太守胡軫爲大督，呂布爲騎督」前戰。〔註49〕嗣因布與軫不相能，軍中自驚恐，士卒散亂，堅追擊之，軫、布敗走。《三國志‧孫破虜討逆傳》注引《英雄記》對此役載謂：

　　　　陳郡太守胡軫爲大督護，呂布爲騎督，其餘步騎將校都督者甚眾。軫……性急，預宣言『今此行也，要當斬一青綬，乃整齊耳』。諸將聞而惡之。……欲賊敗其事，……軍眾擾亂奔走，……軫等不能攻而還。〔註50〕

大督護之職前所未見，三國亦無有，故筆者以爲，胡軫是以太守而爲「大督」，〔註51〕呂布爲「騎督」，是此二名的初見。所以稱「大督」也者，恐因此役「呂

　　　　瓚與袁紹交戰，烏桓助紹擊瓚，破滅之：赤壁之戰後曹操平河北，破烏桓，「悉徙其族居中國，帥從其侯王大人種眾與征討。由是三郡烏丸爲天下名騎」云（見《三國志‧烏丸鮮卑東夷傳》，卷三十，頁835）。
〔註48〕鄙意應將「假瓚都督行事傳使將之」標點爲「假瓚都督行事，傳使將之」爲宜。因爲若從字面作解釋，本句蓋指朝廷徵發三千突騎，而假公孫瓚以都督，使行督率之事，傳使將之也。
〔註49〕事詳《後漢書‧董卓列傳》注所引《九州春秋》，卷七十二，頁2328～2329。
〔註50〕見《三國志‧孫破虜討逆傳》注，卷四十六，頁1098。按：胡軫爲大督護殆非，理見正文。又，孫軍知董軍有大督之編制，故其後亦有此編制，如呂蒙爲大督督軍襲關羽而取荊州即是其顯例；後來劉備也仿之，親征報仇時，任馮習爲大督。有關此事容另文發表，於此不贅。
〔註51〕《通鑑》漢獻帝初平二年（191）二月條僅謂「胡軫督步騎五千擊之，以呂布

布爲騎督，其餘步騎將校都督者甚眾」，而以「大督」作爲主帥之故也。「大督」所統既多督將，以故稱大——亦即卓軍此役的野戰編制爲「大督——督將（都督）——戰兵」是也。據《後漢書》與《三國志》卓傳，卓軍中盡多中郎將及校尉，呂布即是其中郎將之一，皆爲漢制之正式官名，是則此之「大督」、「騎督」以至「都督」，皆應是由董卓臨時指令麾下此類將校充任之，用以各率所部赴戰的戰時編制，可以明矣。「大督」既由二千石太守充任，則其下諸督及都督，位秩恐皆不能超過之。位秩既輕則容易除授，是以步騎將校充任都督者甚眾，可以想知也。陽人之役，孫堅「大破卓軍，梟其都督華雄等」，〔註52〕顯示卓軍胡軫部的確都督甚眾，然而只是野戰系統戰鬥單位將校之任，而非大帥級主將。

不僅權臣如董卓之自行指派都督或督，即使討卓的山東群雄，多無盟主袁紹般之位秩與聲勢，己身充其量不過只是將軍刺守而已，不便也很難動輒向已被董卓挾持的獻帝，表請其屬下爲將充使，因而率多從權，擅自命將，所在有例。除了袁紹軍隊前已略敘之外，例如呂布叛殺董卓之後，被遷爲「奮武將軍、假節、儀同三司」，尋爲卓部反攻所敗，逃至關東，依違於群雄勢力之間，爲平東將軍，兵力僅數千人；然而布軍有一支勁旅，屢敗群雄。《三國志·呂布傳》注引《英雄記》載云：

> 建安元年（196）六月夜半時，布將河內郝萌反，將兵入布所治下邳府，詣廳事閤外，同聲大呼攻閤，閤堅不得入。布不知反者爲誰，直牽婦，科頭袒衣，相將從溷上排壁出，詣都督高順營，直排順門入。順問：「將軍有所隱不？」布言「河內兒聲」。順言「此郝萌也」。順即嚴兵入府，弓弩並射萌眾。……順斫萌首，……，送詣布。〔註53〕

按：都督高順營即布軍之「陷陣營」，同傳裴注復引《英雄記》曰：

> 順……所將七百餘兵，號爲千人，鎧甲鬥具皆精練齊整，每所攻擊無不破者，名爲陷陣營。順每諫布，……布知其忠，然不能用。布從郝萌反後，更疏順。以魏續有外內之親，悉奪順所將兵以與續。及當攻戰，故令順將續所領兵，順亦終無恨意。〔註54〕

爲騎督」，見卷六十，頁1919。按：應以前注所引《九州春秋》爲是。
〔註52〕見同上注卓傳，頁1096。
〔註53〕見該傳裴注，卷七，頁223～224。
〔註54〕見該傳裴注，頁227。《後漢書·呂布列傳》注引《英雄記》同而略簡，見卷

是則作爲平東將軍的呂布，兵力也不過數千人罷了，因此麾下之都督所督僅七百餘兵。「都督」高順，《後漢書》布傳稱之爲「督將」，是爲「都督」即「督將」專門職稱之一證，且已有正式職稱化的傾向。要之，觀高順所爲所事，知布軍「陷陣營」的戰鬥單位主官職稱爲都督，所將僅七百餘兵，其事甚明。

呂布軍系出董卓軍，故其軍中編有都督等督將不足奇，至於作爲山東群雄之一而相繼統部的孫堅、孫策父子，所部亦有都督乃至大都督之編制。

如《三國志‧呂範傳》謂範孫策「增範兵二千，騎五十匹。後領宛陵令，討破丹楊賊，還吳，遷都督」，孫策稱之爲「小職」。〔註55〕策死於建安五年（200）官渡之戰時，弟權嗣位，所部即有大都督之編制。如史載權弟孫翊爲丹楊太守，禮致故孝廉嬀覽與戴員，以「覽爲大都督督兵」，〔註56〕皆是其例。要之孫軍早期的大都督地位尚處於太守之下，都督則約高於縣令而已，是否仿自董卓軍系之編制則不得而知。至於約略同時之袁軍編有基層戰鬥單位督將，曹軍頗亦如是，顯示此類「督將」在群雄軍中已漸普置，只是因其位階低而戰功不著，群雄存活又多不長久，又或群雄初起時因兵力薄弱而不置，以故其基層戰鬥單位督將遂名不見於史傳耳。

至此，似應回過頭來看公孫瓚率突騎三千人之事，以探究如此類事例者竟是何體制何地位。

據兩書瓚傳，公孫瓚之率突騎三千人隸車騎將軍張溫軍出征涼州賊，有幾個要點應注意：第一、公孫瓚不是征討軍統帥，而是統帥轄下一支軍隊之主帥；第二、似不是督軍使，以故未持節；第三、似不是僅領數百乃至上千部隊的戰鬥督將；第四、是以位於太守之下的遼東屬國長史，臨時配屬統帥張溫以赴戰之領軍主帥。按：東漢以來，持節督諸將軍軍或持節督州郡兵者一般位階多在將軍、太守之下，雖然公孫瓚上述之第四點頗符位在將軍、太守之下——監察者位於被監察者之下——的原則，但其餘諸點皆不盡然，因此顯示公孫瓚應是統帥麾下督軍之一，但非持節之督軍使；此種領數千人作戰的督軍，如果獨立作戰則就是戰役主帥，即使降至建安中後期亦然。揆諸《三國志》卷十七所敘于禁、張遼、徐晃諸將，其實皆與瓚例頗爲相同，只

七十五，頁2450。

〔註55〕見《三國志‧呂範傳》並注，卷五十六，頁1309～1310。

〔註56〕見《三國志‧呂範傳》並注引《吳歷》，卷五十一，頁1214～1215。

是彼等督軍時已因戰功遷爲雜號將軍而已。如該卷敘于禁，曹操拜禁爲虎威
將軍，嗣因常恨朱靈，以禁有威重，遣禁齎令書徑詣靈營奪其軍，乃以靈爲
禁部下督，其後于禁及其所督七軍於樊因被水所淹而降於關羽，已是眾所周
知之事。此是于禁爲督軍主帥，手下置有督將之例。另一例如張遼，逍遙津
之捷後拜征東將軍，曹操巡行其戰處，歎息良久，乃增遼兵，多留諸軍，徙
屯居巢。其後魏文帝給遼母輿車及兵馬送詣遼屯合肥，並敕遼母至，導從出
迎，遼所督諸軍將吏皆羅拜道側，觀者榮之云。復如徐晃，從征張魯，遷平
寇將軍，留與夏侯淵拒劉備於陽平，後復遣晃助曹仁討關羽。晃所將多新卒，
難與羽爭鋒，曹操前後遣殷署、朱蓋等凡十二營詣晃，亦即是皆配屬於晃之
督部也。此諸將皆未見有領太守之記載，不如夏侯惇、夏侯淵、曹仁諸將般
領太守，或許表示其雜號將軍尚未高到可以領郡之任，或是曹操僅欲單純委
之以督軍屯守作戰之任而已；不過，他們殆皆是督軍，並皆可以獨立作戰而
爲主帥，轄下置有若干督將。由此足以反映漢末喪亂之時，諸軍閥在無天子
以遣使持節名義之授權下，各命手下將校出督軍隊，以實行征討野戰的戰時
體制也。

　　此征討野戰體制之督軍，若移用於任之以方面、責之以守土——亦即負
責區域防禦，即爲軍區都督制之濫觴。以下舉袁軍之變化以概此制早期的主
流發展。

　　群雄之中，最早發展出魏晉都督常制形式的厥爲袁紹軍隊。蓋獻帝初平
元年（190）山東義師起，群雄推袁紹爲盟主，羿年袁紹爲冀州牧後，乃表別
駕沮授爲奮武將軍，使監護諸將，因是袁紹「表請」，以故沮授並非持節監軍
使，只是軍閥之監軍而已。及至初平四年，行奮武將軍·領兗州牧曹操爲報
父仇而攻徐州牧陶謙，史載：

　　　　初，清河朱靈爲袁紹將。太祖（曹操）之征陶謙，紹使靈督三
　　營助太祖，戰有功。紹所遣諸將各罷歸，靈曰：「靈觀人多矣，無若
　　曹公者，此乃真明主也。今已遇，復何之？」遂留不去。所將士卒
　　慕之，皆隨靈留。〔註57〕

是則朱靈所督諸營野戰軍，除本營之外，所督別營並不隨靈留下。假如將之
與此時呂布所屬的陷陣營比較，陷陣營主官是都督——也就是督將——高
順，則朱靈所督三營每營殆皆編有督將，而朱靈本人則是袁軍之督軍，只是

　　〔註57〕此事附見於《三國志·徐晃傳》，卷十七，頁530。

因非天子所遣，以故也非持節督使，而只是軍閥之督軍。此類由漢末軍閥派出之不擁節「監軍」、「督軍」，《三國志》紀傳所在多見，至於曹操集團稍後頗有擁節者，則是因其已挾天子之故。

降至獻帝拜袁紹爲大將軍兼督四州之地，有眾數十萬，統督如此龐大的軍隊以及如此廣大的地盤，正是袁紹可以實行整編其組織的本錢，故降至建安五年（200），袁紹選擇精卒十萬、騎萬匹將攻曹操，乃分監軍沮授所統爲三都督，命授及郭圖、淳于瓊各典一軍。由是言之，儘管三都督未必是平均分配沮授的兵力，又容或另有其他將領如顏良、文醜、張郃、高覽等亦受分配，要之每一都督所統兵力亦應不少，殆皆在萬人以上才是。是則此時袁軍之中，三都督各典一軍無異就是三個戰役單位的督軍，與董卓、呂布、孫策等軍將之作爲戰鬥單位督將不同，以故乃有「紹遣車運穀，使淳于瓊等五人將兵萬餘人送之」，遂發生都督淳于瓊及其所督諸督將、騎督均被曹操襲殺之事。〔註58〕由此可以判斷，此時袁軍之都督，在軍制意義上已出現大帥化之傾向。從喪亂之世戶口大損的情況看，統兵萬人實在已算是大軍，於其下再編置若干戰鬥督將與騎督殆爲可能之事，是則在袁軍野戰系統「都督－督將－戰兵」之編制下，都督顯然權位並不低，至少比董軍、呂軍以及孫軍中都督之權位高許多，難怪去年袁紹任長子譚出爲青州都督。《三國志・袁紹傳》注引《九州春秋》載其事云：〔註59〕

> 紹曰：「孤欲令四兒各據一州，以觀其能。」授出曰：「禍其始此乎！」譚始至青州，爲都督，未爲刺史，後太祖（曹操）拜爲刺史。

袁紹出袁譚任職都督，正顯示都督權位不低，已頗有大帥化之傾向；不僅此也，抑且兼有軍區化之趨勢，只不過低於紹之「督冀、青、幽、并四州」而已。袁譚此例，蓋爲魏晉軍區都督制都督掌兵、刺史治民，偶例之外常不相兼之先河，〔註60〕而也是都督若干州管下置有一州督的制度張本。

總之，官渡之戰前，袁軍軍區系統已出現都督一職，與野戰系統都督一

〔註58〕見《三國志・武帝紀》建安五年十月條並注引《曹瞞傳》，卷一，頁21。按：《三國志・張郃傳》載：「紹遣將淳于瓊等督運屯烏巢，太祖自將急擊之。」（卷十七，頁525）此處之「督」字應作動詞用，因淳于瓊已爲都督故也。

〔註59〕見《三國志・袁紹傳》並注，卷六，195～196。按：此事發生在建安四年紹破公孫瓚之後，故筆者曰去年，翌年始有分監軍爲三都督，使授等各典一軍之事。

〔註60〕自晉惠帝末以後，都督必領治所之刺史。詳參嚴先生前揭書，頁88～89。

般，均有大帥化之傾向。而且，袁軍「都督－督將」之編制，頗暗合「戰役－戰鬥」以及「戰略－戰術」軍事體系建立的原理，〔註61〕蓋爲前所未有的編制，是東漢督軍制過渡至魏晉都督制之一變。袁紹野戰軍的「都督－督將」編制承自董軍的「大督－督將」編制，而其以督或都督作爲軍區主帥之職名則應與曹軍的發展有關，故需論曹軍之崛起與再發展。

五、建安、黃初間曹軍體制變化：大帥級都督制之成立

何進等謀誅董卓失敗後，曹操間行東歸，散家財合義兵，有眾五千人。〔註62〕及至初平三年（192）領兗州牧，追破黃巾，受降卒三十餘萬，收其精銳者號爲青州兵，兵力始大。建安元年（196），曹操迎天子都許，拜司空・行車騎將軍，勢力漸固，然後乃有建安五年敗袁紹於官渡之事。

從曹操崛起之初以至其終，部下均置有督將，或因位低權微，以故史傳記之者甚少。如興平元年（194）曹操率軍攻徐州牧陶謙時，會張邈、陳宮以兗州反，潛迎呂布，操留守兵少，「而督將大吏多與邈、宮通謀」云云。〔註63〕又如前述建安二十四年（219），立義將軍龐悳與關羽作戰時手下有督將成何，皆是其例。至於兵種兵科如袁軍之騎督、督糧等類督將，乃至較高級之督軍，曹軍亦有編制。如征陶謙時，「（曹）仁常督騎，爲軍前鋒」；建安元年，曹操迎天子都許，「仁數有功，拜廣陽太守。太祖器其勇略，不使之郡，以議郎督騎」。〔註64〕此爲曹軍見有騎督之始。其後的「虎豹騎」，初由曹純所督，史謂「純所督虎豹騎，皆天下驍銳，或從百人將補之，太祖難其帥。純以選爲督，撫循甚得人心」云。〔註65〕由是觀之，此時的督騎與督虎豹騎所領兵力均應不太大，其所督也應是戰鬥單位，故爲戰鬥單位的督將而已。但是，虎豹騎除了從征之外，尚兼負宿衛責任，〔註66〕復因曹

〔註61〕若單就袁軍都督統兵萬人以上而言，漢魏間固已是大將之任，即使至建安末曹軍名將如于禁、張遼等，所統兵力亦不過數千人而已。作爲野戰大軍統帥，或許無權參與軍事戰略、國家戰略乃至大戰略層次的策劃，但對野戰（戰場）戰略以及主持戰役，肯定有決定支配之權力。

〔註62〕見《三國志・武帝紀》並注引《世語》，卷一，頁5～6。

〔註63〕「督將大吏多與邈、宮通謀」見《三國志・荀彧傳》，卷十，頁308。

〔註64〕《三國志・曹仁傳》，卷九，頁274。

〔註65〕史載曹仁之弟純，「以議郎參司空軍事，督虎豹騎從圍南皮」，見《三國志・曹仁傳》並注，卷九，頁276～277。按：同書〈太祖紀〉載曹操圍南皮之役發生於建安九年九月，顯示此前已有此兵種。

〔註66〕見《三國志・曹休傳》，卷九，頁279。

操經常親征，平時如戰時，故常置督以督之，並使之具有野戰兵與宿衛兵的雙重性質，是以爲曹軍特別建制的兵種。至於建安元年曹操已挾天子而爲司空後，海西、淮浦二縣民作亂，曹操乃「遣督軍扈質來討賊，以兵少不進」；官渡之戰時，夏侯淵以潁川太守「行督軍校尉。紹破，使督兗、豫、徐州軍糧」；其後曹操西討馬超，護羌都尉楊沛隨軍，「都督孟津渡事」等等事例，〔註67〕顯示曹軍不僅置有名爲督軍、督、督將以及都督等作戰系統軍職，抑且視需要而專置督軍糧以及都督津渡等非作戰系統軍職。

及至破袁紹之後，曹操三分天下漸有其二，而較高級之督遂漸興。如《三國志‧趙儼傳》云：

> 入爲司空掾屬主簿。時于禁屯潁陰，樂進屯陽翟，張遼屯長社，諸將任氣，多共不協，使儼并參三軍，每事訓喩，遂相親睦。太祖征荊州，以儼領章陵太守，徙都督護軍，護于禁、張遼、張郃、朱靈、李典、路招、馮楷七軍。復爲丞相主簿，遷扶風太守。太祖徙出故韓遂、馬超等兵五千餘人，使平難將軍殷署等督領，以儼爲關中護軍，盡統諸軍。〔註68〕

曹操爲司空於建安元年（196），趙儼既入爲司空掾屬主簿，則應在此年以後，但明確時間不詳。〔註69〕至於儼徙都督護軍，事在曹操征荊州——建安十三年九月——之時，但《通鑑》不載此事。此事關乎曹軍制度的重要變化，故略論之以爲補充說明。

按：前述建安十七年曹操南征孫權時，表留荀彧「參丞相軍事」，聲言藉此以示「上設監督之重」；又因荀彧是以「侍中‧光祿大夫」漢天子內臣之名義持節奉使留軍，是則此職無疑應是當時曹軍之監軍使。同理，趙儼之參于禁、樂進、張遼三軍亦然。至於其以「都督護軍」護于禁等七軍，殆應也與此相同，恐怕是因趙儼以霸府主簿領太守，身份比較特殊，因此才以「都督護軍」任之；〔註70〕復因儼由霸府派出，非天子內臣使者，所以不擁節罷了。

〔註67〕扈質事見《三國志‧徐宣傳》（卷二十二，頁 645），夏侯淵事見《三國志》本傳（卷九，頁 270），楊沛事見《三國志‧賈逵傳》注引《魏略》（卷十五，頁 485）。

〔註68〕見《三國志‧趙儼傳》，卷五十四，頁 1273。

〔註69〕《通鑑》繫於漢獻帝建安十三年（卷六十五，頁 2080），不知何據。

〔註70〕嚴先生前揭書舉杜恕之遷「淮北都督護軍」與趙儼之徙「都督護軍」兩例，解釋爲「是魏都督諸州軍事有護軍也」（頁 102）。筆者以爲此說恐有問題。因爲東漢只有將軍始置護軍，趙儼是漢世首見之「都督護軍」，非在魏世，其所

　　揆諸《三國志》諸紀傳，趙儼所護七將之中，除了朱靈、路招、馮楷三將失載或官職不考外，當時于禁爲虎威將軍，張遼爲盪寇將軍，張郃爲平狄將軍，李典爲捕虜將軍。而在此之前，于禁曾在官渡之戰時，以裨將軍「督守土山」；拜虎威將軍後，曾奉曹操之令詣朱靈營奪其軍，而以靈爲其部下督。又，陳蘭、梅成叛亂時，曹操令盪寇將軍張「遼督（平狄將軍）張郃、牛蓋等討蘭」。〔註71〕據此以推，諸將在官渡之戰以前殆皆是較低階的將校，約至建安十四年左右，已升至介乎戰鬥與戰役之間的督軍，其間大概以張遼此盪寇將軍督平狄將軍張郃討陳蘭最爲著目，頗有戰役大督的架勢。因此，或許可以換一個角度作觀察：于禁等七將皆是雜號將軍級督軍，依東漢例征討將軍常置護軍於其下以佐之，西漢更會偶置具有總監而又頗帶主帥性質之護軍將軍以領軍，今趙儼以二千石太守級之官徙爲都督護軍，職掌恐怕是此七軍之總或共同護軍。曹軍先前未曾出現過如此情況，也無適當的官職以稱之，一時無以名之，由是權取漸漸大帥化之「都督」職稱，兼取「護軍」之權責，合二者併爲一名而曰「都督護軍」。所推若是，則趙儼起碼已可視爲是亞於大帥級之軍隊監督矣。此職爲獻帝以前所未有，兩晉以後亦無見，蓋爲曹軍之新職，而此新職稱亦僅三見而已。〔註72〕

　　　護七將亦非都督，而且魏晉均無淮北都督一職，以故嚴師列敍都督區時亦不列之，因此以筆者正文所釋較當，於此暫不從師說。
〔註71〕《通鑑》繫此役於漢獻帝建安十四年十二月，卷六十六，頁2098。又，于禁等將均見《三國志》卷十七，不贅。
〔註72〕此職《三國志》僅有三見，而直稱「都督護軍」者則只此一見，其餘二見均在趙儼之後，而冠以地名。如杜恕於魏明帝時「爲河東太守，歲餘，遷淮北都督護軍」；又，魏滅蜀後，混亂中吳將呂興乘機驅逐交阯太守，遣使「因南中都督護軍霍弋上表自陳」云。（杜恕附見其父〈杜畿傳〉，《三國志》卷十六，頁505；霍弋見《三國志・三少帝紀・陳留王奐》咸熙元年春正月條，卷四，頁151）按：魏晉俱無淮北都督及南中都督之職，安得有淮北都督之護軍及南中都督之護軍耶？然而史載霍弋在蜀後主時「遷監軍翊軍將軍，領建寧太守，還統南郡事」。所謂「統南郡事」，蓋謂監統益州南部諸郡軍事也，所以蜀亡之時霍弋初不肯降，及知後主已東遷，「始率六郡將守上表」向司馬昭投降。《漢晉春秋》謂司馬昭嘉之，「拜南中都督，委以本任」云（詳參《三國志・霍峻傳・子弋附傳》並注引《漢晉春秋》，卷四十一，頁1008）。筆者以爲，魏晉並無南中都督之職及其督區之置，因蜀漢新定，政情未穩，故用霍弋爲「南中都督護軍」，以爲其原來所監之六郡諸軍的總護軍也。又由於霍弋是降將，故從原職的監軍降爲護軍，此爲處置亡國降臣向來之慣例。同理，由於淮北是戰略重地，諸軍眾多，時有戰事，故用杜恕爲「淮北都督護軍」以爲總護軍耳。

　　護軍於兩漢本為軍中督察之職，但有時也兼預統率指揮之權。此時曹軍之中不論是都督護軍也好或是護軍也好，殆亦有此類事例，從趙儼後來出任關中護軍的表現略可窺知。按：趙儼任關中護軍，其職責在「盡統諸軍」，而此諸軍則是平難將軍殷署等所分督的韓遂、馬超舊部五千餘人。《三國志‧趙儼傳》復載其後之事態發展云：

> 　　時，被書差千二百兵往助漢中守，（殷）署督送之。行者辛與室家別，皆有憂色。署發後一日，儼慮其有變，乃自追至斜谷口，人人慰勞，又深戒署。還宿雍州刺史張既舍。

> 　　署軍復前四十里，兵果叛亂，未知署吉凶。而儼自隨步騎百五十人，皆與叛者同部曲，或婚姻，得此問，各驚，被甲持兵，不復自安。儼欲還，既等以為「今本營黨已擾亂，一身赴之無益，可須定問」。儼曰：「雖疑本營與叛者同謀，要當聞行者變，乃發之。又有欲善不能自定，宜及猶豫，促撫寧之。且為之元帥，既不能安輯，身受禍難，命也。」遂去。行三十里止，放馬息，盡呼所從人，喻以成敗，慰勵懇切。皆慷慨曰：「死生當隨護軍，不敢有二。」

> 　　前到諸營，各召料簡諸姦結叛者八百餘人，散在原野，惟取其造謀魁率治之，餘一不問。郡縣所收送，皆放遣，乃即相率還降。儼密白：「宜遣將詣大營，請舊兵鎮守關中。」太祖遣將軍劉柱將二千人，當須到乃發遣，而事露，諸營大駭，不可安喻。儼謂諸將曰：「舊兵既少，東兵未到，是以諸營圖為邪謀。若或成變，為難不測。因其狐疑，當令早決。」遂宣言當差留新兵之溫厚者千人鎮守關中，其餘悉遣東。便見主者，內諸營兵名籍，案累重，立差別之。留者意定，與儼同心。其當去者亦不敢動，儼一日盡遣上道，因使所留千人，分布羅落之。東兵尋至，乃復脅喻，并徙千人，令相及共東，凡所全致二萬餘口。

此事發生於所謂「時，被書差千二百兵往助漢中守」之時，《通鑑》繫於建安二十年十一月張魯降操之後，而陳壽則載於建安二十四年關羽圍曹仁於樊之前。蓋關中護軍趙儼奉曹操大營軍書，差調千二百兵前往新得之漢中助守，由平難將軍殷署督送之。中途兵變，連及作為元帥的趙儼本營。儼遂以詐慰撫叛兵，待大營援兵至，再用脅喻方式而將之盡徙至大營。是則所謂「以儼為關中護軍，盡統諸軍」也者，既是任以維護軍中安全的督察職任，而同時

也付予作爲元帥之統率權。建安中期以後，護軍常如督軍及監軍般領兵作戰，孫、劉集團皆然，良有以也。

由此可知，建安中期以降，護軍既已漸從軍隊之督察而兼帶統率之任，則原則上軍中地位較高的督軍及監軍當更如是矣，如此之變化，是由單純的軍隊監督制往大帥級監督制──魏晉都督制──的方向發展也，只是尙未定稱定制而已。曹操後來置有護軍將軍及都護將軍諸職，如《三國志・夏侯淵傳》載，謂假節・行護軍將軍夏侯淵在漢中平後，曹操於建安二十一年再「以淵行都護將軍，督張郃、徐晃等平巴郡」，〔註73〕是則夏侯淵之軍號不論是護軍或都護，皆有監統督護諸軍之意，其職庶幾近於「都督護軍」。〔註74〕或許「都督護軍」的簡稱即爲「都護」歟？按：張郃、徐晃當時已有大將之姿，〔註75〕是則夏侯淵之「行都護將軍」，應是水漲船高而爲大帥之任，所以曹操尋即正拜淵爲征西將軍。〔註76〕由此可信，當年趙儼之「都督護軍」，殆爲此職新出時一時無以名之的職稱，是曹軍征討野戰軍軍制往大帥級別都督制發展之過渡，並且是以「都督」入銜的關鍵，〔註77〕不待遲至建安二十

〔註73〕 見《三國志》卷九，頁272。

〔註74〕 按：光武帝未即位時亦有「都護將軍」一例，即「以（賈）復爲偏將軍。及拔邯鄲，遷都護將軍」是也（《後漢書・賈復列傳》，卷十七，頁665），顯示此官當時權位並不高。至於《漢書》亦一見「都護將軍」之句，但實爲甘延壽與陳湯發西域兵往襲郅支單于，單于遣使問漢兵何以來時，而應謂「天子哀閔單于棄大國，屈意康居，故使都護將軍來迎單于妻子」之詞（《後漢書・陳湯傳》，卷七十，頁3011～3012），是則此答詞蓋謂天子使西域都護率軍來迎單于，非將軍之官名也。要之，都護確亦有護軍之意，前文已論之。

〔註75〕 《三國志・張郃傳》載郃於建安二十年從征漢中張魯，「督步卒五千」爲先鋒，魯降，操留淵與郃等屯駐，「郃別督諸軍，降巴東、巴西二郡」。淵尋戰死，諸軍「新失元帥」，淵司馬郭淮乃令眾曰：「張將軍，國家名將，劉備所憚；今日事急，非張將軍不能安也。」遂推郃爲軍主，諸將皆受郃節度，眾心乃定，曹操遣使假郃節（卷十七，頁525～526）。同卷〈徐晃傳〉載晃亦從征張魯，魯降，亦留屯駐，約在此前後爲假節・平寇將軍（卷十七，頁528～529）。可見當時二將均有大將之姿。

〔註76〕 魏晉方面大將征、鎮、安、平諸將軍皆配以方位爲號，如駐防東方揚州的將軍，通常視其資歷而拜爲征（或鎮、安、平）東將軍，南、西、北亦如此類推。其詳可參小尾孟夫前揭書第一部之第一、二章，不贅。

〔註77〕 高敏《魏晉南北朝兵制研究》（鄭州：大象出版社，1998.05）特有一小段論述「都督護軍」，僅舉趙儼爲例，大意謂此職是針對大量私兵將領的存在而設，並謂此職可簡稱爲護軍，故趙儼後稱「關中護軍」。高敏蓋將此二職及其任務混而爲一矣，以故竟謂趙儼除了統于禁等七軍之外，還可統韓遂等舊部，「儼然是都督關中諸軍事的職務」（頁101～103）。鄙意此說既缺乏深入分析比較，

二年夏侯惇之都督二十六軍，始於征討野戰軍入衛爲大帥也。

建安二十二年時，「都督」一名於曹軍征討野戰系統中，已成爲大帥之職銜，非僅作爲監護大員而已。其發展的眞相及實際情況與曹操的戰後部署有關，茲略贅之。《三國志・夏侯惇傳》載云：

> 夏侯惇……太祖初起，惇常爲裨將，從征討。太祖行奮武將軍，以惇爲司馬，……遷折衝校尉，領東郡太守。……太祖自徐州還，……復領陳留、濟陰太守，加建武將軍，封高安鄉侯。……轉領河南尹。太祖平河北，……遷伏波將軍，領尹如故，使得以便宜從事，不拘科制。建安……二十一年，從征孫權還，使惇都督二十六軍，留居巢。

可見夏侯惇由裨將而至爲校尉、將軍，由領太守而至領京尹，最後在建安二十一年從征孫權，翌年操還，遂都督二十六軍留屯居巢。

不過，前言所引《晉》、《宋》二官志皆作建安二十一年「督二十六軍」；而《通鑑》漢獻帝建安二十二年三月條則謂「操引軍還，留伏波將軍夏侯惇、都督曹仁、張遼等二十六軍屯居巢」。何者爲是？

按：據〈武帝紀〉建安二十一年五月進位魏王，十月遂征孫權。二十二年正月，曹軍在居巢，進逼濡須口，孫權退走。三月，「王引軍還，留夏侯惇、曹仁、張遼等屯居巢」，是則一書出征之時、一書還師之時也。另據〈吳主權傳〉，曹操攻至濡須口，因孫權請降並和親，故乃引軍還。然而，因孫權退走時仍留周泰統朱然、徐盛等部而爲濡須督，是以乃有曹操留夏侯惇等軍屯居巢之事。關於此時夏侯惇的職銜是用「都督」抑或「督」之名，似需分析曹仁等官職始能確定之。《三國志・曹仁傳》載云：

> 太祖討馬超，以仁行安西將軍，督諸將拒潼關，破超渭南。蘇伯、田銀（《通鑑》繫於建安十七、十八年）反，以仁行驍騎將軍，都督七軍討銀等，破之。復以仁行征南將軍，假節，屯樊，鎮荊州。侯音（《通鑑》繫於建安二十三年十月）以宛叛，……仁率諸軍攻破音，斬其首，還屯樊，即拜征南將軍。

曹仁以行驍騎將軍「都督」七軍，是此役征討野戰軍統帥之職名，而非戰鬥單位之督將。此爲曹軍征討野戰系統以「都督」爲統帥職名的始見，較夏侯惇之「都督二十六軍」更早，而較曹軍之軍區都督出現晚，統帥本官位階亦

又不從長時段軍制發展作考察，連于禁等不屯於關中亦略不查證，故難成立。

不算太高。其後曹仁又遷爲更高級的假節・行征南將軍，但是否仍「都督七軍」則不詳。本傳雖不載仁由樊從征孫權一事，不過此時位階更高、曾爲「都督」則是事實。至於〈張遼傳〉云：

> 太祖既征孫權還，使遼與樂進、李典等將七千餘人屯合肥。太祖征張魯，教與護軍薛悌，署函邊曰「賊至乃發」。俄而權率十萬眾圍合肥，乃共發教，教曰：「若孫權至者，張、李將軍出戰；樂將軍守護軍，勿得與戰。」……

> 於是遼夜募敢從之士，得八百人，椎牛饗將士，明日大戰。……衝壘入，至權麾下。權大驚，眾不知所爲，走登高冢，以長戟自守。遼叱權下戰，權不敢動，望見遼所將眾少，乃聚圍遼數重。遼左右麾圍，直前急擊，……權人馬皆披靡，無敢當者。……權守合肥十餘日，城不可拔，乃引退。遼率諸軍追擊，幾復獲權。太祖大壯遼，拜征東將軍。

> 建安二十一年，太祖復征孫權，到合肥，循行遼戰處，歎息者良久。乃增遼兵，多留諸軍，徙屯居巢。

是則曾以盪寇將軍「督張郃、牛蓋等討（陳）蘭」有功、而被授予假節的張遼，此時與樂進、李典等將七千餘人屯合肥，爲護軍薛悌所護。當建安十九年孫權來攻時，遵曹操教令出戰，有逍遙津之捷，使權無功而退，因而進拜征東將軍。也就是說，張遼由屯駐合肥而被護軍所護，不是有權策劃戰場戰役的諸將之一，戰後進拜爲假節・征東將軍，卻儼然已成爲方面大將，所以曹操在建安二十一年復征孫權後「乃增遼兵，多留諸軍，徙屯居巢」。據本傳所載，魏「文帝即王位，轉前將軍。……孫權復叛，遣遼還屯合肥，進遼爵都鄉侯。給遼母輿車，及兵馬送遼家詣屯，敕遼母至，導從出迎。所督諸軍將吏皆羅拜道側，觀者榮之」。顯見張遼先後以征東將軍、前將軍一直屯於合肥，是此著名要塞之督軍，所督有「諸軍」之眾，只是一度以假節・征東將軍隸屬夏侯惇而已。

又，曾側翼掩護張遼進攻陳蘭的威虜將軍・徐州刺史臧霸，於此役也「從討孫權於濡須口，與張遼爲前鋒，……拜揚威將軍，假節。後權乞降，太祖還，留霸與夏侯惇等屯居巢」。〔註78〕

由是觀之，建安二十二年曹操退兵前，鑒於此地區原屯兵力太少，以致

〔註78〕 見《三國志・臧霸傳》，卷十八，頁538。

才引使孫權來攻，因此遂增強假節・征東將軍張遼所部兵力，並留假節・行征南將軍曹仁、假節・揚威將軍・徐州刺史臧霸等部凡二十六軍屯於居巢。然而，夏侯惇於二十四年始拜前將軍，此時以伏波之號未必高於征南、征東，河南尹亦未必強於徐州刺史，以故乾脆以漸大帥化之「都督」職銜，作爲二十六軍統帥的大號，俾夏侯惇能用爲統一指揮二十六軍以執行戰區防禦的任務也。〔註79〕

據上所述，建安十七、八年間曹仁以行驍騎將軍都督七軍攻敵於前，二十二年夏侯惇以伏波將軍都督二十六軍駐防於後，此二將軍號皆爲雜號而非重號，故《宋書・百官志上》所謂「魏武帝爲相，始遣大將軍督軍」殆誤，但「都督」在野戰軍系統之中，至此已成大帥之職，既可執行攻勢的征討野戰，亦可執行守勢或攻勢防禦的戰區防禦任務，其事則確然也。由於此故，《通鑑》所謂「留伏波將軍夏侯惇、都督曹仁、張遼等二十六軍屯居巢」，實應標點爲「留伏波將軍夏侯惇都督曹仁、張遼等二十六軍屯居巢」，始爲正確。

又，前文謂漢中平定後，曹操以夏侯淵行都護將軍，督張郃、徐晃等平巴郡，當時張郃、徐晃已有大將之姿。稍後曹操拜淵爲征西將軍，淵卻於建安二十四年初被劉備攻殺。《三國志・張郃傳》謂「當是時，新失元帥，恐爲備所乘，三軍皆失色。淵司馬郭淮乃令眾曰：『張將軍，國家名將，劉備所憚；今日事急，非張將軍不能安也。』遂推郃爲軍主，……諸將皆受郃節度」。而裴注引《魏略》曰：「淵雖爲都督，劉備憚郃而易淵。」不管劉備是怕張郃抑或是怕夏侯淵，要之《魏略》用「都督」二字以況大軍元帥或軍主，則「都督」一職於建安十八年至二十四年之間，殆已是征討野戰大軍統帥的位號矣。

由此可知，單從征討系統「都督」此一職名而言，「都督」起於漢獻帝初期或靈、獻之間，始見於董卓軍中，初爲作戰系統戰鬥單位的主官；其後在建安十三年赤壁之戰前後，趙儼以都督護軍護于禁等七軍時，「都督」一名於曹軍的征討野戰系統中已有大號化之傾向；降至建安十八年左右，曹仁以行驍騎將軍都督七軍討破田銀等，「都督」一名即已成爲戰役統帥的職名。又降至曹操死前的建安二十二至二十四年之間，「都督」一名已確定成爲征討大軍統帥之位號。至此，曹軍之中，以大號化之都督下督眾督軍，眾督軍下督眾

〔註79〕據〈武帝紀〉建安二十二年三月曹操留夏侯惇屯居巢，翌年秋即軍臨長安親征劉備，顯示曹操思有事於西，故留夏侯惇都督重兵駐防於東也。

督將，眾督將下督戰鬥兵的野戰體系已形成。亦即原為董卓所草創的「大督－督將－戰兵」野戰軍新編制，已因曹操所擷取發揮，依「戰略－戰役－戰鬥」之軍事原理，因應戰爭規模大小之需要，而建成「都督－督將－戰兵」或「都督－督軍－督將－戰兵」的新軍事體制，並漸從兩漢制轉向魏晉制演變。此演變漸漸而成，非成於一朝一夕。從遠因看，固非如《南齊書·百官志》所言，是源於東漢順帝時之御史中丞馮赦督揚、徐二州軍事；從近因看，亦非如《晉》、《宋》二官志所言般，明確成立於建安二十一年之夏侯惇督二十六軍也。

不特此也，隨著上述軍制的轉變過程中，同時另有一種演變也正在進行，即原本較常以進攻為主的東漢督軍制，同時也衍生出以區域防禦為主的魏晉常都督制。約在建安二十年間，曹操親征韓遂、馬超後令趙儼以關中護軍督護韓、馬舊部諸軍，並令部分移防漢中；另外，自己又從親征孫權後，留夏侯惇都督大軍執行戰區防禦任務，均可看到此「攻勢→防禦」之戰略體制演變。此種監統軍隊執行防禦戰略的督軍制轉變，其發展尚頗有可述者。

上節述及監某州諸軍事及督某州諸軍事之魏晉常都督制，起碼在靈、獻間已見雛型，但僅止於是已見雛型而已。例如上節提及順帝建康元年（144），以御史中丞馮緄持節·督揚州諸郡軍事討賊，助其討賊之滕撫，於翌年（冲帝永嘉元年，145）又以九江都尉助馮緄合州郡兵討賊，尋遷拜中郎將，督揚、徐二州事。就此例而論，馮緄的確是名符其實奉使督州郡兵之督軍使，而滕撫則先是以武將來助之，其後始遷督揚、徐二州事而為督軍。據此而言，滕撫蓋亦是朝廷派遣的督軍使，二者之差別，似在於有否持節或是否武官而已，至於其執行督州軍以攻擊盜賊之任務則無大差別。觀此二人之例，固可視為是東漢初以來奉使征討之督軍，但似因先後連續督此區的時間不短，故也頗有州督（軍區督）的色彩，是以《南齊書·百官志》將馮緄定為魏晉持節州都督制之始起，良有以也。其實持節督州郡兵討賊，馮緄之前已有其例，竊已敘述，只是魏晉州都督制之所以作為常都督制，是因此督劃有固定之督區，並於督區內執行區域防禦任務時間頗久之故。上述兩督指定統督揚、徐州郡兵執行攻勢作為，是否僅執行兩年而事畢即撤，史載不詳，故筆者不敢遽謂是魏晉常都督制之始。要之，兩督既然先後來此區督軍討賊，則亂事及其善後時間恐不致太短，是以殆為常都督制發展關鍵之一，是則不宜驟予否定。

降至山東兵起，大司馬·幽州牧劉虞與部下公孫瓚不睦相仇，獻帝初平

四年（193），虞與瓚相攻。《後漢書‧劉虞列傳》載云：

> 虞遂大敗，……瓚追攻之，……遂執虞并妻子還薊，猶使領州
> 文書。會天子遣使者段訓增虞封邑，督六州事；拜瓚前將軍，封易
> 侯，假節督幽、并、（司）〔青〕、冀。瓚乃誣虞前與袁紹等欲稱尊號，
> 脅訓斬虞於薊市。

按：劉虞所「督六州事」僅見於此傳，不知是哪六州？揆其雖為大司馬‧幽
州牧，但實力並非最強，在當時群雄各割地盤之情況下，似也不至於督六州
之多。至於拜公孫瓚「假節督幽、并、青、冀」之事，亦僅見於此傳，恐怕
一個劉虞手下之督軍，儘管拜為前將軍，當時也不至於做到「假節督幽、并、
青、冀」。《後漢書‧劉虞列傳》書此事蓋誤也。反倒是《後漢書‧公孫瓚列
傳》另載劉虞手下從事鮮于輔等，於虞破亡之後，合率州兵欲共報瓚；而《三
國志‧公孫瓚傳》則謂：「鮮于輔將其眾奉王命。以輔為建忠將軍，督幽州
六郡。」〔註80〕是則《後漢書‧劉虞列傳》所謂瓚「假節督幽、并、青、冀」
也者，殆為鮮于輔以建忠將軍「督幽州六郡」之誤也。然而幽州所部有十一
郡、國，輔所督仍不悉是哪六郡。假如鮮于輔「督幽州六郡」的記載為真，
則此事發生於初平四年（193）以後，而所督僅為一州中之若干郡而已，是
為魏晉常都督制以及僅督郡之最早明確記載。

又降至建安二年（197），獻帝拜冀州牧袁紹為大將軍，「兼督冀、青、
幽、并四州」，其後袁紹以袁譚都督四州中之青州，是為多州都督與一州都
督兩職的始見。據此可知，漢末已置有軍區都督制——即魏晉以降的常都督
制，且主帥或稱督或稱都督，而軍區督地位高於軍區都督，諸督有僅督郡者，
有督一州者，有督多州者，只是尚未普遍施行為定制而已。因此，若必論州
督或州都督之始創，則非始於魏文帝的黃初二、三年（221～222）間，可以
無疑。

前謂曹操承此發展趨勢，於東歸招兵五千人後，勉強可於軍中編置督將，
事實上也如此做矣。及至初平三年（192），曹操領兗州，收得青州兵，實力
始壯。又至迎天子都許，改元建安，實行挾天子以令諸侯，稍後乃因呂布叛
後的兗州尚未安集，遂以其謀士尚書程昱為「東中郎將，領濟陰太守，都督
兗州事」，〔註81〕此為曹軍置有州都督之始見，時間上約與袁紹之以大將軍‧

〔註80〕見《三國志‧公孫瓚傳》卷八，頁247
〔註81〕參《三國志‧程昱傳》，卷十四，頁428。

冀州牧「兼督冀、青、幽、并四州」相當。

　　按：東中郎將爲漢末所置四中郎將之一，「皆帥師征討」，〔註82〕故理論上程昱以東中郎將都督兗州事，是要執行曹操所交附的征討任務。不過，曹軍全軍掌握在喜好親征的兗州牧曹操手中，征討之事自不假手於都督兗州事的程昱。觀程昱需以此官職領兗州屬郡之一的濟陰，始能政軍兼管，然亦僅能治濟陰一郡之政，此則是因曹操欲親征四方，需委腹心以政軍重任，坐鎮根本之地，以防呂布之事重演也。然而，曹操並未授予程昱一州的政軍全權，顯示出素性猜忌的曹操，始置州都督之時，僅以中級武官爲本官，而使之督典一州軍事，蓋亦以防尾大不掉之事重演而已。總之，曹軍初置時的軍區都督，要比同時期的野戰都督位階高，應是不爭之事實。

　　建安七年五月，官渡戰敗而袁紹病卒，諸子內鬥。曹操乘機伐之，九年七月拔鄴，操遂領冀州牧。當拔鄴之後，曹操欲親征冀、幽二州之時，乃任荀衍「以監軍校尉守鄴，都督河北事」，是爲曹操第三個見於史傳的軍區都督。荀衍一度曾破獲紹姪并州刺史高幹襲鄴之陰謀，〔註83〕可見其以監軍之職爲軍區都督，任務也是爲了防守。是爲常都督制中監州諸軍事一職之濫觴。

　　荀衍「都督河北事」既爲曹操第三個見於史傳的軍區都督，而第二個即爲鍾繇。約當官渡之戰前，官職更重要，與曹操近密度更大的侍中・尚書僕射鍾繇出督關中諸軍，《三國志・鍾繇傳》載此事云：

　　　　時關中諸將馬騰、韓遂等，各擁彊兵相與爭。太祖方有事山東，以關右爲憂。乃表繇以侍中守司隸校尉，持節督關中諸軍，委之以後事，特使不拘科制。

是則鍾繇以守中二石司隸校尉掌關中之政並持節督關中諸軍，得便宜行事，全權兼管政軍。鍾繇之持節督與中郎將程昱、校尉荀衍之無節都督相較，則固已是方面大員矣，於是同傳所載下述事件遂可得而理解。

　　同傳謂官渡之戰後，河東衛固作亂，與張晟、張琰及袁紹甥并州刺史高幹等並爲寇，繇率諸將討破之。所謂衛固作亂，《魏略》謂是詔徵河東太守王邑而換杜畿爲太守。王邑心不願徵，吏民亦戀邑，於是郡掾衛固及中郎將范先等各詣繇求乞留邑。鍾繇鑒於杜畿已入界，不聽，促令王邑交符；然而王

〔註82〕參《續漢書・百官志・光祿勳》羽林中郎將條注，見《後漢書》志卷二十五，頁3576。
〔註83〕荀衍爲荀彧之兄，事詳《三國志・荀彧傳》，卷十，頁315〜316。

邑卻佩印綬，逕從河北詣許自歸，不理會鍾繇之促令。因此，鍾繇遂「自以威禁失督司之法，乃上書自劾」，其文云：〔註84〕

> 臣前上言：……謹案文書，臣以空虛，被蒙拔擢，入充近侍，兼典機衡，忝膺重任，總統偏方。既無德政以惠民物，又無威刑以檢不恪，至使邑違犯詔書，郡掾衛固詿迫吏民，……漸失其禮，不虔王命。……咎皆由繇威刑不攝。臣……曠廢職任，罪明法正。謹按侍中守司隸校尉東武亭侯鍾繇，幸得蒙恩，以斗筲之才，仍見拔擢，顯從近密，銜命督使。明知詔書深疾長吏政教寬弱，檢下無刑，……至乃使邑遠詣闕廷。驟忝使命，挫傷爪牙。……罪一由繇威刑闇弱。又繇久病，不任所職，非繇大臣當所宜為。繇輕慢憲度，不畏詔令，……為下所欺，弱不勝任。數罪謹以劾，……免冠徒跣，伏須罪誅。

按：鍾繇自署其銜為「侍中守司隸校尉東武亭侯」，不提「持節督關中諸軍」，是則後者是職不是官，當時可以不入銜歟？不過，自劾書中之所謂「近侍」是指侍中也，「機衡」殆指尚書僕射，至於「總統偏方」則應指以守司隸校尉持節督關中諸軍而言，以故自謂為「大臣」。如此觀之，「持節・督關中諸軍」即是繇所言之「督使」；既是「銜命督使」，故是身負「使命」；既銜命以督使處理事務，是以稱其機構為「督司」；〔註85〕「督司」依法而立，是以東漢擁節督軍應有「督司之法」以為組織及施行的依據，只是裴松之批評陳壽失之簡略，而自己亦注疏不全，以致世知魏晉有都督之制而漢代「督司之法」則闕如也。

文中鍾繇自謂「威刑闇弱。……不任所職，非繇大臣當所宜為」，蓋因河東乃司隸部屬郡，而太守王邑竟不理會鍾繇的督促交符，逕佩印綬而去，且吏民亦「各詣繇求乞邑」，致令作為直屬上級行政長官的鍾繇感覺不能威制屬郡官民，以故自認非大臣當所宜為。至於所謂「威禁失督司之法」，蓋指河東吏民「作亂」，且連及袁紹外甥并州刺史高幹「為寇」，雖已為繇督率諸將所

〔註84〕 自劾文請詳《三國志・鍾繇傳》注引《魏略》，卷十三，頁393。
〔註85〕 《三國志・劉虞傳》注引《虞別傳》載虞表論治道曰：「……亂弊之後，百姓凋盡，士之存者蓋亦無幾。股肱大職，及州郡督司，邊方重任，雖備其官，亦未得人也。……」（卷二十一，頁616）按：劉虞卒於黃初二年，所著書數十篇均應在建安之時，可見督司不論本官高下已是重任。又，《三國志》或注引諸書載漢末以來有督軍從事、都督從事之類職稱，蓋是督司之僚屬組織歟？因史料既少而又失詳，茲不贅考。

破，但繇本人既身爲督司，「隳乘使命，挫傷爪牙」，失鎮懾威禁之效如此，確爲茲事體大。

此次「作亂」事件中，史謂杜畿入爲太守後，爲安撫郡掾衛固及中郎將范先，乃「以固爲都督，行丞事，領功曹；將校吏兵三千餘人，皆范先督之。固等喜，雖陽事畿，不以爲意」。此措置是令范先爲實際領兵之督軍，而以衛固爲名義上之都督。都督兵權分化被奪，故其後遂被杜畿輕易所殺。〔註86〕用此與任「東中郎將，領濟陰太守，都督兗州事」的程昱，以及任「監軍校尉守鄴，都督河北事」的荀衍比較，三人雖同稱爲都督，但衛固似是郡屬都督，〔註87〕應仍是位於太守之下的戰鬥單位主官；而程昱是州都督，荀衍則是地區都督，二人殆爲戰略級的都督，固非郡都督之可比。或許建安前期，曹操對重要州、郡以及地區，視需要而置都督，其級別則各有等差。

情勢吃緊的地區除了鍾繇持節所督之關中外，其後新平的漢中情勢亦然。蓋韓遂、馬超失敗後，舊部正被關中護軍趙儼所整編監統，情勢已較爲穩定；但是降至建安二十年曹操西征張魯，巴、漢皆降後，劉備亦於同年襲取益州，並進據巴中，情勢自是吃緊。於是，曹操乃遣平狄將軍張郃擊備，翌月自還，留行都護將軍夏侯淵屯漢中。兩軍相峙交戰，至二十四年正月，已正拜爲征西將軍的夏侯淵爲備所襲殺，曹操遂自長安出臨漢中，而劉備則於陽平因險拒守。相峙間東方發生關羽北攻曹仁之事，曹操乃於五月引軍還長安。據此，漢中攻防戰此時尚未情勢判然，以故曹操遂置督以處理戰地政務。《三國志・杜襲傳》載云：

> 後（侍中杜）襲領丞相長史，隨太祖到漢中討張魯。太祖還，拜襲駙馬都尉，留督漢中軍事。綏懷開導，百姓自樂出徙洛、鄴者，八萬餘口。夏侯淵爲劉備所沒，軍喪元帥，將士失色。襲與張郃（時已遷盪寇將軍）、郭淮糾攝諸軍事，權宜以郃爲督，以一眾心，三軍遂定。太祖東還，當選留府長史，鎮守長安，……遂以襲爲留府長史，駐關中。

〔註86〕詳《三國志・杜畿傳》，卷十六，頁495。

〔註87〕建安前期郡級單位似有郡屬督軍、郡屬都督之編制，如《三國志・高堂隆傳》載隆少爲諸生，「泰山太守薛悌命爲督郵。郡督軍與悌爭論，名悌而呵之。隆按劍叱督軍曰：『……臨臣名君，義之所討也！』督軍失色，悌驚起止之。」（卷二十五，頁708）高堂隆既以君臣關係相況，則郡督軍應位在郡太守之下，然史傳記載此類軍職不多，故以慎言其餘爲是。

是則杜襲以「駙馬都尉，留督漢中軍事」，是建安二十年曹操降張魯而還之後事。

此時曹操已令趙儼「爲關中護軍，盡統諸軍」，頗有成效；然此後漢中情勢更爲嚴峻，故不得不令趙儼差千二百兵往助漢中守禦。二人一護關中，一督漢中，論官職履歷，趙儼略低於杜襲，論與丞相關係之近密度，則儼亦與襲有一段差距，因此曹操才委杜襲爲軍隊監護系統中位階較高事權較重的督軍，而趙儼則僅爲護軍而已。二人均是從霸府僚屬轉任，以故皆未擁節。甚至其後，曹操委襲以丞相府留府長史，則在關中長安的杜襲，更是趙儼之實際頂頭上級矣。

由此可知，自建安二年曹操已挾天子而令諸侯的前後，已頗有任命牧守爲督或都督之例，如袁紹、鍾繇是也；其任命他官統有督區而爲督或都督之例雖較稍多，但除非另命以領州郡，否則其任務殆多以戰略防禦，負責軍事任務爲主。至於當此同時，袁紹授袁譚爲青州都督而未使之領刺史，其措置蓋與曹操有互相觀摩的關係。就此而言，曹操對此軍區新制不僅有推廣之功，抑且也不自拘於例，而運用相當靈活，因此始有「都督護軍」之類名號產生。

至此，似乎可以根據群臣對嗣魏王曹丕勸進表——即後來刻石的〈上尊號碑〉——之署銜，一究都督制在此重要時程所現出的問題，而此瞭解則需先從曹操死前之情勢展開觀察。

據〈武帝紀〉並裴注，記載曹操死前內外情勢，謂建安二十二年底劉備遣張飛等進屯下辯；曹操遣曹洪拒之。二十三年正月，漢太醫令吉本與少府耿紀、司直韋晃等反，攻許，燒「典兵督許中事」之丞相長史王必營，爲王必與典農中郎將嚴匡所討斬。史謂彼等之所以反，是因覩漢祚將移而發憤，計劃殺必後挾天子以攻魏，並南連劉備。此事平定才大半年，同年七月，曹操西征劉備，十月宛守將侯音等趁機反。曹操使曹仁圍宛，翌年正月屠宛斬音。史謂此反與南陽間苦繇役之事有關，反眾亦與關羽連和。由於劉備因險拒守，所以曹軍無功，又需急還以救樊襄，幸好還至洛陽而徐晃已破關羽，羽又於翌年——建安二十五年——正月被孫權所襲殺，其首傳至洛陽。此兩年多一點的時間，曹操內憂外患併發，東西疲於奔命，亦於同月身死於洛陽。遺令：「天下尚未安定，未得遵古也。葬畢，皆除服。其將兵屯戍者，皆不得離屯部。有司各率乃職。斂以時服，無藏金玉珍寶。」

遺令「其將兵屯戍者，皆不得離屯部」，是曹操臨死仍恐身後再生兵變，

以及外患乘機來攻，使局面無以收拾也。事實上當其身死之時，長子次子均不在旁，情勢也的確緊張，如《三國志·賈逵傳》注引《魏略》曰：

> 時太子在鄴，鄢陵侯（即次子曹彰）未到，士民頗苦勞役，又有疾癘，於是軍中騷動。群僚恐天下有變，欲不發喪。逵建議爲不可祕，乃發喪，令內外皆入臨，臨訖，各安敘不得動。而青州軍擅擊鼓相引去。眾人以爲宜禁止之，不從者討之。逵以爲「方大喪在殯，嗣王未立，宜因而撫之」。乃爲作長檄，告所在給其廩食。

老王身死，嗣王未立，群龍無首，而軍民騷動，青州軍竟擅擊鼓相引去，可謂已進入緊急狀態。偏偏當其「時，（次子）鄢陵侯彰行越騎將軍，從長安來赴，問（賈）逵先王璽綬所在。逵正色曰：『太子在鄴，國有儲副。先王璽綬，非君侯所宜問也！』」，遂奉梓宮還鄴。〔註88〕因此，魏王太子曹丕之所以於同一年中，年初急於嗣王位，年尾則急於踐帝祚，群臣也迅速且頻頻交章勸進，良有以也。

漢獻帝建安二十五年（嗣魏王丕延康元年、魏文帝丕黃初元年，220）正月曹操死，在曹丕嗣王位而尚未稱帝前，群臣聯署上表，請丕踐祚稱尊，稍後刻而爲石，此即〈上尊號碑〉。〔註89〕群臣所署銜，尤其是署「行都督督軍」銜者，〔註90〕因出現於局勢緊急之時，故可用以印證魏晉常都督制完成前夕的過渡情況。

該表由魏相國華歆等三公領銜，其次由諸大將署名，其次是匈奴南單于及九卿，再次爲督軍御史及中領軍、中護軍以下諸禁衛將校，最後則是諸雜號將軍。按：碑中署「督軍御史·將作大匠·千秋亭侯臣昭」即董昭，其所督之軍殆爲中領軍以下諸軍，與野戰軍無涉；至於最後諸雜號將軍，皆非都督大將，故此處均不用作分析比較。

今將排名在督軍御史董昭以前之諸大將及其所署銜開列如下：〔註91〕

〔註88〕 參《三國志·賈逵傳》並注引《魏略》，卷十五，頁481。

〔註89〕 〈上尊號碑〉見王昶《金石萃篇·魏一》，收入臺北：藝文書局嚴耕望先生所編之《石刻史料叢書》甲編之六第十三冊。該碑文亦見於《三國志·文帝紀》延康元年十月魏王丕即祚改元黃初時之裴注，但僅列三公之名。

〔註90〕 前揭拙著〈從督軍制、都督制的發展論西魏北周之統帥權〉一文，將「行都督督軍」一銜標點爲「行都督·督軍」。此銜由都督及督軍兩種軍職合倂而來，原則上並無太大錯誤，但一再思之，實不如標爲「行都督督軍」更合理，以故改之，其理見正文。

〔註91〕 因該碑是事後所刻，且殘缺，以致所書名或銜頗有失誤，跋尾對之有所考證，

使持節・行都督督軍・車騎將軍・陳侯臣（曹）仁

輔國將軍・清苑鄉侯臣（劉）若

虎牙將軍・南昌亭侯臣（鮮于）輔

輕車將軍・都亭侯臣（王）忠

冠軍將軍・好時鄉侯臣（楊）秋

渡遼將軍・都亭侯臣（閻）柔

衛將軍・國明亭侯臣（曹）洪

使持節・行都督督軍・領（本傳作鎮）西將軍・東鄉侯臣（曹）眞

使持節・行都督督軍・領揚州刺史・征東將軍・安陽鄉侯臣（曹）休

使持節・行都督督軍・征南將軍・平陵亭侯臣（夏侯）尚

使持節・行都督督軍・青州刺史・鎮東將軍・武安鄉侯臣（臧）霸

使持節・左將軍・中（本傳作都）鄉侯臣（張）郃

使持節・右將軍・建（本傳作逯）鄉侯臣（徐）晃

使持節・前將軍・都鄉侯臣（張）遼

使持節・後將軍・華鄉侯（本傳作鄃侯）臣（朱）靈

碑刻大抵是根據諸將於曹丕即王位後，甚至是踐祚稱帝後之官銜而刻，因是後刻之文，故與《三國志》相關諸傳之載述頗有出入；又陳壽將「行都督督軍」之銜一律寫成「都督」，恐是對此銜不明所以，遂將當時行用之「都督」銜取代之歟？復者，自輔國將軍劉若以至渡遼將軍閻柔均是雜號將軍，既非大將也非都督；曹洪雖於曹操生前當過都護將軍，但與曹丕關係甚為不佳，以故本傳僅謂「文帝即位，為衛將軍，遷驃騎將軍」，情況無可分析者，故皆暫時不論。再者，今見諸將皆為使持節，但各本傳僅多記其先前已授予假節之事，此時則不詳，內中恐有訛誤，至於左、右、前、後將軍張郃等，此時已是大將則可無疑，然而皆無都督之職，誠值分析。

茲據各本傳，張郃在夏侯淵戰死後，被諸將推為元帥；徐晃因率本軍救曹仁，曹操又先後遣殷署等凡十二營詣晃，顯然也是大帥；張遼則早在曹操

筆者亦曾據之予以再考，可參前揭拙著〈從督軍制、都督制的發展論西魏北周之統帥權〉。括號內之字為跋尾所考或筆者所補。

征孫權軍還時增兵，多留諸軍，徙屯居巢；只有朱靈情況最不詳。不過，若就張郃、徐晃、張遼三將而言，應早就能當都督大帥；或許他們雖爲大將，但因屬於遺令禁止的「不得離屯部」之「將兵屯戍」主帥，既爲將兵屯戍的主帥，他們應已被派出之督軍或護軍所督護，以故不能同時兼爲「都督督軍」耶？筆者此觀點僅出於推測，然而察前述趙儼之以都督護軍護張遼等七軍，又察張遼、樂進等屯合肥，曹操教與護軍薛悌，署函邊曰「賊至乃發」，顯示他們均被監督者所督護，故鄙說容或可成一說：即既任主帥則不當監督，既當監督則不任主帥，若任爲主帥而兼監督，則是非常之任也。

至此，蓋可考慮「行都督督軍」一職，究竟是否非常之任，果爲何官職？

按：依前述漢末軍事體制的變化，都督於曹軍軍區系統中已成爲統率一州或一區之主帥職，督軍則是監督並頗兼指揮軍隊之首長職，若合此二職爲一新職，則理論上此新職當是對管內諸軍，握有統率監護全權之主帥兼監督的大帥職。由於群臣未奉曹操梓宮還鄴之前軍情已相當嚴峻，是則四方戰略要地嗣魏王曹丕必思擇將以分憂勞。觀授予「行都督督軍」之五人，三曹一夏侯皆爲曹丕最親重的將領，或許此四將均是以「行都督督軍」之職，分別統率兼監督各地區諸軍，以收鎮懾之良效而分曹丕之憂勞者。只是其中之一的曹休當時已明確確定兼領揚州刺史，目的蓋在防吳，而其餘二曹一夏侯則在署銜時尚未派定任務區而已。至於另一正除青州刺史之臧霸，顯然是爲了針對不受禁止而「擅擊鼓相引去」的青州軍，蓋可無疑。〔註92〕由於曹操生前，南面的荊州軍事本就由曹仁負責，西面的關中則曹洪恐仍留駐，是則曹魏最重要的揚、荊、雍三邊已概略無虞，然內部嚴峻卻尚未全消，是以曹丕遂快速篡漢，促使生米已煮爲熟飯之局面形成。復因此措置是緊急時期之臨時緊急處分，故採先前「行征南將軍」、「行都護將軍」等慣例，於「都督督軍」之前冠以「行」字，用以表示彼等非眞除正拜之職稱，而是臨時行之者也。據此，可知「行都督督軍」一職，實爲臨時主帥而兼監督之職，確是非常之任，

然則統監大軍的大將，爲何以「都督督軍」爲名，有何作用與意義？

〔註92〕據《三國志・臧霸傳》，霸本呂布將，布敗亡後歸操。操一直委之以青、徐二州，因功遷徐州刺史。後從曹操征孫權，拜揚威將軍，假節；操軍還，留霸與夏侯惇等屯居巢。此次青州軍擅擊鼓相引去，應與之無關，而曹丕則是欲借重其經略青、徐二州甚久之聲名，故由刺徐州改刺青州，蓋用以鎮撫青州軍也，但本傳則直稱其爲「都督青州諸軍事」。

　　按：前面論及赤壁之戰前，趙儼徙「都督護軍」，護張遼、張郃等七軍，無異即是此七軍的總護軍，已可被視爲亞於大帥級的軍隊監督。曹操合都督與護軍二職併爲一名而曰「都督護軍」，爲獻帝以前所未有，兩晉以後亦無見，蓋爲曹軍一時無以名之而臨時命名的新職。「都督督軍」亦同此理。蓋「都督」之職，在獻帝早期本爲基層戰鬥單位之軍職，至袁紹、曹操而使之變爲統率一州或一區諸軍之中、高級軍職；曹操更因勢利導，至建安二十二至二十四年間使之大帥化，因而更是名正言順的大軍統帥。至於「督軍」，則東漢以來本爲狹義之監軍職，軍中地位又較「護軍」爲高，與「都督」相結合則成爲諸軍之統帥兼總監，〔註93〕因而軍權更大，事權更全，對諸軍的控制力更強矣。由此可知，由「都督護軍」而變爲「都督督軍」，是因不同之人，不同位階之人，於不同之非常情勢，而權宜創置之軍職。至於「都督督軍」自魏文帝踐祚後不久之所以消失不見也者，蓋是已被大帥化的「都督」一名所逕行取代故也。「都督」此名自後可以用作征討野戰體系之統帥職稱，也可以用作軍區防禦體系之統帥職稱，甚至仍可用作基層單位軍事主管之職稱，靈活方便。於是，擁節都督、擁節監以及擁節督三等之大帥級魏晉都督制，最晚遲至魏文帝黃初二年乃告形成（請詳下文）。至於所擁節之等級——使持節、持節、假節，只是代表授予不同等級之軍事專殺權，加重大帥對軍中以及管內官吏軍民之指揮監督威權，俾使其執行相關事務更順利有效而已。

　　試據各本傳考察上述五員「行都督督軍」在黃初初之後續發展，以觀察其變爲都督制的某些變化。

　　曹仁於曹丕「即王位，拜仁車騎將軍，都督荊、揚、益州諸軍事」，而〈上尊號碑〉卻未提及其爲都督荊、揚、益州諸軍事，應是署於未拜之時也。按：上述五員「行都督督軍」中以曹仁資歷最高，以故大概於署名上尊號後，尋出爲都督荊、揚、益州諸軍事，總督前線三方之任。雖然因劉備已據有益州，故其都督益州是虛銜，但是「行都督督軍」此時已被「都督」之銜所取代則爲眞。另據〈文帝紀〉，由於黃初二年三月加遼東太守公孫恭爲車騎將軍，故翌月遂遷車騎將軍曹仁爲大將軍，最後仁於四年三月薨於大司馬任上。據此可推，「行都督督軍」因是權宜所任，故稱爲「行」，可能於黃初二年左右爲「都督」銜所取代。

〔註93〕假如此制用以方諸現今軍制，則都督可視作司令，督軍可視作政委，而「都督督軍」則與司令兼政委無異。

原官中堅將軍的曹真，在夏侯淵戰歿於陽平後，曹操「使真至武都迎曹洪等還屯陳倉。文帝即王位，以真為鎮西將軍，假節都督雍、涼州諸軍事。錄前後功，進封東鄉侯。……黃初三年還京都」。是則曹真先在曹丕即王位後為鎮西將軍，行都督督軍，稍後始確定為假節‧都督雍、涼州諸軍事，此事不晚至黃初三年，蓋在黃初二年間發生。其「行都督督軍」之銜亦同時被「都督」所取代。

夏侯尚本傳載其原官魏國黃門侍郎，「太祖崩于洛陽，尚持節奉梓宮還鄴。并錄前功，封平陵亭侯，拜散騎常侍，遷中領軍。文帝踐阼，更封平陵鄉侯，遷征南將軍，領荊州刺史，假節都督南方諸軍事。……黃初三年，車駕幸宛，使尚率諸軍與曹真共圍江陵」。是則其遷征南將軍，領荊州，假節都督，為曹丕踐阼稱帝之後，黃初三年以前所發生，而其「行都督督軍」銜亦被「都督」銜所取代。

曹休在曹操拔漢中還長安後拜中領軍。「文帝即王位，為領軍將軍，錄前後功，封東陽亭侯。夏侯惇薨，以休為鎮南將軍，假節都督諸軍事」。按：夏侯惇一直督軍於外，至延康（即黃初）元年三月晉為大將軍，復於同年四月庚午薨。是則曹休為鎮南將軍假節都督諸軍事，應在魏王丕延康元年四月以後，魏文帝黃初三年十月以前，其「行都督督軍」銜亦被「都督諸軍事」所取代。

臧霸本傳更直謂「文帝即王位，遷鎮東將軍，進爵武安鄉侯，都督青州諸軍事。及踐阼，進封開陽侯，徙封良成侯」。是則其任青州都督之事，竟是延康（即黃初）元年之事矣。

碑文與史傳相差若此，真相已不可確考。總之，五員「行都督督軍」均是魏王曹丕延康（即黃初）元年時之緊急權宜職，是年或最遲黃初三年以前已正名為「都督」，而且任之者均是以重號或征鎮級大將充任，其中有領州或不領州者，要之都督皆非由州牧刺史以本官所充任。蓋軍事緊急之際，起用本官為武將者以支持政局較文官為宜也。若僅就此事而言，《宋書‧百官志》所謂「魏文帝黃初二年，始置都督諸州軍事，或領刺史」之說，殆較《晉書‧職官志》所載之黃初三年為正確；然而，由於曹休與臧霸均有可能在魏王丕延康（即黃初）元年已從「行都督督軍」改為「都督」，以故《宋書‧百官志》所載仍可有保留之餘地。若換一角度純從軍區都督制本身之發展而論，則漢獻帝初時已出現僅督郡之軍區都督，稍後又出現多州都督以及一州都督，魏文帝之父曹操因勢利導推而廣之，復漸漸授都督以假節或持節，是則常都督

之制，固非始創於黃初二、三年之間也。由是言之，則《晉》、《宋》、《齊》三書皆誤矣。

六、結　論

　　軍隊自來是一個封閉的團體，所謂「國容不入軍，軍容不入國」，一切聽令於主帥。秦漢時期將軍之作爲主帥，對軍隊行使統率權，平時典屯衛，戰時掌征討，位高權重，人君豈能放心，由是遂有軍隊監督制度之產生，以故可以說秦漢軍隊監督制度是專爲將軍制而設的制度。

　　軍隊監督制度既施於平時駐軍，更施於戰時之征討——監督出師征伐與監督州郡討捕——作戰。只因平時駐軍相對較靜態，以故監督者活動記載較少，例如漢武帝時要不是發生事變，監北軍使者任安恐怕就不會留下重要之記錄；相對而言，戰時征討常事關社會安定乃至國家安全，皆爲當時重要而著目之事，是以監督者之活動記載遂多。因此，論述軍隊監督制度之淵源以及早期發展，主要是靠後者的相關載述。

　　軍隊監督制度蓋有兩種：監軍（含督軍，下同）制與護軍制。兩者俱爲魏晉都督制之淵源，且均出現甚早。監軍是先秦之職，是典型的或是狹義的監督制，與其性質功能相當之督軍則起於西漢；而護軍則是秦官，本掌軍隊督察，爲廣義的監督制。或許可以說，魏晉都督制之制度主源在前者，後者是支源，但兩者俱是魏晉都督制形成之遠因，近因則與「都督」一職在東漢末出現以及其職權變化有關。「都督」一職出現時職掌戰鬥，是作戰系統戰鬥單位之指揮主官，本與監督系統無關；至於其所以與軍隊監督制度有關，則是與監軍制在建安年間互爲結合之結果。茲分別總結此諸官職的發展，略述之如下：

　　大體而論，護軍制之護軍，其作用是協助軍事機關長官或征討軍統帥監視督察所屬諸將，以保護軍中安全的督察長，秦漢之間正式官名爲護軍都尉。及至漢武帝時其官移屬最高軍事機關大司馬府後，兼典軍事檢察權，與丞相府佐丞相舉不法之屬官司直，一武一文分掌監視督察文武百官，其任相當重要，於平帝朝定名爲護軍。護軍因是外朝官，所以不擁節，在軍中權位遜於連統帥也在監察之列的監軍使；但若派護外國及蠻夷則例外，此時其「持節護」之銜即與監軍使類同。東漢以降省罷護軍之官，然於軍隊出征時仍常在將軍幕府之內編置其職，甚至會有中、左、右等護軍分化的職名，蓋隨征討

事竟而罷。

護軍對軍隊如此重要，以故漢末魏初戰亂頻繁之時，漸漸恢復護軍作爲武官，必要時且領兵作戰。曹操後期又不時編置都督護軍、護軍將軍以及都護將軍等官職，使之朝總監化以及大帥化的方向發展，但是終未完全併入都督制。及至魏晉以降，中護軍（資深者稱護軍將軍）乃成中央禁衛軍第二號監統主帥，〔註94〕並主武官選。

至於監軍，首宜注意的是，握有廣義監軍權之護軍，與握有狹義監軍權之監軍，最明顯的差別在：監軍是奉使赴軍以掌監察之差遣職，不屬於主帥，反而主帥也在其監察之列；而護軍則爲軍中編制的督察官，隸屬於主帥。另外，監軍及其較後起的督軍，可得有授予擁節——兩漢通常是持節，曹操對武將督軍者則通常授以假節——之特權；而護軍則通常無此特權，且在都督制成立以後，護軍的督察權已頗被使持節、持節及假節之監督威權所吸收。

其次，監軍自春秋後期已見設置，督軍則起於西漢，且編置以來較少以「督軍」或「督軍使」名其職，此雖與監軍或監軍使的情況頗不同，然而二者皆常以具體之監或督某州郡兵，或者監或督某某將軍爲稱。監或督某州郡兵者之任務常是爲了討捕盜賊，多以文臣——尤其內朝官——充任，而監或督某某將軍軍之任務則是爲了征討，故頗以用武官爲多。由於兩者不是官而是使職，以故幾乎可以差遣任何中級以上官吏充任之，所以軍隊監督者位階常在被監督者之下，此與漢制派遣六百石刺史監二千石郡太守的原理相同。充任監督者有時加入本官官名以爲稱，如監軍御史、督軍御史等，此例以東漢較常見。二職在兩漢時，有時書持節有時不書，殆非史官漏記或省文，而是當時確有不持節之事例，尤以外朝官充任時較常見。

建安中曹操表留荀彧爲其監軍時，謂「古之遣將，上設監督之重，下建副貳之任」，其說恐怕不是虛語而是實情。因爲從本文所舉諸例，可以看到監

〔註94〕 視作戰序列編制的需要，護軍在東漢有前後左右中之分，而中護軍於戰時通常直隸統帥以作爲中軍之護軍。曹操經常親征，自官渡之戰後實際上就是漢朝的最高統帥，及至封爲魏公而建魏國，乃置中護軍作爲魏國禁衛軍之主帥。此禁衛軍之中護軍與野戰軍之中護軍系統不同，而晉制承魏仍爲禁衛軍主帥。筆者此說因漢末三國史料零散，不易完整參見，或可參蜀漢之制以爲旁證。按：劉備常親征略如曹操，死前於永安以李嚴爲「中都護，統內外軍事」，權位僅次於諸葛亮。備死之後，諸葛亮以丞相爲最高統帥亦略如曹操，其北伐時即置有前後左右中護軍，爲此制最具體部署之例。見《三國志》卷四十〈李嚴傳〉並注引〈諸葛亮與平子豐教〉，不贅。

軍或督軍位階即使較將軍爲低，但是對所監臨之諸將軍刺守幾乎皆有以上臨下的權勢。退一步言，此二職之位階不管在軍是否與統帥平等，要之統帥似乎極難對其發出指令——建安間非常時期實際掌握兵權之軍閥除外，頂多是一者掌統率，一者掌監督而已，謂是分享統率權也不爲過。蓋統率權是統帥對所部實行統率指揮監督管制之權，若旁置平行的監軍或政戰系統，分行監督管制之事，即是將統率權分裂也。由此也可以知道，爲何將軍制必須轉型爲都督制，始克使統帥能應付長期分裂戰亂之局矣。

「監督之重」既然設在將軍之上，對將軍刺守擁有以上臨下之權勢，是爲東漢中期以至獻帝建安年間軍制轉變的重要關鍵，只是至建安晚期轉變得更爲劇烈明顯而已。此蓋基於戰爭頻繁，戰事拖延，監軍與督軍既握有監軍權而又漸干預統率權的事態發展，致令爲政者必須思考乾脆將二權合一之問題，遂乃落實於讓監督系統之監軍、督軍實際兼掌統率權，反之亦提高作戰系統都督之職位而使之切實兼掌監軍權，兩系互爲結合，以利轉變爲新型統帥制度——都督制，冀能收到諸軍統一指揮監督管制之效。爲了促使新統帥之等級權責清楚分明，使此新制能切實產生所期望的效果，魏晉朝廷於是將晚近已成大帥的都督列爲統帥之最高等級，原來監軍在督軍之上的慣例則予以保留，遂乃建成《晉》、《宋》二官志所敍之「都督諸軍爲上，監諸軍次之，督諸軍爲下」三等統帥；復又爲了讓其能有充分執行統一指揮監督管制的能力，於是建立「使持節爲上，持節次之，假節爲下」的三級軍事專殺授權，以便統帥用以合法對付早已被臨下的二千石以下文武官吏。至於秦漢原來作爲統帥的將軍職權，既已漸爲都督等職所取代，於是將軍號遂逐漸退爲階官，而將軍領營兵制乃漸變爲都督領（將軍）府兵制，並下開魏周隋唐新府兵制之先河。〔註95〕

〔註95〕秦漢將軍領營兵，著者如渡遼營，小者如本文提到之陷陣營，均是其例。漢末喪亂以來至魏晉南北朝，因戰事頻繁之需要而將軍變得很多，其置府所領之兵即以其軍號爲名，號曰某某府兵（此參唐長孺〈魏晉府兵制度辯疑〉，收入其著《魏晉南北朝史論叢》，北京：三聯出版社，1955）。其實某某府兵不過只是隨府主軍號之更易而改變的營兵轉稱罷了，但在軍制上卻代表了一定的轉型意義。其後經北魏六鎮之亂而喪亂戰爭之事勢重演，西魏北周改革軍制，置各級各種都督以實際統領府兵，或謂是特殊之兵制（陳寅恪先生已論之，眾所周知，故不贅）。此制後至隋朝唐初雖一再予以修改，但府兵最基層之三級軍官到最後仍稱都督——即大都督、帥都督與都督，猶不失都督領府兵之遺意。除了前揭拙文外，筆者尚有多篇書文論及此發

　　魏晉都督制淵源之主、支源流既如上述，是則竊以為不論監軍、督軍，
不論監督征伐將軍也好抑或監督州郡討捕也好，皆可認為是魏晉都督制中征
討都督——筆者歸之為都督制甲型——之淵源，即「擁節+都督（或大都督）
征討諸軍事+本官→出征」之濫觴，而為乙型即「擁節+都督（或監或督）某
州諸軍事+本官+領州郡→駐防」之所從出。由於甲型的特點在無專屬固定之
管治區，也常不領州郡，因此儘管起源得早，發展得久，但數百年間仍不能
轉變為乙型的軍區都督。其原因是：要轉變為乙型軍區都督，充分條件是要
因應戰爭與國防的需要，必須長期駐防並有穩定防區，而不能戰事過後即予
撤消者，以故太平時期姑無論矣，即使東漢光武「中興」戰後，因已立刻進
入求治的時代，所以也不能夠提供如此局面與條件，致使不能發展出乙型都
督制。東漢末經大喪亂以後復再面臨長期分裂戰爭，正好為軍區都督制之發
展提供了良好的溫床，讓其兼領州郡則益使其實力更易壯大以及發展更為加
速，如虎之添翼。

　　至於乙型軍區都督制發展的關鍵契機，可謂造端於靈帝之遣出劉焉為監
軍使者領益州牧，使監軍權與地方行政權統一，俾主事者能全權掌控地方政
軍，具有軍事割據史的重要意義。稍後至獻帝初，建忠將軍鮮于輔督幽州六
郡，則是作為統兵主帥之將軍督州郡之始。及至建安二年獻帝遣使拜冀州牧
袁紹為大將軍兼督冀、青、幽、并四州，以朝命使其統合地方行政權、軍隊
統率權以及監軍權於一，無異正式承認其割據，更為軍區都督制以及軍事割
據史上具有劃時代意義之變。國家統治權在喪亂之下，由軍制開始突變以至
整個統治體制快速瓦解，遂使據有地方統治意義之乙型都督制得以迅速完成
其基本形式。

　　當此之時，已挾天子而令諸侯的曹操，乘勢將此新軍制用於征討佔領之
後所改採的區域防禦戰略，地盤因之不斷擴大，致天下三分漸有其二，使甲、
乙兩型都督制亦隨此發展而獲得試驗、推廣與施行之良機。是則雖然曹操行
之不久即死，生前尚未建立都督三等、授節三級之制，來不及使之及身完備；
不過若微曹操之如此運用並推廣，則其後尚安有所謂魏晉都督制哉。

展，如〈從政局與戰略論唐初十二軍之興廢〉(《中國中古史研究》2，2003.4)、
〈試論唐初十二軍之建軍構想及其與十二衛的關係〉(《中國中古史研究》
10，2010.12)、〈試論西魏大統軍制的胡漢淵源〉(《中國中古史研究》12，
2015.12)、《隋史十二講》(北京：清華大學出版社，2012.03) 論述隋文帝
改革軍制之部分，頁 38～41 等。

　　於此必須再予強調的是，「都督」一職始見於靈、獻之際，初爲作戰系統之戰鬥單位指揮職，董卓似是創始人，而山東群雄後亦多置此職。及至建安初期袁紹坐大，都督不論在野戰系統或軍區系統，位階皆提高至中階職級，依「戰略－戰役－戰鬥」原理編建的「主帥－都督－督將」新軍事體系乃告形成，爲曹軍所仿效而變化。降至建安中後期，曹操命太守趙儼爲「都督護軍」以護于禁等七軍，命曹仁行驍騎將軍「都督」七軍討田銀，命伏波將軍夏侯惇「都督二十六軍」屯居巢，顯示都督一職在曹軍軍事體系中，權位已漸提升至高階，終成執行征討攻勢以及區域防禦——即日後甲、乙兩型都督制——之大軍統帥位號。對此發展，《晉》、《宋》官志所述付諸闕如，而所言曹操「始遣大將軍督軍」以及「夏侯惇督二十六軍」亦有所訛誤也。

　　再者，復須一提的是，趙儼之「都督護軍」，與漢、魏之際曹仁諸將勸進曹丕時所署之「行都督督軍」銜，命名如出一轍，未確後銜是否出於曹操死前之非常處分，抑或是魏王曹丕篡漢前之緊急處分，要之俱有臨時任命的性質，且是結合統率權與監軍權而名的新職稱，益證魏晉新的統帥職權是合此二權而成。「都督護軍」一職事竟即撤，而「行都督督軍」則約在魏王丕延康（即黃初）元年至黃初三年之間——尤以曹丕稱帝，劉備征吳而魏局略穩之黃初二年最爲可能——改由「都督」之職稱所取代。至此，「都督」一職遂由野戰將校之職稱，正式成爲軍區大帥之常制名號。執此而論，《宋書‧百官志》所言「黃初二年，始置都督諸州軍事，或領刺史」差是；只是其觀察此制的變化發展時段不夠長，又未明辨征討都督與軍區都督的差別而遽雜述之，復未解釋都督制何以分爲三等級等等問題，頗爲可惜耳。

　　總之，先秦秦漢軍隊監督系統因將軍領兵制而產生，而魏晉都督制則是承其變化發展而形成之新體制。因此，都督制若從源起而論，其遠因蓋濫觴於先秦以來軍隊監督系統監軍制的設置與發展，近因則與東漢末作戰系統新出現的都督職權變化有關，最後是兩系統在漢、魏之間相結合，致成統、監合一的都督新體制，但統帥之職尚未嚴格分爲都督、監、督三級。至於軍區都督，則亦在此最後階段由非常制的征討都督分衍而出，成爲魏晉南北朝普遍施行之常都督制。據此可以說，非常都督制淵源長遠而多元，而常都督制則要遲至靈、獻之際始分衍萌起，袁紹、曹操承而沿之，曹氏父子推而廣之，故魏晉常都督制既非起於漢順帝之時，也非始於魏文帝之黃初二年。其間曹操對都督制之推廣施行貢獻極大，而常都督制可謂成於其手，至魏文帝而遂

奠定，是以降至西晉乃能成爲定制。都督制沿革相因相仍，錯綜複雜，然若深入研究，則雖百世而猶可知也。

本文原刊於《魏晉南北朝隋唐史資料》35 輯　2016

漢晉之間吳蜀的督將與都督制

一、前言

二、赤壁之戰前後孫軍督將的肇始與變化

三、荊州三役所見孫、劉兩軍督軍督將之演變

四、吳祚建後之由要塞督發展至軍區都督

五、劉備建國前後都督制的發展

六、蜀漢國家戰略的改變以及軍區、要塞督

七、結論

一、前　言

　　學界討論魏晉都督制之文甚多，而論述其起源及早期發展則極少。筆者昔曾撰就〈試論都督制之淵源及早期發展〉（已見本書，下文簡稱「前拙文一」）一文詳論其源起及早期發展，略謂魏晉都督制源於先秦以來的監軍制，兩漢時則有督軍制並興，性質皆屬於君主派臨軍中的擁節使者，是將軍領兵制所衍生的軍隊監督制度，至東漢浸假有取代將軍以爲統帥之勢，亦即漸由軍隊監督系統轉變爲統率指揮系統，並且從統率指揮系統復分化出作戰系統與軍區系統兩種體制；至於降至漢末始出現、包含「都督」在內的諸督將，則僅是野戰軍戰時編制的基層軍官罷了。就發展至漢末而論，則監軍使權位重於督軍使，均屬於軍隊的監督指揮層級，督將則僅爲職低位微的鬥將而已，此與魏晉擁節都督爲上，擁節監次之，擁節督又次之的常制大不相同。其間變化的趨勢，實以北方軍系董卓、袁紹、曹操等集團的發展是其主流。

　　爲此，筆者逐從當時「都督」一職，懷疑劉備所謂向孫權「求都督荊州」之事是否有確，因而另撰就〈劉備「求都督荊州」與「借荊州數郡」析論〉（下文簡稱「前拙文二」）一文，﹝註 1﹞大意略謂州郡都督實屬軍區系統，當時蓋爲中級軍職，頗以太守、中郎將等官爲之，權位低於大將重臣所任之軍區督，以故位爲左將軍領荊州牧的劉備，不至於向車騎將軍領徐州牧的孫權求取此職。考劉備所求，蓋爲「董督荊州」——以荊州牧身份索求統督荊州全般事務——之職。

　　本文乃是此二文之姊妹篇，目的爲探究孫、劉兩集團的都督制如何緣起？爲何在作戰系統之外，軍區系統又產生要塞督與軍區督之別，而與袁、曹軍制不同？要塞督與軍區督兩者關係如何，孫吳軍區督後來爲何及如何漸漸統屬於軍區都督，是否模仿了曹軍制度？而蜀漢則爲何不如此發展，以致使都督制的發展主流在曹魏而不在吳、蜀？

　　本文論述孫、劉集團此制的發展下限止於吳、蜀亡國，與前拙文一不同。之所以如此，是因爲此二集團在漢末發展時間短促，非如此斷限不足以觀其變化，更不足以論其特色；至於研究此制的權威嚴耕望先生，於其大著《魏晉南北朝地方行政制度》已暢論魏晉都督制矣，﹝註 2﹞但對二國此制則較少著

﹝註 1﹞刊載於《中國中古史研究》16 期，民國 107.12。
﹝註 2﹞嚴先生名著《魏晉南北朝地方行政制度》，列爲其所著《中國地方行政制度史》

墨，蜀漢尤少，且內中尚有可值商榷或補充之處，而小尾孟夫之《六朝都督制研究》對二國的論述更是付之闕如。〔註3〕加上漢末至魏初之間文獻不足，尤以蜀漢爲然，致使陳壽批評蜀「國不置史，注記無官，是以行事多遺」云云，〔註4〕是則蜀漢不僅闕遺於漢末至魏初時段，即使其建國以後亦然。爲求探索二國此制的特色以及解答爲何發展主流在曹魏而不在吳、蜀等問題，以故儘管研究起來相當吃力而瑣碎，致使本文不免多所考辨，乃至有冗贅之嫌，但亦不得已也。

只是與都督制有關的一些特殊軍隊建制或軍兵種，如督（都督）中外軍事、羽林督、繞帳督、解煩督、營下督、帳下督等，以及一些較常見的戰時軍兵種編制分科，如水軍督、騎督、糧督等，因與本文主旨相關性不大，格於篇幅，也就請容略過不論了。

二、赤壁之戰前後孫軍督將的肇始與變化

督將原非兩漢軍隊之常制官職，東漢末卻成爲作戰系統的戰時野戰編制，而最早出現於董卓西涼軍系的軍中。

漢中平六年（189）靈帝崩，政亂，董卓率軍入京廢少帝而立獻帝。翌年（獻帝初平元年，190）關東州郡起兵討卓，號稱義師，推袁紹爲盟主，於是董卓挾獻帝西遷長安。初平二年二月，長沙太守孫堅率軍數萬人進戰陽人，「大破卓軍，梟其都督華雄等」，〔註5〕蓋是「都督」一職之始見；不過，董軍是役之主帥並非華雄，「都督華雄」僅爲其軍胡軫部的戰鬥將校而已。實際上，是役董軍之主帥爲胡軫，史載卓「以東郡太守胡軫爲大督，呂布爲騎督」，又謂「其餘步騎將校都督者甚眾」云。〔註6〕此爲孫吳軍制史上最早遭遇有都督編制的軍隊。

此役董軍胡軫部的野戰編制爲「大督——都督（督將）——戰兵」，而作爲主帥的大督——其實大督也是督將——既然位階爲二千石之太守，則其下

乙部，臺北：中研院史語所專刊之四十五B，民國79.5三版。
〔註3〕小尾孟夫，《六朝都督制研究》，廣島市：溪水社，2001.1。
〔註4〕詳《三國志·後主傳》，卷三十三，頁902。本文所引正史，俱據臺北：鼎文書局新校標點本。
〔註5〕《三國志·孫破虜討逆傳》，卷四十六，頁1096。
〔註6〕前引句見《後漢書·董卓列傳》注所引《九州春秋》，卷七十二，頁2328；後句見《三國志·孫破虜討逆傳》注引《英雄記》，卷四十六，頁1096。按：《英雄記》謂胡軫爲「大督護」，當時無此職，蓋誤，前拙文一已辯之。

的都督位階更低，固理所當然。因此稍後叛殺董卓而逃至關東，兵力則僅有數千人的平東將軍的呂布，麾下置有一支號稱攻無不破的「陷陣營」，編制兵力僅七百餘，號爲千人，由「都督」高順所指揮。〔註7〕由此可知，董卓軍系的都督，領兵約千人，位任在將軍、太守之下，蓋可無疑。相對於此，作爲討卓群雄的諸軍，兵力稍壯亦頗編置督將諸職，顯示此軍隊戰時新編制已漸漸普及。如孫策、孫權兄弟崛起相繼領兵，所部即有都督乃至大都督之編制，是否起源於孫堅模仿董軍則不詳。

孫堅戰死於進擊荆州劉表之時，所部由其子孫策所領，發展至五六千人，遂轉戰而據有揚州的江東四郡，至獻帝建安三年（198）被曹操表爲討逆將軍，封爲吳侯。五年，策欲乘曹、袁相拒於官渡而襲許昌迎漢帝，尋爲刺客所殺。此時，孫軍已見置有督將，如史謂「策破劉勳，多得廬江人，料其精銳，乃以（陳）武爲督，所向無前。及權統事，轉督五校」；〔註8〕又謂「策表（徐）琨領丹楊太守，會吳景委廣陵來東，復爲丹楊守，琨以督軍中郎將領兵」，〔註9〕即是其例。至於直以「都督」爲稱的督將亦已見置，如《三國志·呂範傳》謂範將私客百人歸策，因屢立功，策「增範兵二千，騎五十匹。後領宛陵令，討破丹楊賊，還吳，遷都督」。裴注引《江表傳》曰：〔註10〕

> 策從容獨與範棊，範曰：「今將軍事業日大，士眾日盛，範在遠，聞綱紀猶有不整者，範願暫領都督，佐將軍部分之。」策曰：「子衡，卿既士大夫，加手下已有大眾，立功於外，豈宜復屈小職，知軍中細碎事乎！」範曰：「不然。今捨本土而託將軍者，非爲妻子也，

〔註7〕 呂布軍之「都督高順營」及「陷陣營」，「所將七百餘兵，號爲千人」，見載於《三國志·呂布傳》注引《英雄記》，卷七，頁223～224及227；《後漢書·呂布列傳》注引《英雄記》同而略簡，見卷七十五，頁2450。

〔註8〕 見《三國志·陳武傳》，卷五十五，頁1289。

〔註9〕 據《三國志·孫破虜討逆傳》，吳景是孫策之舅，曾任袁術的督軍中郎將，策後以景爲丹楊太守；徐琨則是孫權妻舅，事見《三國志·吳主權徐夫人傳》（卷五十，頁1197）。是則孫氏的兩舅皆曾以督軍中郎將領兵。

〔註10〕 見《三國志·呂範傳》並注，卷五十六，頁1309～1310。按：孫策於建安四年征黃祖，《三國志·孫破虜討逆傳》注引《吳錄》載其表，謂「臣討黃祖，以十二月八日到祖所屯沙羨縣。劉表遣將助祖，並來趣臣。臣以十一日平旦部所領江夏太守行建威中郎將周瑜、領桂陽太守行征虜中郎將呂範、領零陵太守行蕩寇中郎將程普、行奉業校尉孫權、行先登校尉韓當……等同時俱進」云云（卷四十六，頁1108），顯示呂範此前已遷都督，領兵爲孫策的部將，而此時之「領桂陽太守行征虜中郎將」，應是孫策私署之官。

欲濟世務。猶同舟涉海，一事不牢，即俱受其敗。此亦範計，非但
將軍也。」策笑，無以答。範出，更釋褠，著袴褶，執鞭，詣閣下
啓事，自稱領都督，策乃授傳，委以眾事。由是軍中肅睦，威禁大
行。

按：孫軍此時的兵力遠不及袁紹、曹操，麾下眾將校領兵多少由統帥配置，
故配都督呂範「兵二千，騎五十匹」殆已不少，即如任中郎將或校尉之周瑜
等人，所配兵力亦不過如此罷了。〔註11〕既然呂範先領宛陵令，則孫軍早期
的都督，職級應大抵與縣令相當，是以孫策謂呂範領都督是「屈小職」也。

　　撲諸史實，孫堅當年職位為行破虜將軍‧領豫州刺史，孫策此時則為討
逆將軍‧領會稽太守，父子均以雜號將軍領州郡，故麾下僅置有尚未位至將
軍的中郎將、校尉等官，而其戰時編制的都督更只是位約縣令之小職，與董
卓軍系的都督相當。此事值得注意的是，呂範原本為文官的宛陵令，故孫策
稱之為士大夫，遷都督後領兵二千、騎五十匹若已算是「大眾」，但其都督則
仍僅屬軍中統率系統的小職，故須穿軍服至討逆將軍‧領會稽太守孫策的衙
門閣下報到啓事。太守領兵本是漢制，以故太守有郡將之稱，呂範以都督軍
職銜參太守，接受軍令，顯示太守孫策的地方行政系統與軍隊統率系統仍分
開而置，即使降至建安五年孫權嗣位，曹操表權為討虜將軍，領會稽太守之
後，軍中已置有大都督之職，如史載「初，孫權殺吳郡太守盛憲，憲故孝廉
嬀覽、戴員亡匿山中，（權弟）孫翊為丹楊，皆禮致之。覽為大都督督兵，員
為郡丞」，〔註12〕然而大都督之權位仍低於太守，與魏晉之制大不同。

　　降至建安五年官渡之戰前，袁紹集團的軍制已有頗大改變。時任「大將
軍‧兼督冀、青、幽、并四州」的袁紹，集結精卒十萬、騎萬匹將攻曹操，
其戰時野戰編制是將監軍沮授所統部隊分為三都督，而分命授及郭圖、淳于
瓊各典一軍。由是言之，三都督之每一都督所統兵力理應不少，以故乃有曹
操襲擊袁軍後勤重地烏巢，殲滅其都督淳于瓊以及所督督將、騎督萬餘人之
舉，〔註13〕可見此時袁軍之戰時野戰體制為「都督－督將－戰兵」。都督權位

〔註11〕建安三年孫策授瑜建威中郎將，與兵二千人，騎五十匹；程普為吳郡都尉前
　　　　已增兵二千，騎五十匹；韓當蓋為校尉，亦授兵二千，騎五十匹，可見孫策
　　　　常配手下大將以此兵力而已。三將各見《三國志》其本傳，不贅引。
〔註12〕此事《通鑑》繫於建安九年。其後嬀覽、戴員因兵變而殺孫翊，為孫翊夫人
　　　　所平，見《三國志‧呂範傳》並注引《吳歷》，卷五十一，頁1214～1215。
〔註13〕見《三國志‧武帝紀》建安五年十月條並注引《曹瞞傳》，卷一，頁21。

已大爲提高，近乎是戰役級的主帥職，與孫權、劉表兩軍遲至赤壁之戰的建安十三年，都督一職仍爲縣令級戰鬥單位督將甚爲不同。

孫氏父子三人之死對頭——荊州刺史劉表所屬的江夏太守黃祖，軍中亦編置都督，而兩軍作戰均編有水軍都督或督，〔註14〕因此孫權、劉表之揚、荊兩軍皆以水戰見長，但水戰的編制是否與步軍同，是否仿自董軍編制已不可考。

在作戰系統之野戰督及都督出現於戰時編制約同時，袁、曹二軍亦已出現軍區督及都督的建制。官渡之戰前，袁紹之「大將軍・兼督冀、青、幽、并四州」即是軍區督的顯例，而曹操任命尚書程昱爲「東中郎將，領濟陰太守，都督兗州事」則是軍區都督之例，至於命侍中・守司隸校尉鍾繇「持節督關中諸軍」，則更是軍區主帥擁節的濫觴。蓋因群雄不論如何任命其屬爲野戰或軍區督將，性質皆是私署而非朝命，僅因曹操已挾天子而令諸侯，是以能夠或方便假朝命而爲之的緣故也。據此諸例，可見建安初期主持軍區者已稱督或都督，但除了鍾繇之外皆未擁節，而且軍區督的權位殆重於軍區都督，拙前文一蓋已析論之，於此不再贅。

孫軍此前雖已置有隸於太守而以保衛該郡爲任務的都督與大都督，但迄至建安十三年赤壁之戰發生前，猶未見有軍區都督之建置，而孫氏父子亦始終未以揚州都督或會稽都督爲稱，或許與當時孫氏僅據有揚州江東四郡之地，〔註15〕幅員褊小，而內部又僅只有山越服叛的問題，未至成爲群雄地盤

〔註14〕按：祖部之「都督蘇飛」（見《三國志・甘寧傳》注引《吳書》，卷五十五，頁1292及1293）似爲步軍都督；而同書〈呂蒙傳〉謂蒙「從征黃祖，祖令都督陳就逆以水軍出戰。蒙勒前鋒，親梟就首，將士乘勝，進攻其城。祖聞就死，委城走，兵追禽之」（卷五十四，頁1273），顯示荊州軍亦編有水軍都督。其實孫堅、孫策、孫權三父子均曾先後出征劉表，而常爲黃祖部沮敗於長江夏口、沙羨間之水域，故孫軍當亦編有水軍。建安十三年赤壁之戰前孫權先攻破黃祖「舟兵」，滅祖（《三國志・吳主權傳》建安十三年條，卷四十七，頁1118），然後始有進與曹軍交戰之事；及至曹操敗後，同年底雙方復交戰於合肥，此役即確見孫軍編有水軍之樓船督，如《三國志・董襲傳》載建安十三年「曹公出濡須，（偏將軍董）襲從（孫）權赴之，使襲督五樓船住濡須口」（卷五十五，頁1290）是也。

〔註15〕據《續漢書・郡國四》所載，東漢揚州刺史部有九江、盧江、丹陽、會稽、吳郡、豫章六郡。按：九江郡、盧江郡在江西，爲袁術之地盤，故術使孫策轉戰江東四郡。孫策定四郡後，「盡更置長吏，策自領會稽太守，復以吳景爲丹楊太守，以孫賁爲豫章太守；分豫章爲廬陵郡，以賁弟輔爲廬陵太守，丹楊朱治爲吳郡太守」（見《三國志・孫破虜討逆傳》），故名爲五郡，而實佔原

爭奪戰目標等因素有關。不過亦於此期間，「督」之作為作戰系統指揮職，已漸漸出現及推廣於孫軍編制之中，建安十三年曹操出濡須，孫權命偏將軍董襲督五樓船駐濡須口，〔註16〕即為一例。董襲之督水軍駐濡須口，殆即為孫軍之野戰督轉為要塞督的濫觴。

　　按：孫策死前孫軍戰時可能已有督軍、督將之實而無其名，如建安四年孫策征黃祖，曾上表謂「臣以十一日平旦部所領江夏太守行建威中郎將周瑜、領桂陽太守行征虜中郎將呂範、領零陵太守行蕩寇中郎將程普、行奉業校尉孫權、行先登校尉韓當……等同時俱進」云云，〔註17〕顯示此役孫策親任統帥，群雄親任統帥例不名督，是以周瑜等人均應是其分道督軍，故皆以太守中郎將等官職從之，只是諸將官職應皆是孫策所假，〔註18〕以故未採「督」為編制之名而已。及至孫權統事，勢力漸壯，乃漸出現督軍、督將之名實。例如《三國志・周瑜傳》云：

　　　　（建安三年，孫）策親自迎瑜，授建威中郎將，即與兵二千人，
　　　　騎五十匹。……頃之，策欲取荊州，以瑜為中護軍，領江夏太守，
　　　　從攻皖，……討江夏，還定豫章、廬陵，留鎮巴丘。五年，策薨，
　　　　權統事。瑜將兵赴喪，遂留吳，以中護軍與長史張昭共掌眾事。十
　　　　一年，督孫瑜等討麻、保二屯，梟其渠帥，因俘萬餘口，還備宮
　　　　亭。……十三年春，權討江夏，瑜為前部大督。

按：麻、保二屯蓋屬荊州之地，十一年之役周瑜所督的孫瑜是領眾萬餘人、時任綏遠將軍・領丹楊太守的孫權從弟；〔註19〕此外孫軍中尚見有「督張異」、「督陳勤」等督將之名，〔註20〕顯示此役之周瑜已是主持攻戰的督軍主帥，故編有眾多戰鬥督將，與董卓軍系的編制頗為類似，只是周瑜尚未稱為「大督」而已。及至建安十三年春孫權再攻江夏，而周瑜則為「前部大督」，蓋因孫權自己督軍於後，故此之「前部大督」實是前鋒大督之意，即前敵總指揮

　　江東四郡之地也。

〔註16〕同註14。

〔註17〕參《三國志・孫破虜討逆傳》注引《江表傳》，卷四十六，頁1104。

〔註18〕諸將皆以「行」為名，即非漢廷所正拜，至於江夏、桂陽、零陵三郡均屬荊州，時為劉表屬郡，孫軍連荊州邊鄙也仍未佔領，以故其為虛任遙領可想而知矣。

〔註19〕孫瑜是孫堅季弟孫靜之子，詳見《三國志・孫靜傳・瑜附傳》，卷五十一，頁1206。

〔註20〕見《三國志・凌統傳》，卷五十五，頁1296。

也。只是無論如何，周瑜由孫策初時之戰鬥督將，至孫權時已升遷爲可以主持戰役的督軍，甚至採董軍之制而直稱大督，下轄若干戰鬥督將，則已爲不爭之事實矣。此於赤壁之戰的作戰序列，可能看得較爲清楚。

赤壁之戰發生於建安十三年的下半年，即接著孫權再攻江夏之後而發生。原因是曹操入荊州，劉琮舉眾降，曹操因之得其水軍，遂統有水、步兵而欲順流下江東。孫軍將士聞之皆恐，多勸孫權迎降，惟周瑜與魯肅執拒之議，權遂遣瑜及程普等與劉備并力逆曹。就此戰役的性質而言，是孫、劉兩集團聯合作戰；作戰序列則是周瑜、程普與劉備三頭馬車，各督所部水、步諸軍遂行協同作戰，其上並無統一指揮之總司令，而參戰諸將亦均未見以「督」爲稱者，至於擔任贊軍校尉的魯肅則殆是吳軍參謀長，或兼孫、劉兩軍的聯合參謀。

劉備之事容詳下文，此處先述孫軍。《三國志・吳主權傳》扼要載云：

> 瑜、普爲左、右督，各領萬人，與備俱進，遇於赤壁，大破曹公軍。……備、瑜等復追至南郡，曹公遂北還，留曹仁、徐晃於江陵，使樂進守襄陽。……十四年，瑜、仁相守歲餘，所殺傷甚眾。仁委城走。權以瑜爲南郡太守。劉備表權行車騎將軍，領徐州牧。備領荊州牧，屯公安。

按：周瑜戰前原爲中護軍，領江夏太守，本軍有兵二千人、騎五十匹；而普傳則謂普爲盪寇中郎將，領零陵太守，本軍亦有兵二千、騎五十匹，兩人可謂勢均力敵。赤壁之戰是大戰，影響深遠，然孫權卻分瑜、普爲左、右督，各領萬人，勉強編成作戰序列，其上曾無統一指揮之部署，事後孫瑜之弟孫皎追述此事，謂幾敗國事云云。《三國志・孫靜傳・皎附傳》云：

> 後呂蒙當襲南郡，權欲令皎與蒙爲左、右部大督，蒙說權曰：「若至尊以征虜（孫皎）能，宜用之；以蒙能，宜用蒙。昔周瑜、程普爲左、右部督，共攻江陵，雖事決於瑜，普自恃久將，且俱是督，遂共不睦，幾敗國事，此目前之戒也。」權寤，謝蒙曰：「以卿爲大督，命皎爲後繼。」禽關羽，定荊州，皎有力焉。〔註21〕

〔註21〕 孫皎亦爲孫靜之子，〈皎附傳〉謂其「始拜護軍校尉，領眾二千餘人。是時曹公數出濡須，皎每赴拒，號爲精銳。遷都護、征虜將軍，代程普督夏口。黃蓋及兄瑜卒，又并其軍」，故在孫軍已算是大軍統帥。他督夏口時，「輕財能施，善於交結，……由是江淮間多歸附者」。因此孫皎應是富有軍旅經驗者，所言應不虛。參《三國志》卷五十一靜傳，頁1206～1208。

也就是說，赤壁之戰時孫權將眾督將分爲左、右兩部，其上各置督軍，職稱爲左督、右督，因此導致左督、右督彼此不服，統一指揮上頗有問題，而幾敗國事。如此之部署，或許與孫權自己督軍「續發」於後有關。〔註22〕後來孫軍欲襲取荊州關羽之時，孫權雖將左督、右督改稱爲左大督、右大督，其實恐怕仍會犯同樣的錯誤，所以孫皎才提出「目前之戒」，促使孫權改變作戰序列爲大督與後繼——相當於前部大督與後部大督，以便前敵統一指揮，而終定荊州。

　　由此可知，孫軍雖然早已有過都督、大都督、督、大督之編制，但是降至建安二十四年（219）襲取荊州之時，作戰系統各級軍官尙未完成正名以及嚴上下之分，當時之「督」既可以作爲戰役主帥之職稱，也可以作爲戰鬥將校之職稱，視用兵情況而定，運用靈活；至於此前「大都督」之職稱，既非用以名戰役的主帥，而「都督」則更僅是營級編制的戰鬥指揮而已。例如遲至建安十八年十月曹操征孫權時，《三國志·武帝紀》載其都督仍爲營級的指揮官云：

　　　　（建安）十八年春正月，進軍濡須口，攻破權江西營，獲權都
　　督公孫陽，乃引軍還。

大抵上，孫氏三父子之戰略發展，是先取揚州江東之地，然後逆江而上覬覦荊州，然而卻屢爲江夏太守黃祖所敗。在戰爭發展期間，孫權已漸明顯視戰事需要而任命野戰的戰役級或戰鬥級督將，如前引周瑜、程普、呂蒙、孫皎皆爲戰役級督軍主帥之例；至於公孫陽，則恐怕僅是戰鬥級督將，可能是濡須督麾下的江西營都督罷了，位階與早先變化不大，仍一如呂布軍中高順之爲陷陣營都督。

　　或許從《三國志·甘寧傳》所載寧從孫權攻皖，爲前部督，率領所部都督突擊偷襲曹軍之事，瞭解孫軍此時的野戰編制更爲清楚：

　　　　曹公出濡須，寧爲前部督，受敕出斫敵前營。權特賜米酒眾殽，

〔註22〕按〈周瑜傳〉載謂其年九月，曹公入荊州，劉琮舉眾降，曹公得其水軍，議者咸謂不如迎之；周瑜卻謂禽操宜在今日，「請得精兵三萬人，進住夏口，保爲將軍（孫權）破之」。注引《江表傳》則詳謂周瑜曰：「……今以實校之，彼所將中國人，不過十五六萬，且軍已久疲，所得表眾，亦極七八萬耳，尚懷狐疑。……得精兵五萬，自足制之，願將軍勿慮。」權撫背曰：「……五萬兵難卒合，已選三萬人，船糧戰具俱辦，卿與子敬（魯肅）、程公便在前發，孤當續發人眾，多載資糧，爲卿後援。卿能辦之者誠決，邂逅不如意，便還就孤，孤當與孟德決之。」見卷五十四，頁1261～1262。

寧乃料賜手下百餘人食。食畢，寧先以銀盌酌酒，自飲兩盌，乃酌與其都督。都督伏，不肯時持。寧引白削置膝上，呵謂之曰：「卿見知於至尊，熟與甘寧？甘寧尚不惜死，卿何以獨惜死乎？」都督見寧色屬，即起拜持酒，……至二更時，銜枚出斫敵。敵驚動，遂退。

此事與前述諸例，可以窺見孫軍作戰時，視情況編成升城、前部、後部、左部、右部等督，而都督——領兵戰鬥的督將——則隸屬於督之下。無論如何，可以確定的是，降至赤壁之戰後，孫軍的野戰體制，除了最高統帥（孫權）外就是「督－都督－戰兵」，上下節級的分別已漸漸清楚，而類似於董卓軍系的編制。

除此之外，據前拙文二所述，知此時孫權以「全據長江」作為國家戰略，並已漸有「夾江防禦」的軍事戰略構想；然而此前因尚未破敗劉表、黃祖而佔領荊州，故未遑依此構想而落實部署。及至赤壁之戰後，復因所佔領的荊州南郡之地已借與劉備，在劉備管治之下亦不能落實部署，以故「全據長江」的戰略態勢未能形成，「夾江防禦」之軍事戰略也不能遂行，只能於長江北岸先擇點作試驗。

所謂擇點作試驗，是指「夾江防禦」戰略下的建置軍區（州郡）都督——此時期嚴格說應是要塞督——制度試驗。軍區都督制是實施區域防禦戰略的軍事體制，但孫權此時僅有揚州所屬數郡之地，幅員不大，故無建置州郡都督之必要。揆諸戰史，赤壁之戰時曹軍從荊州南下，赤壁之戰後因與劉備對峙於襄陽——江陵一線，故此後曹軍南下遂頗改從揚州江西之壽春——合肥一線以攻吳。曹操數次由此線欲順著合肥以南之濡須水進入長江，遂使濡須口成為建安時期孫、曹兩軍必爭之地，於是被孫權選為戰略要塞建設重地，且是最早置督的要塞之一。

按：建安十三年赤壁之戰剛結束，曹操退走，曹仁奉令留守江陵，隔江與周瑜相對，此時續發的孫權，卻急不及待地率眾圍攻合肥，嗣因戰不利而曹軍援至，乃撤退。前謂建安十三年曹操出濡須，孫權命偏將軍董襲督五樓船駐於濡須口，此即應是孫軍於長江北岸最早部署要塞駐軍督之濫觴。稍後孫權借荊州南郡地予劉備，於是荊州攻防之事遂交給劉備，而自己則以經營長江下游揚州之西、東兩岸地為主，秣陵建治及濡須建塢，即成於此階段。《三國志・吳主權傳》載云：

（建安）十六年，權徙治秣陵。明年，城石頭，改秣陵為建業。

聞曹公將來侵，作濡須塢。十八年正月，曹公攻濡須，權與相拒月餘。曹公望權軍，歎其齊肅，乃退。初，曹公恐江濱郡縣為權所略，徵令內移。民轉相驚，自廬江、九江、蘄春、廣陵戶十餘萬皆東渡江，江西遂虛，合肥以南惟有皖城。

亦即曹操用移民手段，將揚州江西的廬江、九江等郡靠近江岸之地空置，用作戰略廢地，蓋因此階段孫權對曹操頗採戰略攻勢之故也。廬江、九江二郡近江之地既成戰略廢地，故孫軍勢需於江北已佔之地擇點建設要塞基地，以支援戰略攻防之用。由於此故，孫權早期在江北所置的某地督，如濡須督等，因旁無郡縣兵民可轄，因此率多為要塞督。

關於此戰略構想的施行，孫權曾與諸將討論，最後決定採納偏將軍呂蒙的建議。〈呂蒙傳〉稱其「從權拒曹公於濡須，數進奇計，又勸權夾水口立塢，所以備禦甚精」云云，此即正式建設要塞基地之先例。至於《吳錄》則載謂：

權欲作塢，諸將皆曰：「上岸擊賊，洗足入船，何用塢為？」

呂蒙曰：「兵有利鈍，戰無百勝，如有邂逅，敵步騎蹙人，不暇及水，其得入船手？」權曰：「善。」遂作之。〔註23〕

此為選擇於濡須立塢之主因，而其戰略構想已將攻防兼備考慮在內，為後來孫吳沿揚、荊二州長江南、北兩岸實施「夾江防禦」戰略的張本。《三國志・朱桓傳》敘黃武元年（222），吳王孫權與曹魏決裂，魏軍大舉攻吳，而大司馬曹仁步騎數萬向濡須時，濡須督朱桓勉勵所部，謂「桓與諸軍，共據高城，南臨大江，北背山陵，以逸待勞，為主制客，此百戰百勝之勢也。雖曹丕自來，尚不足憂，況仁等邪！」足見濡須立塢之重要與險要。

朱桓曾以盪寇校尉「督領諸將」討平丹楊、鄱陽山賊，稍遷裨將軍，後代周泰為濡須督，而《三國志・周泰傳》載泰原以別部司馬領兵，數從權征戰，曾陷陣救權，遂以戰功補為濡須口對岸的春穀長。本傳續載：

後與周瑜、程普拒曹公於赤壁，攻曹仁於南郡。荊州平定，將兵屯岑。曹公出濡須，泰復赴擊，曹公退，留督濡須，拜平虜將軍。……後權破關羽，欲進圖蜀，拜泰漢中太守、奮威將軍，封陵陽侯。

假如謂縣令級的春穀長周泰，自赤壁之戰後的建安十八年正式首任濡須督，至二十四年改拜漢中太守、奮威將軍，而後始由裨將軍朱桓代之，恐怕不符

史實。因爲此期間曾出任濡須督者，起碼尚有蔣欽、呂蒙二將。

〈蔣欽傳〉謂建安二十年欽以討越中郎將從征合肥，「魏將張遼襲權於（逍遙）津北，欽力戰有功，遷盪寇將軍，領濡須督。後召還都，拜右護軍」；〈呂蒙傳〉亦謂從「征合肥，既徹兵，爲張遼等所襲，蒙與淩統以死扞衛。後曹公又大出濡須，權以蒙爲督，據前所立塢，置彊弩萬張於其上，以拒曹公。曹公前鋒屯未就，蒙攻破之，曹公引退。拜蒙左護軍、虎威將軍。魯肅卒，蒙西屯陸口，肅軍人馬萬餘盡以屬蒙。又拜漢昌太守」。是則孫權稱王以前，先後出任濡須督者爲春穀長周泰、盪寇將軍蔣欽以及廬江太守呂蒙，最後才是裨將軍朱桓。〔註24〕

總之，濡須塢爲孫權早期建立的戰略要塞，作爲要塞之督，是隨時在據點遂行要塞保衛戰的指揮官，而與統轄數郡乃至一州之地，執行區域防禦之軍區督有所不同。要塞督既帶有相當濃厚的戰將性質，故初期位階僅爲縣令、中郎將等級，且多不領郡縣，稍後始遷至偏裨將軍或雜號將軍等級。因此，建安十八年曹軍於濡須口攻破孫權之江西營，恐怕是屯駐於濡須塢外而受濡須督指揮之別營，至於所獲之都督公孫陽，則應是此營的指揮官，此編制與孫軍當時新形成之「督－都督－戰兵」野戰體制正相符合。

無論如何，孫策死前攻佔揚州原有之江東四郡，再將之分爲五，自以討逆將軍領會稽太守，而以吳景爲丹楊太守，以孫賁爲豫章太守，朱治爲吳郡太守；並分豫章爲廬陵郡，以賁弟輔爲廬陵太守，是故建安五年孫權統事後，曹操雖表權爲討虜將軍領會稽太守，但轄區仍僅有此五郡，至多再包有赤壁之戰前夕從黃祖手中奪來的荊州江夏郡部分地區而已，所轄尚不及原揚州刺史部之大。即使降至赤壁之戰後的建安十四、五年，劉備表權行車騎將軍領徐州牧，而備自領荊州牧時，孫權實際所轄幅員仍無太大改變，所領徐州牧不過只是遙領虛銜罷了，是以始終不需建立州郡都督的軍區體制，甚至連要塞督也未落實施行。若是，則以左將軍領荊州牧的劉備，向並未施行軍區都督制之行車騎將軍領徐州牧孫權「求都督荊州」，乃是絕不可能的情事，應是「求董督荊州」——即求加重總督荊州事務的全權——之訛誤，前拙文二已

〔註24〕逍遙津之役發生於建安二十年，明見《三國志·甘寧傳》，卷五十五，頁1294～1295，〈賀齊傳〉亦然，但蔣欽還都時間不詳；至於〈吳主權傳〉將中分荊州及征合肥二役統繫於十九年，殆誤，或許曹軍於十九年來征，二十年遂發生逍遙津之役。〈呂蒙傳〉所謂「後曹公又大出濡須」，應在二十一年；魯肅卒於二十二年，故蒙是年移屯陸口，尋拜漢昌太守。

詳究之，於此不再贅說。

三、荊州三役所見孫、劉兩軍督軍督將之演變

　　孫、劉、曹皆靠私募部曲起家，漸次依上述方式發展壯大，史傳所述已多，前拙文一既已析論述曹軍的發展，茲不復贅。此處僅欲以建安十三年赤壁之戰後，孫軍與劉軍的演變情況，概略窺察此兩集團之都督制發展罷了，而由孫吳方面始。

　　孫、劉本爲同盟，且結有婚姻，但是基於集團利益，天下卻也並無永久的盟友甚至親戚。爲了生存與發展的利益，此下孫、劉兩軍曾發生過三次荊州之役：

　　第一次爲建安二十年（215）孫權以戰爭方式向劉備索還荊州之役；

　　第二次爲建安二十四年（219）孫權襲取荊州之役；

　　第三次爲魏文帝黃初三年（漢昭烈帝章武二年，222）漢帝劉備報荊復仇之役。

　　茲依次序析述之如下。

　　前拙文二曾詳析孫權集團的國策與開國戰略魯肅早已代籌，即「鼎足江東，以觀天下之釁；……剿除黃祖，進伐劉表，竟長江所極，據而有之；然後建號帝王以圖天下」。周瑜死前且已著手整備軍隊，企圖實踐西攻巴蜀以及北伐襄陽之既定戰略。及至魯肅卒，呂蒙代領其職務與軍隊，密陳計策，建議「不如取（關）羽，全據長江，形勢益張」。史謂「權尤以此言爲當」云。孫權之所以贊同此策，蓋因其早已有必爭荊州的構想，戰略目標極爲清楚明確之故。至於劉備的國家目標與開國戰略，則稍晚至諸葛亮始爲之代籌，此即二人在隆中所對的構想：

> 　　今（曹）操已擁百萬之衆，挾天子而令諸侯，此誠不可與爭鋒。
> 孫權據有江東，已歷三世，國險而民附，賢能爲之用，此可以爲援
> 而不可圖也。荊州北據漢、沔，利盡南海，東連吳會，西通巴、蜀，
> 此用武之國，而其主不能守，此殆天所以資將軍，將軍豈有意乎？
> 益州險塞，沃野千里，天府之土，高祖因之以成帝業。……若跨有
> 荊、益，保其嚴阻，西和諸戎，南撫夷越，外結好孫權，內脩政理；
> 天下有變，則命一上將將荊州之軍以向宛、洛，將軍身率益州之衆
> 出於秦川，百姓孰敢不簞食壺漿以迎將軍者乎？誠如是，則霸業可

成，漢室可興矣。

將孫、劉的國家目標與開國戰略兩相比較，則孫權之目標是欲創建帝業，故先求保守江東，再求西進發展，是以必爭荊州以成「全據長江，形勢益張」之勢；而劉備則是欲興復漢室，因此必須優先北伐，故俟天下有變則從荊、益發動鉗形攻勢以滅曹。劉備構想既然如此，以故僅能對孫權採取守勢，並且因刻意結好，使自己缺乏適當的警惕與防範，是以對孫喪失了戰略上的行動自由權。據此可知，孫權何以採取戰略主動，雖收回荊州三郡猶不滿足之原因矣。

第一次孫、劉荊州之役，概略如《三國志‧吳主權傳》所載：

> 是歲（建安十九年）劉備定蜀。權以備已得益州，令諸葛瑾從求荊州諸郡。備不許，曰：「吾方圖涼州，涼州定，乃盡以荊州與吳耳。」權曰：「此假而不反，而欲以虛辭引歲。」遂置南三郡長吏，關羽盡逐之。權大怒，乃遣呂蒙督鮮于丹、徐忠、孫規等兵二萬取長沙、零陵、桂陽三郡，使魯肅以萬人屯巴丘以禦關羽。權住陸口，為諸軍節度。……會備到公安，使關羽將三萬兵至益陽，權乃召蒙等使還助肅。蒙……盡得三郡將守，因引軍還，與孫皎、潘璋并魯肅兵並進，拒羽於益陽。未戰，會曹公入漢中，備懼失益州，使使求和。權令諸葛瑾報，更尋盟好，遂分荊州長沙、江夏、桂陽以東屬權，南郡、零陵、武陵以西屬備。備歸。

前拙文二已述赤壁之戰前，雙方是否曾有戰後分地協議已不可知，而劉備則於戰後實有借得荊州地——僅南郡一郡——之事實，並將此郡析置為南郡、襄陽郡與宜都郡三郡，故仍勉強可算為向權借得荊州數郡之地。〔註25〕因此，

〔註25〕 胡三省於《通鑑》漢獻帝建安十四年十二月條注「周瑜分南岸地以給備」時，謂「荊江之南岸，則零陵、桂陽、武陵、長沙四郡地也」；又云：「荊州八郡，瑜既以江南四郡給備，備又欲兼得江、漢間四郡也。」似有意指射劉備貪得無厭。按：荊江南岸零陵、桂陽、武陵、長沙四郡之地，本就是劉軍南徇所得，談不上由「周瑜分」之，故胡注不可信。至於江、漢間四郡，於赤壁戰後分為曹、孫所佔，劉備又焉能欲兼得之？因此之故，所謂「周瑜分南岸地以給備」也者，蓋指分油口——後稱公安之地。其後劉備所欲借之荊州地，則指時正掌握在孫軍手中的南郡、江夏、長沙等地。事實上孫權僅借予南郡之地而已，其江夏、長沙部分則仍保留不借。由於劉「備立營於油口，改名公安」，是位於南郡江南之一小塊地區，且當時是貧瘠沼澤之區帶，是以劉「備以瑜所給地少，不足以安民」作為借地之藉口耳；如果是分給長沙等四郡之地，則尚安能謂所給地少耶？裴松之於〈上三國志注表〉謂壽書「失在于略，

孫權「令諸葛瑾從求荊州諸郡」，則起碼應指此三郡而言。然而觀上述劉備推託之詞，不僅只是虛辭而已，且大似有曾答應孫權，若能借予南郡地，則將來地盤擴張之後，將連江南諸郡也一併割與孫權之意。其情若屬實，即是意謂劉備以江南諸郡爲餌，誘使孫權答應借江北之南郡地也，所以孫權對劉備之失信才會大怒，竟怒至決意破盟興兵。

　　爲此之故，當孫權判斷劉備託辭而虛與委蛇後，遂決然逕自任命接近其地盤的南三郡——指長沙、零陵、桂陽三郡——長吏。及至諸長吏被劉備授權之「董督荊州事」關羽驅逐後，乃決定敗盟開戰，毅然遣呂蒙督軍取此三郡，另遣原駐陸口的魯肅率部向西移防巴丘以禦關羽，自己則進駐陸口以爲諸軍的總指揮。由於孫權發起此戰時，是令原駐於陸口的魯肅進駐湘水、洞庭匯入長江口之要塞巴丘——也就是周瑜當年身死之地，而自己則進駐魯肅原駐地，兩軍分爲呂蒙部之掩護及支援，所以呂蒙乃能迅速取得三郡。相對的，劉備始終似未眞切瞭解孫權的國家戰略，而又急於整治新佔領地益州，是以此戰未戰即已喪失先機。及至劉備親自率軍回援，進駐公安，卻未順江而下進攻巴丘，直指陸口；反而是抽調原被魯肅牽制之關羽，率部南下洞庭湖南部的益陽，欲與呂蒙爭鋒以救三郡，是則劉備至此仍無意與孫權大決可以知矣，故謂軍事行動自由權盡失。由於魯肅、呂蒙兩軍之戰場態勢是外線作戰，益陽地形亦不利於關羽，以故益陽會戰並未發生，而關羽軍則被魯肅、呂蒙成功堵截於益陽附近的關羽瀨，雙方呈現膠著對峙狀態，〔註26〕會劉備得知曹操進軍漢中，懼失益州，以故遣使求和，此戰遂以中分荊州結束。

　　綜觀此戰過程，孫、劉均是親自督陣，而前線兵力各約三萬人。據孫軍前線諸將各本傳考察，彼等皆以不帶「督」銜的太守或雜號將軍指揮作戰。不過，劉軍董督荊州事的盪寇將軍・襄陽太守關羽所部，此時恐怕已編有野戰都督之職（詳下），而主攻的孫軍呂蒙部主帥呂蒙，則是以偏將軍領尋陽令的官職督軍，另一別道主帥昭信中郎將呂岱亦督孫茂等十將從取長沙三

時有所脫漏」，是則其所載借地之事即可作爲顯例，致使胡三省爲之誤注。筆者前拙文二即爲此而作詳辯，於此不再贅。

〔註26〕《三國志・甘寧傳》載寧「隨魯肅鎭益陽，拒關羽。羽號有三萬人，自擇選銳士五千人，投縣上流十餘里淺瀨，云欲夜涉渡。肅與諸將議。寧時有三百兵，乃曰：『可復以五百人益吾，吾往對之，保羽聞吾欬唾，不敢涉水，涉水即是吾禽。』肅便選千兵益寧，寧乃夜往。羽聞之，住不渡，而結柴營，今遂名此處爲關羽瀨」，見卷五十五，頁1294。按：益陽縣上流是指湘水支流資水流經縣西北之地。

郡，〔註27〕以阻拒掩護為任務之魯肅，此時仍為橫江將軍・漢昌太守。兩軍主將編階如此，蓋與孫、劉二人此時也仍只是州牧、將軍之位階有關。且又由於此役既以和解分地的方式結束，以故雙方均未於鄰接地區，派駐以「督」統領隨時敵對作戰的駐軍。

第二次荊州之役發生在建安二十四年，孫權趁關羽北攻曹仁於襄陽之時，派遣呂蒙等襲取荊州。

此役發生的關鍵因素，筆者以為與孫權欲徹底完成其國家戰略有密切關係。因為孫、劉雖中分荊州，大抵以湘水為界，長沙、江夏、桂陽以東屬權，南郡、零陵、武陵以西屬備，但掌握於劉備手中的南郡（及其分置的宜都、襄陽郡），地緣戰略最重要，且位居吳屬長沙、江夏二郡之上游，對二郡下游的揚州威脅亦大，且使孫權「全據長江，形勢益張」的戰略目標不能達成，以故孫權非要取得不可，只是考慮時機上的問題而已。或許沒有太在意孫權戰略構想的劉備，保有南郡實懷璧其罪，是其不智之舉，然而卻又不得不保有，否則其北伐的戰略構想即無以實踐。因此，荊州南郡之擁有與否，對劉備而言是兩難之勢，對孫權而言則是志在必得，厥為此戰之關鍵因素，可以無疑。

戰前孫皎已以都護・征虜將軍・江夏太守代程普督夏口，呂蒙則以左護軍・虎威將軍・漢昌太守代魯肅督陸口，孫權原本作戰序列是仿赤壁之戰，欲令孫皎與呂蒙為左、右部大督，領兵西攻，尋因呂蒙意見，遂改以呂蒙為「大督」，孫皎為後繼，前文已述。是役，孫軍因採取奇襲戰術，以故為了鬆懈關羽之警惕戒備，呂蒙先稱疾回建業，密請以孫權的帳下右部督陸遜自代，權遂召遜為偏將軍・右部督代蒙至陸口。陸遜既至，修書與關羽申其謙下自託之意，令羽「意大安，無復所嫌」，然後具啟形狀，陳羽可擒之要。「權乃潛軍而上，使遜與呂蒙為前部，至即克公安、南郡」，〔註28〕尋擒斬關羽等。《三國志・吳主權傳》略載戰況云；

> （建安）二十四年，關羽圍曹仁於襄陽，……閏月，權征羽，先遣呂蒙襲公安，獲將軍士仁。蒙到南郡，南郡太守麋芳以城降。蒙據江陵，撫其老弱，釋于禁之囚。陸遜別取宜都，獲秭歸、枝江、夷道，還屯夷陵，守峽口以備蜀。關羽還當陽，西保麥城。……十

〔註27〕呂岱事見《三國志・呂岱傳》，卷六十，頁1384。

〔註28〕呂蒙、孫皎、陸遜當時官職各見《三國志》本傳，欺敵奇襲則分詳蒙、遜二傳，不贅。按：此處謂孫皎任江夏太守，是因其代原江夏太守程普之缺也。

二月，（潘）璋司馬馬忠獲羽及其子平、都督趙累等於章鄉，遂定荊
州。

此役之所以能迅速以完勝結束，就戰略言，與孫權戰前充份祕密部署準備，
君臣一心有關；而與關羽當時全力專注北伐，鬆弛對孫軍警戒，且留部異心
不齊亦有關。就戰術言，關羽主力集中於前線北伐，而在孫軍奇襲之下，留
後大本營公安先降，導致行政中心江陵必不能保，故孫軍之作戰可謂選擇非
常正確。

　　嚴格而言，關羽之北伐不能謂完全違反既定國家戰略，只是劉備尚未部
署妥當，而關羽即擅自北伐而已。蓋建安二十三年秋曹操西征劉備，另命征
南將軍曹仁討關羽，屯樊城，以故劉備集團此時的作戰態勢是兩線被攻而非
鉗形北伐。及至翌年三月曹操軍臨漢中，於陽平與劉備相拒，而南陽間則因
苦繇役，郡治所在之宛城守將侯音等與吏民共反，連和關羽，使關羽認為有
機可乘，遂率都督趙累等擅自冒險出兵。由於建安二十四年正月，曹仁迅速
屠宛斬音，於是關、曹兩軍乃正面交鋒。會霖雨十餘日，沔水暴溢，曹軍立
義將軍龐悳部為水所困，乃謂督將成何曰：「吾聞良將不怯死以苟免，……今
日，我死日也！」奮戰不降，為羽所擒殺。〔註29〕並且，假節鉞率軍來援的
左將軍于禁，此時也因沔水暴溢之故，七軍皆沒，而降於關羽。〔註30〕

　　筆者之所以如此冗贅，蓋為指陳劉、曹、孫三支軍隊的戰時編制。可以
說，三支軍隊發展至此，基本上仍皆是漢制的將軍領兵制，但已有些變化，
即將軍之下置有督將，而劉軍之督將更直稱為「都督」，位於太守之下，應是
劉備地盤擴張、兵力壯大後沿襲董卓以來的新編制，且可能在第一次荊州之
役時期已施行。至於孫軍編制中，呂蒙、孫皎皆以將軍督軍，在作戰序列上，
呂蒙更直任為「大督」，孫皎為繼督，其實俱為大督。孫軍很早即編有以大都
督、都督為稱的野戰督將，而此戰既置大督為總帥，則其下亦必援例編有諸
督以遂行作戰，陸遜之為右部督應即為其一例。置大督以為戰役總帥，不必
最高統帥事事親征之例既開，故第三次荊州之役時吳軍遂置有「大都督」的
編制——自此將「大都督」取代「大督」以為戰役總帥也，於是孫吳之都督
制乃開始漸有眉目。

　　第二次荊州之役結束於建安二十四年十二月。翌年（220）正月魏王曹操

〔註29〕詳《三國志・武帝紀》建安二十三、二十四兩年諸月條，及同書〈龐悳傳〉，
　　　　卷十八，頁546。
〔註30〕詳《三國志・于禁傳》，卷十一，頁524。

薨，子丕嗣位，同年十月丕受漢禪，改元黃初。又翌年——魏文帝黃初二年
（221）四月，漢中王劉備即皇帝位，改元章武。章武元年七月，漢帝劉備親
征孫權，遂發生第三次荊州之役，不過兵敗而退，孫、劉互爭荊州經年，至
此乃止。

先主劉備出兵之前，已被曹操生前表為假節・驃騎將軍・領荊州牧・南
昌侯的孫權，遣使向魏帝曹丕卑辭稱臣。魏侍中劉曄建議：「權無故求降，必
內有急。權前襲殺關羽，劉備必大興師伐之。外有強寇，眾心不安，又恐中
國往乘其釁，故委地求降，一以卻中國之兵，二假中國之援，以強其眾而疑
敵人耳。……宜大興師，徑渡江襲之。蜀攻其外，我襲其內，吳之亡不出旬
日矣。」〔註31〕曹丕不納，遂受權降，遣使策命權為吳王，以大將軍使持節・
督交州，領荊州牧事，〔註32〕使權能專心抗備。翌年——黃初三年（222），
孫權在擊敗漢軍之後，復與魏破裂。魏文帝興兵致討，吳與漢復交，建元黃
武。

《三國志・陸遜傳》扼載吳與蜀漢第三次荊州之役概況云：

　　黃武元年，劉備率大眾來向西界，權命遜為大都督、假節，
〔註33〕督朱然、潘璋、宋謙、韓當、徐盛、鮮于丹、孫桓等五萬
人拒之。備從巫峽、建平連圍至夷陵界，立數十屯，……使將軍馮
習為大督，〔註34〕張南為前部，輔匡、趙融、廖淳、傅肜等各為

〔註31〕劉曄之言見《通鑑》魏黃初二年八月條，卷六十九，頁2192。按：《三國志・
劉曄傳》無載此言；又，劉備若已起兵，則魏斷無不知之理，何以劉曄所謂
「權無故求降，必內有急。權前襲殺關羽，劉備必大興師伐之」竟是推測之
辭，而《通鑑》則繫之於八月？事有可疑，待考。不過，所謂孫權「恐中國
往乘其釁，故委地求降，一以卻中國之兵，二假中國之援」，則殆為實情。
〔註32〕策文見《三國志・吳主傳》黃初二年十一月條，卷四十七，頁1122～1123。
按：當時曹丕已踐祚稱帝。
〔註33〕《三國志・吳主權傳》作「權以陸遜為督，督朱然、潘璋等以拒之」，見卷四
十七，頁1122～1123。按：竊疑此處第一個「督」字乃是「大都督」的省文，
而又省卻「假節」二字。蓋「大都督」與「都督」為孫軍作戰系統的戰時編
制，說已見前。由於孫軍先前有「大督」之名，故此處孫權以軍區都督——
使持節・督交州・領荊州牧事・吳王——之身分，任命陸遜為作戰系統戰時
編制之假節・大都督。州都督任命其屬下為戰時野戰軍主帥之大都督，驟看
似不合體制，其實正合魏晉定制前初起之漢末制度也；而孫權已冊吳王，故
陸遜所假之節，應即為吳王之節。
〔註34〕馮習或謂是護軍，如《三國志・潘璋傳》載「劉備出夷陵，……璋部下斬備
護軍馮習等」，卷五十五，頁1300。按：護軍多有本官，如第二次荊州之役呂
蒙以左護軍・虎威將軍領漢昌太守，或許馮習是以某將軍充護軍，故史傳多

別督，先遣吳班將數千人於平地立營，欲以挑戰。……

　　（遜）以火攻拔之。一爾勢成，通率諸軍同時俱攻，斬張南、馮習及胡王沙摩柯等首，破其四十餘營。……備升馬鞍山，陳兵自繞。遜督促諸軍四面蹙之，土崩瓦解，死者萬數。備因夜遁，……僅得入白帝城。其舟船器械，水步軍資，一時略盡，尸骸漂流，塞江而下。

由於孫權已被封爲吳王，以故此次征伐用兵，作戰編序遂以假節‧大都督爲統帥，朱然等督則殆爲其下之督軍，是以火攻時諸軍同時俱攻；至於漢帝劉備雖自親征，但其軍捨船就步，非順長江而下，故江南陸路主力亦編置大督、別督諸職，與吳軍名異而實同，江北別動則命黃權爲鎮北將軍，「督江北軍以防魏師」，〔註35〕其實也就是「別督」之一，所部即是爲防範魏軍側翼來襲的掩護部隊。若史書所記叮信，則此戰即應是三國初始，敵對雙方戰役編制有征伐大都督之始見，只是漢軍此役首次編有「大督」，而未如吳軍般直稱「大都督」罷了。先前孫軍襲荊是以呂蒙爲「大督」，孫皎爲繼督，劉備蓋仿於此歟？然而溯其源，兩軍實皆沿承靈、獻之際董軍的野戰編制也。

　　又按：黃武元年即魏黃初三年、漢章武二年，此時魏文帝曹丕已建立作爲大帥級的軍區（州）都督制，但吳、蜀尚未實行。不過，東漢後期督軍制原就從監軍性質而兼向統帥性質傾斜發展，因此督軍作爲征伐軍統帥的性質愈後愈明顯，只是將征伐「都督」提升至大帥級職稱，是以曹操於建安二十二年任命夏侯惇爲始，而職稱提升爲「大都督」，則是以孫權爲先。或許因吳王權當時已是魏臣，以故承用魏此甫行的新制而變化之，也因此「大都督」的職稱亦可視爲魏制的職稱。至於漢帝劉備，則因其國號仍爲漢，以故仍沿用漢之舊制歟？再者，孫軍在第二次荊州之役前已有將護軍充作主帥的傾向，故大將頗加護軍、都護諸職，劉備此役亦以護軍馮習爲大督，〔註36〕恐怕也是沿承漢末以來護軍督軍化之趨勢，而兼採吳軍之體制也。

　　不僅此也，東漢督軍制的功能主要在監軍指戰與監督駐軍，而在陸遜假

稱其爲將軍。

〔註35〕《三國志‧黃權傳》明確謂權「督江北軍以防魏師」，未謂是江北諸軍大督，尋因江南軍敗退，江北軍亦因道路隔絕而不得還，以故黃權率所部降于魏，見卷四十三，頁1044。

〔註36〕據《三國志‧潘璋傳》，謂「劉備出夷陵，璋與陸遜并力拒之，璋部下斬備護軍馮習等」云（卷五十五，頁1300），可能馮習是以某將軍、護軍充任戰時的大督。

節爲大都督以前，吳軍戰時各級指揮官編有大督、督以及其下的都督諸等級，亦有左、右、前、後部督等作戰序列之分，戰鬥職能分化頗細。例如前引〈甘寧傳〉，謂寧拜西陵太守時云：

> 後從攻皖，爲升城督。寧手持練，身緣城，爲吏士先，卒破獲（魏太守）朱光。計功，呂蒙爲最。寧次之，拜折衝將軍。後曹公出濡須，寧爲前部督，受敕出斫敵前營。權特賜米酒衆殽，寧乃料賜手下百餘人食。……乃酌與其都督。都督伏，不肯時持。寧引白削置膝上，呵謂之，……都督見寧色屬，即起拜持酒，通酌兵各一銀盌。至二更時，銜枚出斫敵。敵驚動，遂退。

是則皖城之戰，孫權親征，甘寧所任升城督在作戰序列是攻城指揮官，其部下之都督則爲攻城的分隊隊長。戰後論功之所以以呂蒙爲最而寧次之，是因甘寧之任升城督實爲前敵總指揮呂蒙所薦。〔註 37〕因此，此役的作戰序列應爲：統帥（行車騎將軍孫權）－督（前敵總指揮左護軍・虎威將軍呂蒙）－升城督（攻城部隊指揮、西陵太守甘寧）－都督（攻城分隊指揮）－兵（攻城戰士），其節制層級甚爲明確。

至於此戰之前，〈呂蒙傳〉載蒙曾以偏將軍領尋陽令，後督濡須駐軍云：

> 後從權拒曹公於濡須，數進奇計，又勸權夾水口立塢，所以備御甚精。……後從權拒曹公於濡須，數進奇計，又勸權夾水口立塢，所以備御甚精，……（第一次荊州之役）師還，遂征合肥，既徹兵，爲張遼等所襲，蒙與（右部督）凌統以死扞衛。後曹公又大出濡須，權以蒙爲督，據前所立塢，置彊弩萬張於其上，以拒曹公。曹公前鋒屯未就，蒙攻破之，曹公引退。拜蒙左護軍、虎威將軍。

濡須口是孫權戰略東線之江北要塞，呂蒙勸權夾水口立塢以爲平時之備，所以其後張遼等來攻時，孫權遂以蒙爲濡須督——濡須要塞指揮官，其下之作戰序列則尚有右部督・盪寇中郎將・領沛相甘凌等。〔註 38〕

由以上二例及《三國志》與《晉書》其他吳將諸傳事跡所載，知孫權稱帝前即於長江南北兩岸相當於村級、鄉級或縣級要塞——如公安、樂鄉、夏

〔註 37〕 《三國志・呂蒙傳》：「權親征皖，引見諸將，問以計策。蒙乃薦甘寧爲升城督，督攻在前，蒙以精銳繼之。侵晨進攻，蒙手執枹鼓，士卒皆騰踊自升，食時破之。」卷五十四，頁 1276。

〔註 38〕 〈呂蒙傳〉見同上注頁 1275 及 1277。甘寧本官見《三國志・甘寧傳》，卷五十五，頁 1296。

口等皆因地居衝要而建城,當時實未置縣〔註 39〕——逐漸派置駐軍,指揮官則是以該要塞命名之督,用以實施「夾江防禦」的軍事戰略。這些要塞督督兵於要塞,彼此之間構成互相支援的防禦線,有事則發兵相繼,此即吳軍所謂的「江渚諸督」。江渚諸督的設置用於防禦而非用於進攻,曾經引起濡須督鍾離牧的遺憾;〔註 40〕而吳末名將巴丘都督陸凱則曾欲進諫,直謂「先帝戰士,不給他役,使春惟知農,秋惟收稻,江渚有事,責其死效」云,更可概見江渚諸要塞的兵將,其平時與戰時之任務實僅止於此。〔註 41〕當然,這些要塞督並非一時之間同時並置,而是隨著孫權的開疆拓土而陸續設置者,且因其彼此之間具有互相支援的戰略關係,以故其後有些要塞督遂可能由督要塞漸漸擴大為督軍區,如前述的陸凱由巴丘督升為巴丘都督即是其例。此中最明顯之例並非陸凱,而是在第三次荊州之役後,陸遜由征伐野戰軍大都督統兵留駐西陵,漸由西陵督實際成為孫吳最重要的大督區主帥——西陵都督,逼使蜀漢也不得不於永安要塞置督,漸成巴東都督。

　　孫權要塞督設置的時間以及督區的擴大多不可考,其指揮官之職名頗常見於史傳者,厥有濡須督、夏口督、虎林督、沔中督、西陵督、巴丘督、武昌督、蒲圻督、京下督、都下督、廣州督、徐陵督、江陵督、蕪湖督、無難督、牛渚督、柴桑督、武昌督、樂鄉督、公安督、中夏督等等。及至吳朝建立以後,都督地位漸提高至在督之上,以故有些較重要或督區擴大後的指揮官職稱也改稱為都督,此即已是郡級的擁節軍區都督矣,如夏口督孫壹奔降於魏後,魏帝稱其為「吳使持節、都督夏口諸軍事、鎮軍將軍、沙羡侯孫壹」,〔註 42〕只是較常見於史傳者蓋為西陵都督、樂鄉都督等軍區都督罷了。這些要塞督之漸變為擁節軍區大督或都督,應是孫吳仿效魏晉施行常都督制而漸變的結果,但運用起來似乎更為靈活而得心應手。

　　關於要塞督與軍區都督之演變及分際既明,則都督制研究權威嚴耕望先生所論吳都督區或許有些矛盾誤會之處,〔註 43〕於此僅提供鄙見以概略說明之。

〔註 39〕　參《水經注疏・江水三》楊守敬疏,卷三十五,頁 2874。

〔註 40〕　「江渚諸督」用於防禦而非用於進攻,鍾離牧由公安督遷濡須督,即曾以此引以為憾。詳參《三國志・鍾離牧傳》並裴注所引之《會稽典錄》,卷六十,頁 1393。

〔註 41〕　參《三國志・陸凱傳》,卷六十一,頁 1407。

〔註 42〕　見《三國志・三少帝紀・高貴鄉公髦紀》甘露二年六月乙巳詔,卷四,頁 140。

〔註 43〕　嚴先生所論請參前揭書頁 27～34,此處非必要不再贅引頁碼。

　　按：孫軍野戰諸督在孫權猶是行車騎將軍‧徐州牧時代，率多以都尉、校尉或中郎將充之。孫氏父子對所部採行世襲領兵制，故這些軍官父子兄弟繼襲之間，率多督原部留駐原地，並漸加「督」名。隨著勢力壯大，要塞漸多，孫權遂逐漸以雜號將軍充任要塞督。及至原爲野戰基層軍官之「都督」，名位發展至將軍級別，漸居「督」之上，遂建立起仿傚魏晉體制之軍（野戰軍）都督制以及常（州郡軍區）都督制，使「都督」提升爲征伐戰役大帥或軍區防禦大員之職稱。此種變化發展，與孫軍最高統帥孫權由行車騎將軍、驃騎將軍、大將軍，以至接受封王及獨立稱帝的身份改變有關。

　　例如，第二次荊州之役後，行車騎將軍孫權襲殺關羽而還，拜平南將軍呂範爲「建威將軍，封宛陵侯，領丹楊太守，治建業，督扶州以下至海」；〔註44〕及至孫權被冊封爲使持節‧大將軍‧督交州‧領荊州牧事‧吳王後，綏南將軍‧領南郡太守‧宣城侯諸葛瑾則於「黃武元年，遷左將軍，督公安，假節，封宛陵侯」；〔註45〕降至孫權稱帝後，拜假節‧左護軍‧驃騎將軍，領冀州牧步騭「都督西陵，代陸遜撫二境」。〔註46〕此三例，由呂範之督扶州以下至海而未擁節，至諸葛瑾之假節督公安，以至步騭之假節都督西陵，均可證諸人的官爵隨著孫權身份的改變而水漲船高，由無節督變爲擁節督以至變爲擁節都督的制度性發展。孫吳此常都督制發展雖晚於魏晉，但其受魏晉制度的影響則無可置疑。

四、吳祚建後之由要塞督發展至軍區都督

　　孫權在赤壁之戰後、第一次荊州之役前，即是行車騎將軍時期，已開始於要塞設置督將，如前述濡須口之部署即爲明例。在第二次荊州之役襲取荊州後，領地大拓，但由於「全據長江，形勢益張」的戰略目標尚未完全達成，

〔註44〕見《三國志‧呂範傳》，卷五十六，頁1310。
〔註45〕瑾傳見《三國志》，卷五十二，頁1233。
〔註46〕騭傳見《三國志》，卷五十二，頁1237。按：陸遜在第三次荊州之役大勝劉備之後，加拜輔國將軍，領荊州牧，治所蓋在西陵，鎮守三峽以防蜀漢。及至黃龍元年吳王權稱帝，拜上大將軍、右都護。「是歲，權東巡建業，留太子、皇子及尚書九官，徵遜輔太子，並掌荊州及豫章三郡事，董督軍國」，直至赤烏七年代顧雍爲丞相，猶詔「其州牧都護領武昌事如故」，詳見《三國志》卷五十八本傳。據此，姑不論步騭「代陸遜撫二境」所指確爲何地，要之陸遜鎮守西陵，有「都督西陵」之實而卻無其名，是以嚴先生謂「西陵都督始於陸遜，但遜傳不云督」（前揭書，頁29）。鄙意名實之間或許尚值斟酌，蓋孫吳當時尚未以「都督」作爲軍區統帥之職稱也。

而戰略情勢卻已從主動變爲被動——即需北防曹操、西拒劉備之態勢變化，以故孫權遂逐漸於緣邊置督，並日益推廣之，甚至於其上設置大督或都督以爲統御。

荊州西部地區是孫吳北防曹操、西拒劉備最吃重的區域。茲從此地區開始，順長江東下，折南至交廣，略論其戰略情勢以及置督或置大督以及都督的情況，以概見孫吳此制的發展演變。

據〈呂蒙傳〉，偏將軍領尋陽令呂蒙於魯肅死後，奉令「西屯陸口，肅軍人馬萬餘盡以屬蒙。又拜漢昌太守」，當時魯肅、呂蒙均未以督爲名，而是以將軍太守統領政軍。及至呂蒙獻計襲取荊州後，拜南郡太守，尋卒，由朱然繼其領軍之任。《三國志‧朱然傳》載云：

> 朱然……本姓施氏。……曹公出濡須，然備大塢及三關屯，拜偏將軍。建安二十四年，從討關羽，別與潘璋到臨沮禽羽，遷昭武將軍。……虎威將軍呂蒙……卒，權假然節，鎮江陵。黃武元年，劉備舉兵攻宜都，然督五千人與陸遜并力拒備。……備遂破走。拜征北將軍……。

> 黃龍元年（吳大帝權稱帝元年，229），拜車騎將軍、右護軍，領兗州牧。頃之，以兗州在蜀分，解牧職。嘉禾三年（吳大帝，234），權與蜀克期大舉，權自向新城，然與全琮各受斧鉞，爲左右督。會吏士疾病，故未攻而退。赤烏五年，……遣使拜然爲左大司馬、右軍師。……諸葛瑾子融、步騭子協，雖各襲任，權特復使然總爲大督。……赤烏十二年卒。……子績嗣。……襲業，拜平魏將軍，樂鄉督。

是知朱然雖以將軍假節鎮江陵，但猶無江陵督或都督之類名義，而卻有督將之實。其督所部五千人與陸遜并力拒劉備，正是當時假節大都督陸遜所督五萬人的戰時督將之一，蓋由軍區督將轉爲野戰督將，率江陵所部編入陸遜之作戰序列也。直至十三年後的嘉禾三年，孫權已稱帝，並與蜀漢恢復盟好，漢、吳相約分道大舉攻魏，而朱然與全琮猶且分任吳軍之前敵左，右督，戰時編制仍與赤壁之戰時相當，可見孫吳都督制的發展相當遲緩，落後於魏。又，依世襲領兵制的慣例看，朱然之子朱績既襲業爲樂鄉督，則朱然死前似應是以左大司馬‧右軍師充任此督，情況頗似當年陸遜之在西陵而鎮荊州也，故嚴耕望先生謂「江陵實無督」，朱然之所謂鎮江陵，其實是「以樂鄉

在江陵對江不遠，屯樂鄉，即以鎮江陵也」。〔註47〕另外宜注意的是，諸葛瑾之子融襲任爲公安督、步騭之子協襲任爲西陵督後，孫權特命朱然總爲大督，嚴先生認爲是謂朱然「除督江陵外，又兼總西陵公安兩督也。大督即都督之謂」。〔註48〕

筆者按：江陵實有督，只是明確見載之時間均在吳末，〔註49〕而自周瑜以降、朱然以前歷任南郡太守或在江陵領兵者，則的確未見以督爲名。江陵原爲南郡之治，吳改爲荊州治，南郡則移治公安，要之江陵始終爲荊州之都會，曹操當年即以江陵有軍實而精騎追擊劉備，降至吳時，江陵仍以城固兵足見稱。《三國志・陸遜傳・子抗附傳》曾載西陵督步闡叛亂，樂鄉都督陸抗往征之事，概可窺見江陵以及其附近要塞之戰略形勢與部署：

> 鳳皇元年（吳主皓，272），西陵督步闡據城以叛，遣使降晉。抗聞之，日部分諸軍，令將軍左奕、吾彥、蔡貢等徑赴西陵，敕軍營更築嚴圍，自赤谿至故市，內以圍闡，外以禦寇，晝夜催切，如敵以至，眾甚苦之。……

> 晉車騎將軍羊祜率師向江陵，諸將咸以抗不宜上，抗曰：「江陵城固兵足，無所憂患。假令敵沒江陵，必不能守，所損者小。如使西陵槃結，則南山羣夷皆當擾動，則所憂慮，難可竟言也。吾寧棄江陵而赴西陵，況江陵牢固乎？」初，江陵平衍，道路通利，抗敕江陵督張咸作大堰遏水，漸漬平中，以絕寇叛。祜欲因所遏水，浮船運糧，揚聲將破堰以通步車。抗聞，使咸亟破之。……祜至當陽，聞堰敗，乃改船以車運，大費損功力。

> 晉巴東監軍徐胤率水軍詣建平，荊州刺史楊肇至西陵。抗令張咸固守其城；公安督孫遵巡南岸禦祜；水軍督留慮、鎮西將軍朱琬拒胤；身率三軍，憑圍對肇。……肇至經月，計屈夜遁。……抗使輕兵躡之，肇大破敗，祜等皆引軍還。抗遂陷西陵城，誅夷闡族及

〔註47〕樂鄉於兩漢尚未從荊州崛起，據《水經注疏・江水三》，樂鄉在江陵長江南岸，屬孱陵縣之一城，城爲陸抗所築；然楊守敬疏則謂朱績時已有，抗蓋改築耳，去江陵五十里。見卷三十五，頁2872～2873。

〔註48〕參嚴著前揭書，頁28～29。

〔註49〕如《三國志・陸遜傳・子抗附傳》載抗爲樂鄉都督，「敕江陵督張咸作大堰遏水」（卷五十八，頁1355）；又吳亡之年——天紀四年（280），晉攻吳，杜預「斬江陵督伍延」（《三國志・三嗣主・孫皓傳》，卷四十八，頁1174；《晉書・武帝紀》太康元年二月條作「杜預克江陵，斬吳江陵都督」），皆是其例。

其大將吏。

由此可見，作爲長江上游大都會之江陵，地勢平衍，水陸俱利，四通八達，具有極重要的地緣戰略價值，因此必須建設得城固兵足。由於荊（江陵）、襄（襄陽）之間有荊襄大道直接貫通，其側另有一條輔道；而由襄陽下沔水南至揚口（即中夏口），〔註50〕西折入揚水，亦有水道至江陵，以故在水陸交通俱利的情況下，〔註51〕形勢對禦敵防守反而不利，當日赤壁之戰時劉備入夏水西折江陵，迫使曹仁棄守即取此道。於是，孫吳遂於襲取荊州之後，在江陵周圍要塞之地陸續置督，如其西的西陵（黃武元年改夷陵爲西陵），其南的樂鄉、公安，其東的中夏口，皆爲拱衛江陵之戰略要塞，因此皆先後置督，〔註52〕以利江陵之戰略防禦。由此反思當年赤壁新勝，孫權接受魯肅之勸，借江陵等地給劉備，恐怕即與自忖防禦體系尚未建立，故借地予備以「多操之敵」，免得獨承曹軍壓力的考慮有關。而鳳皇元年此役，陸抗不怕羊祜之主力南下來攻，並大言即使攻下江陵也「必不能守」，即因江陵防禦體系已建設完成之故。

此理既明，於此再據此役觀察樂鄉都督陸抗的指揮部署，以證諸督之關係。

筆者以爲，孫吳緣邊國防線由西陵順長江東流，出海折經東南諸郡南延至交、廣，所置諸督中厥以西陵督承受戰爭之壓力最重，蓋因此地區是孫吳最直接北防曹魏、西拒蜀漢而兩面受敵之唯一戰略要地。爲此，難怪孫權奪取荊州之後，遂即任用陸遜爲荊州牧而卻駐節西陵，無都督西陵之名而卻有其實，甚至後來西陵督有時升格爲西陵都督，乃至西陵都督與樂鄉都督並置。由於西陵有此極重要的戰略地位，對江陵正面及側翼防禦——正面對魏、側翼對漢——尤爲重要，故當西陵督步闡據城以叛，引致晉軍分從正面及側翼

〔註50〕《水經注》載揚口在江陵東南二十里豫章口東，爲夏水之首，見卷三十，頁2866。

〔註51〕關於江陵的水路交通，請詳嚴耕望先生之〈荊襄驛道與大堤豔曲〉，《唐代交通圖考》第四卷，頁1039～1078。

〔註52〕嚴耕望先生前揭書歷數孫吳督區，而遺中夏督未提，蓋此地置督恐爲較晚之事。例如陸抗病死於鳳皇三年，其子晏及弟景、玄、機、雲、分領抗兵。晏爲裨將軍、夷道監；景以尚公主而拜偏將軍、中夏督，後皆爲晉軍所殺（《三國志·陸遜傳》，卷五十八，頁1360）；《三國志·虞翻傳》注引《會稽典錄》亦載翻子忠爲宜都太守，「晉征吳，忠與夷道監陸晏、晏弟中夏督景堅守不下，城潰被害」（卷五十七，1327），顯示中夏督應是很晚才置之督。

來攻時，遂令江陵之安全出現重大缺口，致使陸抗寧捨江陵而親自督軍西征，以奪還江陵之側翼要塞，阻止已抵近西陵的晉軍繼續挺進，鞏固江陵的防衛。〔註53〕在陸抗率領樂鄉大營主力西征前，經已敕令江陵督張咸破堰放水固守江陵城，另令近在油口的公安督孫遵巡弋南岸兼接防樂鄉，防禦羊祜，以為戰略預備隊。由此可知，自三峽以東，宜都（治西陵）、南郡、武陵以至長沙的洞庭湖以西長江一線，孫權時已開始陸續於戰略要地——西陵、江陵、樂鄉、公安、中夏、巴丘等——置督，雖或有督名，或無督名，但基本上多為要塞督，只負責督當地駐軍，〔註54〕使此地區呈現點狀防禦態勢；然而至遲降至吳大帝權後期，已任命樂鄉督朱然為大督，兼總西陵、公安二督，遂使荊州西部地區之軍事出現統一指揮，沿江由點與線構成長條型的防禦區——即後來都督區性質之軍區，而由大督兼督督區內的諸要塞督。於是，「夾江防禦」的軍事戰略乃得以實行。

據此以觀，「大督——督——都督——戰兵」之原孫軍野戰編制，本與軍區制無關，此時由野戰制移用於軍區制的變革之際，嚴先生謂此軍區大督實質相當於魏晉的軍區都督可，但謂其「即都督之謂」則頗為不妥。蓋縱使然子朱績繼襲為樂鄉督，且至「永安（景帝休，258～264）初，遷上大將軍、都護，督自巴丘上迄西陵」，〔註55〕亦僅表示朱績之樂鄉督督區擴大而已，甚至似有大督之實而竟無其名，而景帝更未假之以都督之稱。其後孫吳仿行魏晉常都督制，此督區之主帥始擁有「都督」之名，而以陸抗正式出任樂鄉都

〔註53〕此役之後九年，吳亡。就戰事而言，主因厥在西陵側翼之失守，晉巴蜀水軍順流而下，與荊州都督杜預指揮的晉軍夾擊江陵而輕易取之，然後再順流而下攻抵吳京。其後隋軍攻陳亦如此，可謂歷史之重演，亦可見西陵戰略地位的重要。筆者對晉、隋此兩役曾作分析比較，請詳拙著〈隋平陳、晉平吳兩戰較論〉（「唐代江南社會國際學術研討會」題旨演講稿，中國唐史學會與南京師範大學主辦，2013.9，應已出版專書，但筆者尚未收到），及〈隋平陳之戰析論——周隋府兵改革成效的一個觀察〉（《中國中古史研究》11，2011.12，頁95～134）。

〔註54〕如樂鄉與公安地隔油水，二地均屬江陵長江對岸屬陵縣之地，只是樂鄉更近江陵，僅一江之隔而已。是則一縣兩地並為軍事要塞，俱無戰略縱深可言，故應只是督當地駐軍而已。

〔註55〕引文原標點為「永安初，遷上大將軍、都護督，自巴丘上迄西陵」。按：孫吳軍制頗常加將軍以都護、護軍、左護軍、右護軍、左軍師、右軍師等銜，績父朱然先任車騎將軍、右護軍，後任左大司馬、右軍師即可為例，故筆者凡於此等處皆改正其標點。績事蹟附見其父朱然傳，引文見卷五十六，頁1309。

督，﹝註56﹞但已接近吳之末期矣。陸抗原為征北將軍・柴桑督，《三國志・陸
遜傳・子抗附傳》載云：

> 永安二年（景帝休，259），拜鎮軍將軍，都督西陵，自關羽至
> 白帝。三年，假節。孫晧即位，加鎮軍大將軍，領益州牧。建衡二
> 年（吳主晧，270），大司馬施（朱績復本姓施氏）績卒，拜抗都督
> 信陵、西陵、夷道、樂鄉，公安諸軍事，治樂鄉。

按：陸抗遷為西陵都督，都督區「自關羽至白帝」，嚴先生釋「關羽」為位於
洞庭湖南方益陽縣之關羽瀨，故謂陸抗的西陵都督區與其後來擔任的樂鄉都
督區全同，惟治所有遷徙耳。不僅如此，此都督區亦勢必與時任實際樂鄉大
督朱績的督區——自巴丘上迄西陵——重疊。若史文無誤，則荊州西部此時
殆或西陵都督與樂鄉大督二都督並置，只是二都督區究竟如何劃分，史文所
述恐有問題；﹝註57﹞若史文有誤，則陸抗應僅是西陵督，隸屬於樂鄉（大）
督朱績，故西陵屬於樂鄉（大）督區之督統範圍，所謂「督自巴丘上迄西陵」
是也，﹝註58﹞何況白帝為蜀漢之重鎮，焉可能被吳劃入西陵都督區耶！真相
如何，殆待進一步確考。

　　不過無論如何，從第二次荊州之役襲得荊州後，孫權的戰略形勢是北防
曹魏、西拒蜀漢，以故必須以江陵為荊州西線的戰略中心，於舊南郡、武陵、
長沙三郡之長江流域廣置要塞督。要塞督之間互不統屬，兵力亦大小不一，
是以孫權晚期遂於諸要塞督之上設置大督，俾使軍令能統一指揮，而形成（軍
區）大督區－（要塞）督區的區域防禦體系，與野戰系統之大督－督體制相
呼應，最後仿行魏晉常都督制，於吳朝後期漸漸形成都督區－督區的制度。

﹝註56﹞《三國志・三嗣主・孫晧傳》載鳳皇元年八月征西陵督步闡時，正式稱陸抗
　　　　為樂鄉都督，見卷四十八，頁1169。
﹝註57﹞嚴說請參嚴先生前揭書，頁27～28。按：吳分宜都郡置建平郡，治白帝東之
　　　　巫縣，信陵為江水過巫縣進入西陵峽的要塞，屬建平郡，故謂西陵都督區與
　　　　樂鄉都督區實際全同。又，下文述吳亡之役時，西陵與樂鄉即分置有二都督。
　　　　吳亡於天紀四年（280，晉咸寧六年），距朱、陸二人任都督約二十年而已，
　　　　故荊州西部此時一度實行二都督並置，殆亦不能謂全無可能。
﹝註58﹞筆者以為，陸抗的西陵都督區與朱績的樂鄉大督區應無可能同時重疊存在，
　　　　故陳壽所書必有一誤。觀陸抗僅為鎮軍將軍，而朱績已拜上大將軍、都護，
　　　　則陸抗恐怕當時只是「拜鎮軍將軍，督西陵」，何況實為大督的朱績亦僅稱「督
　　　　自巴丘上迄西陵」而已。亦即是說，陸抗先為西陵督，隸屬於實為大督的樂
　　　　鄉督朱績，及至朱績卒後，陸抗乃晉拜為樂鄉都督，「都督信陵、西陵、夷道、
　　　　樂鄉，公安諸軍事」，接管朱績所遺的大督區，而移治於樂鄉。真相是否如此，
　　　　或待更多證據出現始能確定。

雖然如此，孫吳其他督區的發展，與此戰略吃重區之發展並不完全一致。

吳朝末期荊州西部之要塞督，有時也沿用東漢以來制度稱爲監，如《晉書・世祖武帝紀》太康元年載是年晉軍伐吳之概況云：

> 二月戊午，王濬、唐彬等克丹楊城。庚申，又克西陵，殺西陵都督、鎮軍將軍留憲，征南將軍成璩，西陵監鄭廣。壬戌，濬又克夷道樂鄉城，殺夷道監陸晏、水軍都督陸景。甲戌，杜預克江陵，斬吳江陵都督伍延。平南將軍胡奮克江安（即公安）。

所謂「夷道樂鄉城」，恐應標點爲「夷道、樂鄉城」，因爲吳之樂鄉不在宜都郡之夷道縣，而在江陵對岸南郡之孱陵縣。江陵、樂鄉夾長江段水深江闊，江中有許多沙洲，大者可戍兵，《水經注疏》已備言之。因此，此都督區不論以江陵或樂鄉爲名，治所之所以常設於樂鄉，大概是與其地居於州治江陵以及郡治公安之間，宜治水軍，地緣戰略重要有關。由上述戰役可知，吳西陵都督下有西陵監，夷道有夷道監，而二地在行政上均隸屬於宜都郡，是故二監應皆是戰時要塞督之加重，以隸屬於因戰爭需要而升格之西陵都督。事實上，據《通鑑》是月條所載，晉巴蜀水軍是先擊破吳丹楊監盛紀所部，然後順流次第攻克西陵，殺西陵都督留憲、西陵監鄭廣；再克夷道，殺夷道監陸晏，直逼樂鄉；樂鄉都督孫歆與戰，大敗而還，於心理不穩之際俾杜預乘機輕兵偷襲，失手被擒。保衛江陵主力之樂鄉既失，於是杜預遂能揮軍直破江陵，斬殺江陵督（或作江陵都督）伍延。

本戰，《通鑑》謂「斬獲吳都督、監軍十四」云云，〔註59〕可見此戰區於吳末設置都督區以及要塞督或要塞監之多，而都督與要塞監、要塞督之間的運用靈活，爲曹魏、蜀漢二軍所鮮見，故是孫吳軍區制之明顯特色。

前謂孫吳緣邊國防線由西陵順長江東流，出海折經東南諸郡南延至交廣，所在要地多置督，只是以西陵督承受壓力最重，是孫吳直接北防曹魏、西拒蜀漢之唯一戰略要地。其他各地諸督以及大督——當時多未以「大督」或「都督」爲稱，嚴耕望先生前揭書已率多有所論考，故此處僅據其說，欲對其未論及或頗有問題之處略作補充，俾使對孫吳都督制發展施行之情況，瞭解得較爲完整而已。

按：荊州西部都督區不論其主帥稱西陵都督或樂鄉都督，對吳而言皆爲

〔註59〕詳《通鑑》是年月條，卷八十一，頁2561～2562。又拙著〈隋平陳、晉平吳兩戰較論〉對本戰區戰況已有詳論，於此不贅。

大軍區，轄境不論是「自關羽至白帝」抑或是「自巴丘上迄西陵」，皆指東至洞庭湖之長江流段。在此流段中，關羽瀨（吳時屬衡陽郡益陽縣）並未置督，而巴丘則爲湘水與洞庭湖入接長江的要塞，吳建有邸閣城，〔註60〕以故置有巴丘督，且一度升格爲巴丘都督。巴丘督或都督僅見於《三國志・陸凱傳》：

> 陸凱……丞相遜族子也。……五鳳二年（吳主亮，255），討山賊陳毖於零陵，斬毖克捷，拜巴丘督、偏將軍，封都鄉侯，轉爲武昌右部督。……累遷盪魏、綏遠將軍。孫休即位，拜征北將軍，假節領豫州牧。孫晧立，遷鎮西大將軍，都督巴丘，領荊州牧，……寶鼎元年（266），遷左丞相。

巴丘督以偏將軍充任，故應是要塞督；但巴丘都督以假節的鎮西大將軍領荊州牧充任，則必已是大督，只是是否統轄全武昌右部則不詳。要之吳大帝崩才三年即見有巴丘督，則此督或可能爲大帝所置。巴丘督之東，順流需經陸口、夏口始能至武昌，而陸口是當年魯肅屯駐之地，此時則旁置蒲圻督；夏口是程普屯駐之地，此時置有夏口督。其間另有沔中督，殆置於夏口逆入沔水之某段流域，殆是針對魏江夏郡敵軍並掩護夏口而置。〔註61〕夏口督與沔中督至遲置於孫權稱帝之時，〔註62〕則蒲圻督應亦爲孫權所置。觀陸凱以偏將軍轉督武昌右部，則此三督此時應不隸屬於武昌右部督也。

武昌原爲江夏郡之鄂縣。建安二十四年第二次荊州之役進行時，孫權進駐公安。黃初二年（221）四月，劉備稱帝於蜀，有來攻之意，孫權遂自公安移駐於鄂，改名武昌，並以武昌、下雉、尋陽、陽新、柴桑、沙羨六縣爲武昌郡。同年七月漢帝劉備親征權，第三次荊州之役爆發；十一月，魏文帝策權以大將軍使持節・督交州・領荊州牧事，封吳王，遂以爲都。及至黃武八年（229）四月吳王權稱帝，改元黃龍，九月遷都建業，乃徵坐鎮西陵之陸遜入輔太子登，並掌武昌留事。直至末主孫晧之甘露元年（265）九月，從西陵督步闡之建議而由建業再度徙都武昌；然於翌年寶鼎元年（266）十二月又還都建業，而以衛將軍滕牧留鎮武昌。此期間，先是陸遜以輔國將軍

〔註60〕 見《水經注疏・江水三》及熊會貞疏，卷三十五，頁2882。

〔註61〕 詳參《三國志・宗室傳・孫靜子奐附傳》裴注所引《江表傳》，卷五十一，頁1208。

〔註62〕 《三國志・宗室傳・孫賁子鄰附傳》載鄰累「遷夏口沔中督、威遠將軍，所居任職。赤烏十二年（249）卒」（卷五十一，頁1210）。按：赤烏爲吳大帝孫權年號，故孫鄰死於大帝晚年，而此處之「夏口沔中督」應作「夏口、沔中督」，二督之置應不會晚於是年。

領荊州牧，治在西陵而坐鎮江陵，是孫吳最早有實無名的西陵都督。及至孫權稱帝，拜遜爲上大將軍、右都護，「徵遜輔太子，並掌荊州及豫章三郡事，董督軍國」，直至赤烏七年（244）代顧雍爲丞相，猶詔「其州牧都護領武昌事如故」。據陸遜入輔武昌之年，吳大帝另命驃騎將軍領冀州牧步騭「都督西陵，代陸遜撫二境」——應指宜都郡與南郡二境。步騭在西陵二十年而卒，由其子步闡繼業爲西陵督之例觀察，則原領荊州牧的實際西陵都督陸遜，不啻仍以荊州牧調兼有實無名之武昌都督，所謂「董督軍國」是也。

陸遜卒於赤烏八年（245）二月，吳大帝乃遷威北將軍諸葛恪爲大將軍，「假節，駐武昌，代遜領荊州事」，〔註63〕但似僅代遜荊州牧之事，至於武昌地區軍事的部署則有所變化。《三國志・呂岱傳》云：

> 嘉禾三年（234），權令岱領潘璋士眾，屯陸口，後徙蒲圻。……潘濬卒，岱代濬領荊州文書，與陸遜並在武昌，故督蒲圻。……及陸遜卒，諸葛恪代遜，權乃分武昌爲兩部，岱督右部，自武昌上至蒲圻。遷上大將軍，拜子凱副軍校尉，監兵蒲圻。

按：濬傳謂其爲太常，「與陸遜俱駐武昌，共掌留事」，赤烏二年（239）卒，是則此年或稍後，蒲圻正式置督，而以領兵屯駐之鎮南將軍呂岱爲首任蒲圻督。在赤烏八年（245）陸遜卒後，大帝分武昌地區軍事爲左、右兩部，呂岱既「督右部，自武昌上至蒲圻」，則吳大帝時的蒲圻督應隸屬於武昌右部督，並一度由督改監，而由呂岱之子呂凱爲蒲圻監。易言之，吳大帝時期西陵都督應東督至巴丘督，再往東即歸屬武昌右部督統屬。是則武昌右部督此時雖不名大督或都督，但督區則與西陵都督區相若，殆至大帝崩後始有變化。及至吳亡之時，尙書虞昺被任命爲「持節都督武昌已上諸軍事」，〔註64〕以阻擋來伐晉軍，蓋亦武昌右部督之任也。

任武昌左部督者，可述之事概鮮，而有范愼差可紀。《三國志・吳主五子・孫登傳》謂黃龍元年孫權稱帝，立登爲皇太子，而范愼等皆爲其賓客，東宮號爲多士時，注引《吳錄》云：

> 愼……後爲侍中，出補武昌左部督，治軍整頓。孫晧移都，甚憚之，……以爲太尉。愼自恨久爲將，遂託老耄。軍士戀之，舉營爲之隕涕。鳳凰三年卒。

〔註63〕 見《三國志・諸葛恪傳》，卷六十四，頁 1433。
〔註64〕 虞昺爲虞翻之子，其事見《三國志・虞翻傳》注引《會稽典錄》，卷五十七，頁 1327。

按：《三國志・三嗣主・孫皓傳》繫慎死年於鳳凰二年（273），而於建衡三年（271）載「以武昌督范慎爲太尉」，是則范慎之武昌督實即武昌左部督的省稱，而慎任此職約四十年，難怪自恨久爲將。

不過，孫吳後期也頗似有意僅設武昌督或武昌都督一職，如魯肅之子魯淑，「永安（景帝休，258～264）中，爲昭武將軍、都亭侯、武昌督。建衡（269～271）中，假節，遷夏口督」；〔註65〕前述宗室孫鄰之子孫述，曾「爲武昌督，平荊州事」。〔註66〕孫述不詳何時出任，魯淑則應任於范慎擔任武昌左部督之時，故殆爲武昌右部督之省稱。或許建衡二年夏口督宗室孫秀投奔於晉，〔註67〕情勢緊急，是以就近調武昌右部督魯淑爲夏口督，是則此時武昌右部督督區已縮小，故夏口督不隸屬於武昌右部督歟？及至建衡三年初吳主皓圖謀大舉攻晉，當此之時，適值使持節・都督交州諸軍事・前將軍・交州牧陶璜大破交阯，光復九眞、日南等地，故「徵璜爲武昌都督」。蓋此時右部督魯淑已遷夏口督，左部督范慎已拜爲太尉，是以徵璜還師，合左、右兩部而爲武昌都督一部，另圖大用歟？只因「交土人請留璜以千數，於是遣還」交州，而另任孫述爲武昌督——此似非左部或右部的省稱，並特加「平荊州事」一名，以代陶璜未赴之任耶？〔註68〕

武昌左部督東面轄地不知至何，但與武昌同屬荊州的江夏郡，而位於此郡最東之柴桑督，則似亦爲其統屬。柴桑位於長江南岸，夾江對岸介於武昌、柴桑之間的半州督，隸屬於揚州蘄春郡尋陽縣，似也應統屬於武昌左部督。但是，半州駐有屯兵蓋甚早，甘寧、潘璋皆曾以偏裨將軍屯駐於此；而孫權之子孫慮，於孫權稱帝之黃龍三年（231），亦曾以假節・鎮軍大將軍・開府治半州，而詔書稱謂「授以上將之位，顯以殊特之榮，寵以兵馬之勢，委以偏方之任。外欲威振敵虜，厭難萬里，內欲鎮撫遠近，慰卹將士」云云，似有任其爲方面大督之勢。〔註69〕至於張昭之侄張奮，則於昭卒於嘉禾五年

〔註65〕《三國志・魯肅傳》，卷五十四，頁1273。

〔註66〕《三國志・宗室傳・孫賁子鄰附傳》注引《吳歷》，卷五十一，頁1210。

〔註67〕孫秀爲孫泰之子、孫匡之孫，官爲前將軍、夏口督。史謂秀以公室至親，握兵在外，吳主皓意不能平。建衡二年，皓遣何定將五千人至夏口獵，秀遂驚，夜將妻子親兵數百人奔晉。詳見《三國志・宗室傳・孫匡秀附傳》，卷五十一，頁1213。

〔註68〕請詳《三國志・三嗣主・孫皓傳》建衡三年條（卷四十八，頁1168）及《晉書・陶璜傳》（卷五十七，頁1558），此不贅引。按：孫述雖是宗室子弟，但位望及戰功遜於陶璜，此可能爲任之以武昌督而非都督的原因。

〔註69〕孫慮治半州的時間見《三國志・薛綜傳》（卷五十三，頁1253），詔書見《三

（236）以前爲領兵將軍，因「連有功效，至半州都督」。〔註70〕其文若無訛，則張奮殆是繼孫慮而督半州者，且爲孫吳首見而直以「都督」爲名之大督。此時陸遜未死，武昌尚未分爲左、右部督，是則當孫慮治半州時，與陸遜掌武昌一般，兩者俱是大督區，而亦均爲有實無名之都督也。由此時以至張奮之繼爲都督，陸遜似乎不大可能統轄之，即使武昌已分爲左、右部督，而左部督恐亦不能兼統之，除非半州都督降格爲半州督。可惜張奮後任之情況史料闕如，以故武昌左部督之督區至何，長江之揚州西部段置督情況如何，均已難明。只是因《三國志·賀齊傳》載建安二十一年，齊與陸遜討平長江下游鄱陽、丹楊一帶民變，而「拜安東將軍，封山陰侯，出鎮江上，督扶州以上至皖」，乃知皖以西約位於長江鄱陽湖段之吉陽督，極可能隸屬於左部督。〔註71〕也就是說，武昌左部督督區可能包括揚州蘄春郡之半州督，以及揚州廬江郡之吉陽督。若還合武昌左、右兩部督區看，則陸遜當日所掌有實無名的武昌都督，可謂與其先前所掌亦是有實無名的西陵都督區幅員相若。

賀齊以安東將軍督扶州以上至皖，可算是孫權爲行車騎將軍時最早設置的軍區大督；及至第二次荊州之役後，孫權另任呂範以建威將軍督扶州以下至海，此則是與陸遜在上游鎮西陵之同時，在下游出現的有實無名大督。按《三國志·呂範傳》載云：

> 劉備詣京見權，範密請留備。後遷平南將軍，屯柴桑。權討關羽，過範館，謂曰：「昔早從卿言，無此勞也。今當上取之，卿爲我守建業。」權破羽還，都武昌，拜範建威將軍，封宛陵侯，領丹楊太守，治建業，督扶州以下至海。

揚州丹陽郡爲孫氏根據地所在，以故長江此流段必須加強防禦，以免實行西進政策時被北軍或山越乘虛傾覆。因此，以扶州爲中心所分置之上、下督區，對建業安全可謂極爲重要，是以亦最早設置實質大督區於此。嚴先生前揭書謂扶州「必在建業濡須口間殆可斷言，或者即洞口牛渚上下歟」？按：牛渚即采石，漢以來即爲江防要塞，故吳亡前牛渚督曾升格爲牛渚都督，〔註72〕

國志·吳主五子·孫慮傳》注引《吳書》（卷五十九，頁1367），而慮本傳則載其卒於嘉禾元年。又，嚴先生前揭書謂半州在尋陽縣。

〔註70〕詳《三國志·張昭傳》，卷五十二，頁1224。

〔註71〕吉陽在何不詳，嚴先生前揭書疑在今安徽東流北三十里處，暫從之。因半州都督後來極可能降格爲半州督，是以判斷其可能隸屬於武昌左部督。

〔註72〕吳有牛渚都督何植，見天紀三年八月條，《三國志·三嗣主·孫皓傳》，卷四時，頁1172。

蓋欲加強防禦以確保建業安全也。姑以此塞爲中心觀察，則所謂「扶州以上至皖」也者，蓋從牛渚督逆溯長江，西經蕪湖督、濡須督、虎林督、皖口督諸要塞而止，再上已屬吉陽督地。易方向看，長江東出武昌左部督督區之吉陽督，與經皖口、虎林、濡須、蕪湖諸督而至牛渚督，剛好相接無縫。由此再連接「督扶州以下至海」，即是從牛渚督順流，經京下督、徐陵督而至海也。京下督殆在吳京建業之西長江、淮水（今秦淮河）交界處；徐陵爲京口所在，位於今江蘇丹徒縣西長江邊，《通鑑》漢獻帝建安十五年十二月條胡注，謂「京，京口城也。權時居京，故劉備、周瑜皆詣京見之。後都秣陵，於京口置京督，又曰徐陵督」是也。〔註73〕兩塞歷來皆爲保衛建業（今南京市）安全的重鎮，其重要性不言而喻。

如謂樂鄉（或西陵）都督區是在夾江防禦戰略下部署的上游軍區，則武昌督區可算是中游，而以扶州爲中心之督區即爲下游。假如以江陵、武昌、扶州爲三中心之督區，的確曾督領其附近之各要塞督，而所督範圍與數目亦穩定，則後二者雖無都督之名，治所也不確知，但仍與前一都督區般，均各由兩個核心點——上游督區分爲西陵與樂鄉，中游直以武昌分爲左、右，下游亦直以扶州分爲上、下——構成，以此由點而線形成夾江線狀態勢的防禦。

長江由西陵東至海口夾江防禦線既明，出海之後折經東南諸郡，於第二次荊州之役後，沿海先於屏障建業南面之吳郡設置吳郡都督，再南則置三郡督以督會稽、臨海、建安三郡，呈面狀防禦態勢。蓋吳郡都督與三郡督所防者，厥以最令孫吳頭痛的山越爲主，防海賊之重要性不大，並且由於討伐山越的任務常由中央派兵，而非由此二督督所部執行，以故此二督的事跡也較少見載，於此不贅。

經三郡督督區折西沿海而行，即至廣州（都）督區以及交州都督區。嚴先生只述廣州督，而認爲「都督廣州軍事」及「都督交州軍事」皆是晉制名號而不可信爲吳制，復對吳末交、廣二州用兵時的軍制似乎也頗有誤會，故稍冗述之。

交廣發展概略，據《晉書・地理下》交、廣二州條所載，其地於秦末曾爲趙他所據，漢武帝平之，置南海、蒼梧、鬱林、合浦、日南、九眞、交阯七郡，又置交阯部刺史以督之。其後郡數屢有調整，至順帝時交阯太守周敞求立爲州，朝議不許。建安八年（203），張津爲交阯刺史，士變爲交阯太守，

共表請立州，乃將交阯刺史改爲交州牧，並拜張津爲之，尋移治番禺（今廣州市）。孫權乘亂佔有交部，吳王權黃武五年（226），割南海、蒼梧、鬱林、高梁四郡立廣州，交阯、日南、九眞、合浦四郡爲交州。值亂，廣州復還併交部。直至永安七年（景帝休，264）孫皓即位，復以先前諸郡立爲廣州。此時期二州相當落後，至晉時交州統郡七，縣五十三，編戶二萬五千六百，廣州統郡十，縣六十八，編戶四萬三千一百二十；人眾多無城郭，絕大部分人口均是不被編戶賦役的南方民族種落。

在此情況下，交廣首次較大規模的民變，發生於蜀亡之歲的吳景帝孫休永安六年（263），當時交阯太守貪暴，百姓苦役，故郡吏呂興殺太守等，以郡內附於魏。魏南中監軍霍弋遣軍來援，「破吳軍於古城，斬大都督脩則、交州刺史劉俊。吳遣虞汜爲監軍，薛珝爲威南將軍、大都督，（陶）璜爲蒼梧太守」反攻，大破晉軍，遂復交阯。吳因用璜爲交州刺史。後來九眞郡功曹李祚復保郡附魏，璜往拔之，「皓以璜爲使持節、都督交州諸軍事、前將軍、交州牧」。可見此役吳軍仍依陸遜以來往例以「大都督」指戰，而亦仍漢制置監軍使者以監督之。〔註 74〕吳軍野戰大都督、都督與軍區大督、都督不同，前文已言之，是則戰後陶璜爲「使持節‧都督交州諸軍事」，蓋是吳末已開始採用魏晉軍區都督之制也，與前文提及虞翻之子、虞汜之弟虞昺，在吳末爲「持節‧都督武昌已上諸軍事」之例頗同。嚴先生引用此事例，謂「曰大都督，曰使持節‧都督交州諸軍事，皆都督也」，然因前名屬野戰編制，後銜爲軍區建制，故嚴說恐怕不甚準確。

至於交廣較大規模的兵變，則發生於吳末主孫皓之時，距國亡僅差一年，而已見有「廣州督」，甚至「都督廣州軍事」之職的設置了。《三國志‧三嗣主‧孫皓傳》載云：

> （天紀）三年夏，郭馬反。馬本合浦太守脩允部曲督。允轉桂林太守，疾病，住廣州，先遣馬將五百兵至郡安撫諸夷。允死，兵當分給，馬等累世舊軍，不樂離別。皓時又科實廣州戶口，馬與部

〔註74〕事詳《晉書‧陶璜傳》（卷五十七，頁 1558～1560），但該傳將事件發生時間繫於「孫皓時」，蓋誤。《三國志‧三嗣主‧孫休傳》將事件發生原因繫於永安五年，過程繫於六年，《通鑑》據之，是也。陶璜曾戰敗，監軍責之，璜答以「下官不得行意，諸軍不相順，故致敗耳」，即謂己無充分的戰役指揮權之故。虞汜之職名，依漢征伐軍之例稱爲「監軍使者」（見其父虞翻傳，《三國志》卷五十七，頁 1327），監軍只是三國時之省稱。

曲將何典、王族、吳述、殷興等因此恐動兵民，合聚人眾，攻殺廣州督虞授。馬自號都督交、廣二州諸軍事，安南將軍，興廣州刺史，述南海太守。典攻蒼梧，族攻始興。八月，以……執金吾滕循爲司空，未拜，轉鎮南將軍，假節領廣州牧，率萬人從東道討馬，與族遇于始興，未得前。馬殺南海太守劉略，逐廣州刺史徐旗。晧又遣徐陵督陶濬將七千人從西道，命交州牧陶璜部伍所領及合浦、鬱林諸郡兵，當與東西軍共擊馬。

而《晉書·滕脩傳》則載云：

孫晧時，代熊睦爲廣州刺史，甚有威惠。徵爲執金吾。廣州部曲督郭馬等爲亂，晧以脩宿有威惠，爲嶺表所伏，以爲使持節、都督廣州軍事、鎮南將軍、廣州牧以討之。未克而王師伐吳，脩率眾赴難。至巴丘而晧已降，乃縞素流涕而還，與廣州刺史閭豐、蒼梧太守王毅各送印綬，詔以脩爲安南將軍，廣州牧、持節、都督如故，……委以南方事。脩在南積年，爲邊夷所附。

按：漢末討伐董卓時，群雄皆是各自募兵以爲己之部曲，吳制父兄死則所部由子弟相繼統領，兵將人身依附尤爲密切。當年陶璜等指揮吳軍反攻魏軍時，殉陣的「前部督脩則」就是新任桂林太守脩允之父，〔註75〕而其所部亦應已由脩允所繼領，故郭馬等以「累世舊軍，不樂離別」而反叛也。廣州督虞授僅此一見，其職銜與其他要塞督一般無異，與陶璜之爲使持節·都督交州諸軍事·前將軍·交州牧具有相當大的差異，故軍中位望未必很高；但桂林郡是廣州屬郡，太守脩允死後其遺部處置未必與廣州督無關，故廣州督處分廣州屬郡新死郡將的遺部，而欲將之分配給他將他部，並不是難以想像之事。此關係或許由前文提到的濡須督，與駐於濡須口之江西營都督關係作觀察，始可能獲得某些印證——即要塞督可指揮其直屬以及附近之諸營督將也。因此，郭馬等督將的兵變，之所以首先攻殺廣州督，胥與此關係極爲密切。

至於郭馬兵變後不自號「廣州督」，蓋與此督的名號不高，難與來討的「使持節、都督廣州軍事、鎮南將軍、廣州牧」滕脩相比之故。而其所以自號「都督交、廣二州諸軍事、安南將軍」，則顯然是一不做二不休，不僅要權位高過滕脩，甚至連老長官使持節·都督交州諸軍事·前將軍陶璜的名位

〔註75〕 詳見《三國志·三嗣主·孫晧傳》建衡三年正月條注引《華陽國志》，卷四十八，頁 1168。

也想搶過來，以象徵交、廣二州在軍事上的統一指揮。筆者之所以如此言，是本於東漢以來已形成的慣例——督軍（或監軍）系與行政（刺史或太守）系分別而置——始作如此之言。出身「累世舊軍」的郭馬，可能一下子尚未想到突破此慣例，見兵變前吳置廣州督虞授，又有南海太守劉略、廣州刺史徐旗，所以也就習慣性的自號「都督交、廣二州諸軍事、安南將軍」，用此作為叛軍統帥之號，實行親自領軍而不理政，而另以同夥殷興作為廣州刺史、吳述作為南海太守，蓋遵從慣例而為也。

據上推論可知，吳末之廣州督，可能是孫吳最後設置甚至是唯一一任之督。此督可能只負責督廣州管內諸軍事，因此也就是以廣州地區作為督區範圍，督區較要塞督乃至長江流域諸大（都）督區為大，或可與三郡督督區相比，但其軍事上的重要性則難與長江流域諸大（都）督區相匹。因為此督與吳郡都督、三郡督一般，殆皆是用以應付內亂為主，而非為了抵禦外患也。

總而言之，孫吳建祚前已陸續設置要塞督，建祚後督區規劃漸擴大，出現以大督區或都督區轄領區內諸要塞督之制，此時孫吳已有官員虛領州名之事例，但大督或都督則仍未以州為名；及至都督交州與都督廣州之銜出現，始明顯採用魏晉現行的常都督制，但已是時至孫吳之末期矣。

五、劉備建國前後都督制的發展

孫吳都督制之淵源與發展概如上述，而劉備則於稱帝不久即因戰敗而亡，自後事無巨細皆專於諸葛亮。諸葛亮切志北伐，忽於細微，故被陳壽批評謂「國不置史，注記無官，是以行事多遺」。因此，有關蜀漢之督與都督記載，尤需多所考述，以故雖僅論其概況，然仍不能免於贅論。

按：劉備初起時人微言輕，實力薄弱，《三國志‧先主傳》云：

> 先主少孤，與母販履織席為業。……中山大商張世平、蘇雙等貲累千金，……乃多與之金財。先主由是得用合徒眾。靈帝末，黃巾起，州郡各舉義兵，先主率其屬從校尉鄒靖討黃巾賊有功，除安喜尉。……後為高唐尉，遷為令。為賊所破，往奔中郎將公孫瓚，瓚表為別部司馬，……數有戰功，試守平原令，後領平原相。袁紹攻公孫瓚，……時先主自有兵千餘人及幽州烏丸雜胡騎，又略得飢民數千人。……（徐州牧陶）謙表先主為豫州刺史，屯小沛。

又史謂「先主於鄉里合徒眾，而（關）羽與張飛為之禦侮。先主為平原相，

以羽、飛爲別部司馬，分統部曲」。〔註76〕別部司馬於漢朝軍隊部曲制中秩比千石，地位低於校尉。劉備集團重要人物初起時官位不過如此，蓋因其兵力薄弱之故，因此劉備常依違於群雄之間，並曾投靠曹操。其後曹操以備爲豫州牧，且於建安四年復表備爲左將軍，關羽、張飛則先後被授以偏將軍、中郎將之官，但備軍兵力仍然薄弱。尋而袁術欲經徐州北就袁紹，曹操遣備「督朱靈、路招要擊術」，〔註77〕是則劉備也曾督領曹軍，有督軍經驗。

由於兵力薄弱，即使降至建安十三年（208）赤壁之戰前，劉備在新野稍已穩定，兵力頗有整補，但仍僅約有兵萬人而已，因此早期劉備集團未見置有督軍督將之制。直至赤壁之戰後，劉備「詣京見（孫）權，求都督荊州」，聲勢漸壯大，拙前文二已詳論之，以故在據有荊州大部分地盤後，兵力得到更大的補充，遂開始設置作爲野戰軍戰鬥單位指揮官、地位在太守之下的「都督」職，雖名爲「都督」，實則是野戰督將也，如同當年董軍與孫軍一般。是以在第二、三次荊州之役時，史書載劉備集團的關羽、張飛、孟達等太守、將軍麾下，皆已置有此野戰都督職。〔註78〕不過，隨著領地的擴大，劉備集團亦開始置有軍區督、軍區都督以及要塞督。大抵劉備西攻益州前委關羽以「董督荊州事」，故關羽實爲劉備最先以及唯一曾置的實職州級軍區督，說已見前；至於郡級軍區督則以向朗、軍區都督則以鄧方、要塞督則以馬超爲最早。至於略晚任爲漢中督的魏延，史載建安二十四年劉備攻佔漢中，被群下推爲漢中王，於是「還治成都，拔魏延爲都督，鎮漢中。……俄而孫權襲殺羽，取荊州」云云，〔註79〕似謂劉備對魏延委以方面重任，故授延以「漢中都督」之職，筆者按諸情實以爲不盡然，蓋陳壽殆有所訛誤，請容下詳。

考劉備於建安十九年圍攻成都，馬超來奔，備授以「平西將軍、督臨沮」。〔註80〕臨沮縣屬南郡，蓋爲今湖北當陽縣西北沮水西岸之要塞，馬超督此，

〔註76〕見《三國志・關羽傳》，卷三十六，頁939。
〔註77〕見《三國志・先主傳》，卷三十二，頁874。按：術死於建安四年六月。
〔註78〕關羽麾下有都督趙累等，已見前文。張飛任車騎將軍・領司隸校尉，麾下有營都督，見《三國志・張飛傳》，卷三十六，頁944。至於《三國志・鄧芝傳》載其父「揖爲將軍孟達營都督，隨達降魏」，見卷四十二，頁1304。按：宜都太守孟達以將軍領兵屯於上庸，不進兵救關羽，致羽敗亡，乃於漢獻帝延康元年（亦即漢獻帝建安二十五年，魏文帝黃初元年，220）七月率部曲降於嗣魏王曹丕。
〔註79〕見《三國志・先主傳》，卷三十二，頁887。
〔註80〕見《三國志》本傳，卷三十六，頁946。

蓋因翌年曹操親征漢中張魯而降之，而孫權亦攻荊州以中分其地，因此乃命馬超督此要塞以分曹、孫臨壓之勢以及協防荊州歟。大概劉備既已命令諸葛亮率宜都太守張飛等西入援助攻蜀，故另命向「朗督秭歸、夷道、巫、夷陵四縣軍民事」，代張飛督治宜都郡。〔註81〕是則向朗實爲劉備最早任命之郡級軍區督，只是當時猶未以「督宜都」爲名耳。嗣後蜀平，劉備改調向朗爲巴西太守，導至宜都軍務乏人主持，又值曹、孫來攻，以故臨時調遣大將馬超前往駐防臨沮；然而當關羽兵敗被斬於臨沮時，卻未見馬超有所作爲，難道漢中王劉備改命馬超爲左將軍後，亦已將之調走，協防荊州的責任已由繼張飛之後正任宜都太守的孟達，將兵屯駐於上庸（今湖北竹溪縣東南臨堵水處）所代替？〔註82〕史有闕文，其詳難知，要之馬超實爲劉備集團首見的要塞督。

當此之時，劉軍中已普置位在太守之下的作戰系統營都督職，但也開始置有郡級的軍區督。建安十九年劉備平蜀後，將犍爲屬國都尉升格爲朱提郡，乃將原任都尉鄧方升爲朱提太守，並選其爲安遠將軍·庲降都督。此即是其郡級軍區都督之首例，而資歷名位略低於郡級軍區督，正與漢末以來作戰系統之野戰督高於野戰都督的慣例相符。至於魏延之鎮守漢中則與此頗有不同，而非被授以「漢中都督」之較低軍職。按：建安二十四年劉備攻取漢中，被群下推爲漢中王後，欲自公安遷都成都，故在撤軍前任命魏延鎮漢中。據《三國志·魏延傳》所載：

> 魏延……以部曲隨先主入蜀，數有戰功，遷牙門將軍。先主爲漢中王，遷治成都，當得重將以鎮漢川，眾論以爲必在張飛，飛亦以心自許。先主乃拔延爲督漢中鎮遠將軍，領漢中太守，一軍盡驚。先主大會羣臣，問延曰：「今委卿以重任，卿居之欲云何？」延對曰：「若曹操舉天下而來，請爲大王拒之；偏將十萬之眾至，請爲大王吞之。」先主稱善，眾咸壯其言。先主踐尊號，進拜鎮北將軍。

〔註81〕本傳謂「先主定江南」，使朗督此四縣軍民事，時間則不詳。按：張飛既任宜都太守，即使軍、民分治也不應由朗督其郡之民事，故此事應在飛入蜀之後。詳《三國志·向朗傳》，卷四十一，頁1010。

〔註82〕孟達不知何時正任爲宜都太守，要之劉備命其北攻房陵，屯駐於上庸。其後因不受關羽的軍令，致羽兵敗被殺，而率眾降於曹魏。事見於《三國志·劉封傳》，卷四十，頁991。

據此，則知魏延實以劉備從龍舊部，又數有戰功，以故爲備賞識，遷爲牙門將軍——應是位在翊軍將軍趙雲之下的劉備親軍將領。此處傳文之所謂「拔延爲督漢中鎮遠將軍，領漢中太守」也者，蓋謂提拔魏延以鎮遠將軍領漢中太守之官，而授權其「督漢中」以坐鎮於漢川也。然因其並未授節，故位望次於張飛當時之假節・右將軍・巴西太守，是以鎮漢川的重任，當時眾論以爲必在張飛。但是，卻因其「督漢中」的確是獨當一面之職權，是以若從職權而論，則魏延不僅與張飛相當，抑且亦與董督荊州事關羽之假節鉞・前將軍・襄陽太守，以及督臨沮馬超之假節・左將軍相當，職權殆重於僅爲光棍將軍之後將軍黃忠以及稍後一度短暫「督江州（今重慶市）」的翊軍將軍趙雲，〔註83〕所以劉備謂「今委卿以重任」也。是則此時劉備概依獻帝初時之先例，逐以延爲軍區督，而非軍區都督。

　　劉軍較早見於史傳之軍區督、要塞督，蓋即上述的關羽、向朗與馬超，其次爲魏延，而皆依例未以「董督」或「督」入銜，至於鄧方則不詳。大抵從劉備取荊攻蜀、稱漢中王以至稱帝敗亡，有關督將的記載可謂稀少。此期間，另有一軍區都督吳壹亦見於史傳。吳壹爲劉備妻兄，劉備稱帝之章武元年（221）以護軍・討逆將軍爲「關中都督」（見後），殆爲虛號遙領而已，因爲蜀漢從未統治過關中也。這些督將或以董督、督、都督見稱，或逐以將軍爲號，尚無統一的規劃，要之在軍區，則「董督」之權位資望高於「督」，「督」高於「都督」，殆與孫權此時以將校領兵，開始廣泛推行要塞督之制，以及剛開始施行軍區督制度的情況頗爲類似。可見陳壽之誤，實誤於用西晉定制以視此時之劉軍也，於是乃將「督漢中」視同「都督漢中」。筆者前拙文二竊論陳壽記載劉備向孫權「求都督荊州」之說不可盡信，由此益得佐證。

　　此種情況需至劉備死後一段時間，諸葛亮南征北伐之軍興，督將的記載始稍多見，甚至見有依魏、吳將前線軍區督直接轉爲征伐野戰督之例。如建

〔註83〕趙雲原爲牙門將軍，劉備定成都後遷爲翊軍將軍，蓋皆是居中領兵翊衛天子及中央的將軍。其後劉備親征孫權，不聽趙雲「不應置魏，先與吳戰」的諫阻，遂「留雲督江州」；及至劉備敗還秭歸，「雲進兵至永安」，遂再無其督江州的記載。詳參《三國志・趙雲傳》並注所引《雲別傳》，卷三十六，頁949。按：觀此，知劉備可能不喜趙雲的勸諫，故不欲讓其隨軍參戰，而留之於江州督軍，以領戰略預備隊或護衛大軍補給線也。及至劉備敗還秭歸時，趙雲東進至永安，蓋爲上前阻距陸遜之追擊。劉備尋而崩殂，而趙雲亦當已隨丞相諸葛亮護送靈柩西還成都，是以其督江州爲時甚短，且是屬於戰時之野戰編制而非軍區建制。又，同卷載黃忠死於劉備稱王後的翌年。

興「五年，諸葛亮駐漢中，更以延爲督前部，領丞相司馬、涼州刺史」，〔註84〕
即是以漢中督轉爲諸葛亮北伐軍的前部督之例。戰時以督軍、監軍甚至性質相
近的護軍統兵督戰，是東漢以來漸成的慣例，劉備早先征吳，作戰序列是以將
軍（或稱護軍）馮習爲大督，張南爲前部督，輔匡、趙融、廖淳、傅肜等各爲
別督，即爲其顯例。此征伐體制殆不同於曹魏，而卻與孫權於赤壁之戰後的體
制約略相當。蜀漢軍隊保守此制，直至亡國猶然。

　　爲加深對蜀漢此體制運作的瞭解，於此先欲略舉一二先主死後不久而史
料較爲明確的事例，以作下文論述諸葛亮主政以後此軍制的論證基礎。

　　按：《三國志‧馬忠傳》載云：

　　　　建興元年（魏文帝黃初四年，吳王權黃武二年，223），丞相亮
　　開府，以忠爲門下督。三年，亮入南，拜忠牂柯太守。……八年，
　　召爲丞相參軍，……明年，亮出祁山，……軍還，督將軍張嶷等討
　　汶山郡叛羌。十一年，南夷豪帥劉胄反，擾亂諸郡。徵庲降都督張
　　翼還，以忠代翼。忠遂斬胄，平南土。加忠監軍、奮威將軍，封博
　　陽亭侯。初，建寧郡殺太守正昂，縛太守張裔於吳，故都督常駐平
　　夷縣。至忠，乃移治味縣。

是則馬忠先以丞相府幕僚，督將軍張嶷等軍討汶山羌有功，因而稍後在南夷豪
帥劉胄反時，丞相亮徵庲降都督張翼還，而以忠代之。及至忠建立戰功，乃加
其監軍‧奮威將軍，故忠遂以此官職——監軍‧奮威將軍‧庲降都督——全權
統一指揮此地區，也就是以中央派遣軍指揮官兼爲庲降軍區都督，全權統率
指揮此地區的所有部隊也。因此，馬忠遂將原都督的駐地，由牂柯郡平夷縣
（今貴州畢節市）南移至味縣（今雲南曲靖縣），用以加強鎮撫。下文引及之
鄧芝，以揚武將軍行中監軍督左部，前將軍董和以中監軍督漢中，中郎李豐
爲江州都督督軍，職名均與馬忠類似，皆是其例。鄧芝之職應屬作戰時的野
戰軍系統，董和當屬平時軍區系統之軍區督，而李豐則殆兼二系統而任之，
略如馬忠之以中央派遣軍指揮官兼爲軍區都督也（詳下）。蓋蜀漢僅有一州之
地，此時除了中央野戰軍於戰時編有督將之外，又於平時分置若干軍區督軍，
而其軍職又分有監軍、督軍、護軍等名號以加之，用以加強軍控，俾丞相諸
葛亮安內攘外之志能切實貫徹也。

〔註84〕《三國志‧魏延傳》，卷四十，頁1002。

六、蜀漢國家戰略的改變以及軍區、要塞督

荊州喪失後，諸葛亮與先主當日於隆中對話時所規劃的荊、益鉗型北伐戰略構想，遂不可能完全施行。諸葛亮為了貫切實踐北伐興漢的國策，當務之急是與吳復盟，用以減輕東面壓力及爭取援助；其次是鎮撫南中，取獲軍資，以為穩定後方而支援北伐之用；再後即是全力貫徹北伐。這也就是諸葛亮既定的東守南撫北伐中支援之國家戰略，下文略依次考論蜀漢此軍事部署。

蜀漢東守之險塞重鎮為永安。

此地位當長江三峽西入巴蜀之險要，也是先主兵敗喪身之處。永安在東漢名為魚復縣，隸屬巴郡，漢末將巴郡析置巴東、巴西之三巴後，魚復遂隸屬於巴東郡，嗣因劉先主進軍征吳及兵敗撤退皆停駐於此，建有永安宮，故改名永安，為巴東郡治，以故永安都督也有巴東都督之名，是蜀拒吳之東部最前線要塞重地。據《華陽國志‧巴志》所載，李嚴為首任永安都督：

> 巴東郡，先主入益州，改為江關都尉。建安二十一年，以……
> 北井六縣為固陵郡。……章武元年，……聽復為巴東，南郡輔匡為
> 太守。……先主征吳，於夷道還，薨斯郡，以尚書令李嚴為都督，
> 造設圍戍。嚴還江州，征西將軍汝南陳到為都督。到卒官，以征北
> 大將軍南陽宗預為都督。預還，內領軍襄陽羅獻（憲之誤）為代。
> 蜀平，獻仍其任，拜淩江將軍，領武陵太守。〔註85〕

先主死時「以尚書令李嚴為都督」，《三國志》無載，而《華陽國志》則僅此一見。按：軍區都督權位較低，但當時李嚴的權位僅次於丞相諸葛亮，應不至於任為此職。揆諸史傳，此地軍區督或都督僅四見。其一是留駐永安、名位常亞於趙雲之護軍陳到，於後主即位之延熙初，曾以征西將軍官至永安都督。〔註86〕其次是後將軍宗預，〈宗預傳〉謂預於延熙十年（247）以屯騎校尉出使孫權還，「遷後將軍，督永安，就拜征西大將軍，賜爵關內侯。景耀元年（258），以疾徵還成都」。〔註87〕其三是與干政宦官黃皓朋比的右大將軍都督巴東閻宇，時已至蜀亡前夕。其四是原為巴東都督閻宇的「副貳」、

〔註85〕常璩撰、任乃強注《華陽國志校補圖注‧巴志》（上海：上海古籍出版社，2009.7 四刷），頁 34。

〔註86〕陳到《三國志》無傳，事見陳壽注楊戲所著的《季漢輔臣贊》陳叔至條，《三國志‧楊戲傳》，卷四十五，頁 1082。下文引及此贊皆依此傳所錄，不再贅注處出處卷頁。

〔註87〕見《三國志‧宗預傳》，卷四十一，頁 1076。

上引文誤作羅獻的羅憲。史謂「魏之伐蜀，召宇西還，留宇二千人，令憲守永安城」。憲聞成都已敗，猶自堅守；吳聞蜀敗，起兵西上，外託救援，內欲襲憲，憲亦固守巴東，令吳兵不得過，後降於魏。晉公司馬昭「即委前任，拜憲凌江將軍，封萬年亭侯。會武陵四縣舉眾叛吳，以憲爲武陵太守巴東監軍」。〔註88〕是則永安雖是行宮重地，三峽要塞，但李嚴已爲中都護，統內外軍事，眾護軍皆統屬於己——包括護軍陳到，且既不領巴東太守，故當無又領永安都督之必要，《華陽國志》蓋誤也。

此軍區地位如此重要，鄰近有強敵吳之西陵督陸遜在旁虎視眈眈，又值國喪，故留中護軍李嚴於此總統諸護軍，蓋勢所必要也。陳到既是名亞趙雲之名將，任期最久的宗預則是爲孫權敬佩的外交家，二人將軍本官不低，任之固宜，或許因宗預的位階資望較高，以故任爲永安督而非都督。至於右大將軍閻宇，資歷不詳，恐怕原來位望也不高，只因朋比於黃皓，而黃皓當時正排斥執政的督中外軍・大將軍姜維，以故外放以爲己援耶？因此當魏軍來攻、國家將亡之時，遂被抽調率領主力入衛也。位望最低的羅憲，僅是閻宇的副都督，代宇留守永安而已，但國亡時表現得最出色。觀此軍區常以都督爲名，蓋是因吳蜀復盟後，雙方無虞，所以遂以都督作爲軍區主帥的職稱。

自永安逆長江西下即至另一險要江州（今重慶市）。此即諸葛亮規劃內作爲中支援的重鎮。

江州爲巴郡郡治，附近水道險峽處置有關，《水經注》已述之。此地向西扼控至成都、向東扼控至永安之長江水道，是故有「東關」之稱。當年趙雲隨諸葛亮入蜀援備即於此地分道並進，會師於成都，終平巴蜀；其後劉備征吳駐於永安時亦留雲督江州，以爲戰略預備。江州不僅可以支援永安都督區以及作爲成都的屏障，兼且向北可經由宕渠水（今渠江）再轉陸運通漢中督區，支援大軍北伐，故其地緣戰略之重要可知，以故諸葛亮出征，此地即爲大軍的留後重地。

中都護李嚴原駐永安監護內外諸軍，大抵因巴東已無虞，諸葛亮又即將北伐，因此於後主建興四年（226）將之移駐江州，其後官職似曾有加領「江州督」之職，故《三國志・費詩傳》末附載云：「王沖者，廣漢人也。爲牙門

〔註88〕閻宇與羅憲之事，均附見於《三國志・霍峻傳》注所引之《襄陽記》，卷四十，頁 1008。憲於《晉書》有傳，謂黃「皓惡之，左遷巴東太守。時大將軍閻宇都督巴東，拜憲領軍，爲宇副貳」；又謂吳兵退後，「加陵江將軍、監巴東軍事、使持節，領武陵太守」云。見卷五十七，頁 1552。

將，統屬江州督李嚴。」〔註 89〕然而李嚴之曾爲「江州督」，《三國志》僅此一見。因其移駐調職，以至其子李豐之繼任爲「江州都督督軍」，事關政局的穩定以及北伐的成敗，故於此頗欲略作詳贅。

據《三國志·李嚴傳》記載，李嚴爲劉璋成都令，建安十八年被署爲護軍，奉命拒劉備於縣竹；但卻率眾降於備，遂被拜爲裨將軍——偏裨將軍實爲最低級的將軍。成都既定，爲犍爲太守·興業將軍。復因平亂有功，加輔漢將軍，領郡如故。先主病危，徵拜尚書令，與諸葛亮並受遺詔輔少主，以「中都護，統內外軍事，留鎮永安」。該傳載李嚴父子其後的事跡云：

> 章武二年，先主徵嚴詣永安宮，拜尚書令。三年，先主疾病，嚴與諸葛亮並受遺詔輔少主；以嚴爲中都護，統內外軍事，留鎮永安。建興元年（即章武三年，223），封都鄉侯，假節，加光祿勳。四年，轉爲前將軍。以諸葛亮欲出軍漢中，嚴當知後事，移屯江州，留護軍陳到駐永安，皆統屬嚴。……八年，遷驃騎將軍。以曹眞欲三道向漢川，亮命嚴將二萬人赴漢中。亮表嚴子豐爲江州都督督軍，典嚴後事。亮以明年當出軍，命嚴以中都護署府事。嚴改名爲平。……九年春，亮軍祁山，平催督運事。秋夏之際，值天霖雨，運糧不繼，平遣參軍狐忠、督軍成藩喻指，呼亮來還；亮承以退軍。平聞軍退，乃更陽驚，說「軍糧饒足，何以便歸」！欲以解己不辦之責，顯亮不進之愆也。……亮具出其前後手筆書疏本末，平違錯章灼。平辭窮情竭，首謝罪負。……乃廢平爲民。

據此可知，李嚴在諸葛亮首次北伐以前，是以假節·中都護·輔漢將軍·尚書令·光祿勳副丞相諸葛亮共同輔政，〔註 90〕而未見任爲江州督。按：當時蜀漢全國政軍大全實操之於丞相亮，故李嚴之以中都護「統內外軍事」也者，〔註 91〕蓋指以中央都護——相當於中央總護軍——之職監護留駐永安的內、外諸軍。因爲先主崩後，諸葛亮需奉梓宮先還成都並輔立後主，而其敗戰禁軍（內軍）以及征伐諸軍（外軍）大部份仍留永安警備駐防故也。護軍之置主要是爲了監護軍隊，故此時李嚴蓋以都護之職盡護此殘餘留駐的中外諸

〔註 89〕見該傳末，卷四十一，頁 1017。

〔註 90〕《三國志·先主傳》章武三年二月條載謂「先主病篤，託孤於丞相亮，尚書令李嚴爲副」，卷三十二，頁 891。

〔註 91〕〈後主傳〉與《三國志·李嚴傳》注引〈諸葛亮與平子豐教〉（卷四十，頁 1000），皆僅稱嚴爲都護，殆爲省稱。

軍；不過爲了使李嚴更名正言順的監護留駐禁軍，因此後主繼位後，尋即加嚴以宮殿守衛部隊長官——光祿勳（即九卿之一的郎中令）——之官。由此年以至建興四年，李嚴遂皆在永安監護內、外軍事，直至因諸葛亮計畫北伐，需進駐漢中，乃轉嚴爲前將軍，使知留後事，而將其移屯江州；〔註92〕另留其中一護軍陳到駐永安，仍皆統屬於嚴。如此部署，表示永安先前野戰諸軍轉爲地區防禦駐軍後，可能每軍皆各置護軍，四年以後仍監護於駐節江州之中都護李嚴也，如下文引及《季漢輔臣贊》中之護軍輔匡，殆即其例。

根據前引《華陽國志·巴志》所載，李嚴既在巴東「造設圍戍」，則此時永安附近要地殆皆部署有駐軍，而且諸軍皆編置有護軍，以故先主死前以李嚴爲中都護統內外軍事而留鎮永安，蓋爲因應其死後國喪時期的特殊部署也。也因此故，所以李嚴轉爲前將軍·知留後事，移屯江州後，仍以中護軍統領駐永安的護軍陳到，而附近諸軍之護軍應也仍皆統屬於嚴。如果李嚴的確於此時擔任過江州督，則是其同時兼任此督區部隊的主帥也，是則在其北調漢中後，諸葛亮用其子李豐以中郎之低位繼爲「江州都督督軍」——蓋即江州軍區都督兼區內北伐野戰預備隊督軍，〔註93〕乃爲刻意的部署矣，然而嚴傳及〈後主傳〉皆失載其事。

揆諸史傳，江州軍區的主帥最早應是費觀。費觀於《三國志》無傳，楊戲於後主延熙四年（241）所著之《季漢輔臣贊》贊及之，而陳壽爲之注疏云：

> 觀建安十八年參李嚴軍，拒先主於緜竹，與嚴俱降，先主既定益州，拜爲裨將軍，後爲巴郡太守、江州都督，建興元年封都亭侯，加振威將軍。觀爲人善於交接。都護李嚴性自矜高，護軍輔匡等年位與嚴相次，而嚴不與親褻；觀年少嚴二十餘歲，而與嚴通狎如時輩云。

費觀之資歷在先主死前僅爲裨將軍，後來遷爲巴郡太守、江州都督，先主死後諸葛亮尋即封其爲都亭侯，加振威將軍，蓋爲加強其位望也。彼既是個性矜高而又好榮利的李嚴舊僚，爲人又善於交際，是故才能與副相李嚴通狎如時輩，或許其封侯拜將亦與嚴有關。因爲同文贊及的孫德，初爲劉備的書佐，累至京縣的縣長成都令，始能於「建興元年，徙巴西太守，爲江州督、楊（揚）

〔註92〕《三國志·後主傳》載建興「四年春，都護李嚴自永安還住江州」，卷三十三，頁894。

〔註93〕戰時部署，常是主力在前作戰，後方則保留一支預備部隊以隨時上前支援，此即預備隊。

威將軍」。〔註94〕至於更後的鄧芝，亦爲孫權敬佩的外交家，先累官太守、尚書、將軍，然後始如李嚴般以重官——前軍師・前將軍・領兗州刺史・陽武亭侯——爲「督江州」。〔註95〕江州軍區主帥僅見此五例，其中之孫德與鄧芝出任「江州督」時官職都不算低，李嚴更是僅次於諸葛亮的副相；然而費觀與李豐出任「江州都督」時，官職何以偏低？或許由此戰事無虞的內地督軍五例，可以略窺蜀漢軍區制的演變，曾經有過軍區督高於軍區都督，而其中有領郡者有不領郡者，需因人、時、地而制宜此一不明朗的發展過程；至於出任邊境接臨大敵的軍區，如巴東、漢中二區，則是因前線要緊之地，以故始規劃常由重將名臣出任歟。

審建興元年以前費觀爲江州都督，建興元年孫德任江州督，是則李嚴之任江州督，蓋應是在其移駐江州後之事，換言之李嚴於建興四年移駐江州至八年赴漢中之前，殆應是以中都護・尚書令而兼爲江州督也，只是史失其載而已。

跨有荊、益，乘時北伐，興復漢室，爲諸葛亮與劉備昔日已定之國策，故〈後出師表〉開章明義即言此事，所謂「先帝慮漢賊不兩立，王業不偏安，故託臣以討賊」是也。國弱而不採攻勢國防，迎之者勢將是偏安待斃之局，是以諸葛亮於表中向後主力陳此國家戰略之重要，明確指出敵強我弱，「然不伐賊，王業亦亡，惟坐待亡，孰與伐之」！〔註96〕因此厲兵講武，屢次北伐。然而兵戎之事，除了考驗統帥的領導統御以及指戰藝術外，尚講究將領人才與夫後勤補給的部署，缺一不可。〈後出師表〉上於建興六年首次出師北伐之時，當時趙雲等將仍在，然而此役之後雲等七十餘將校陸續死去，下文所列建興九年北伐大軍諸將姓名，即知將材已漸凋零，由是北伐之勢更急，以故乃有一再用兵之舉。

建興九年之役應是北伐的第四役，而首役之所以不利而退還漢中，主要原因有二：一是因後勤糧運不繼，一是因馬謖街亭戰敗。諸葛亮吸收教訓，此役除了部署諸將更完整外（詳下）；尤其特命中護軍・驃騎將軍李嚴將二萬人赴漢中主持後勤，而表其子李豐爲江州都督督軍，典嚴後事。

〔註94〕參《季漢輔臣贊》，卷四十五，頁 1088。
〔註95〕參《三國志・鄧芝傳》，卷四十五，頁 1071～1072。
〔註96〕〈後出師表〉所陳此義，可詳參《三國志・諸葛亮傳》注引之《漢晉春秋》，卷三十五，頁 923～924。又，此表或疑非亮所撰，但不確，觀其內容甚合亮的身份地位以及當時情實，故採之。

　　李嚴權位僅次於亮，先前將李嚴移防，殆是欲委任李嚴屯駐江州，作為北伐軍的後勤基地以及戰略預備隊指揮官，兼向東支援永安前線以防吳也。〔註97〕李嚴率兵赴漢中之後，亮特別拔李豐為江州都督督軍，蓋欲在後勤指揮官已移駐漢中的情況下，留其子代為戰略預備隊指揮官，表示欲與其「父子戮力以獎漢室」，並示無猜而安撫嚴也（見下）。及至出師，諸葛亮再命李嚴以中都護署丞相府事，則是兼委李嚴在漢中掌理國內留守事務之大任。而其結果，竟是因李嚴督糧不繼，遣參軍狐忠、督軍成藩呼亮來還，怠誤軍機，致使糧盡軍退之事再度發生，而北伐遂無功而還。

　　按：諸葛亮當初既調李嚴將二萬人赴漢中，而其留後人選，則居然提拔光祿勳——李嚴原任此官——屬官、秩僅六百石的中郎李豐為之，使主力出征時，兩父子俱在國內掌握政軍，故可謂故意而又刻意，安撫至極矣。李豐出任「江州都督督軍」之職，與當日劉備攻吳，留趙雲以翊軍將軍「督江州」之例略同，實是非常時期督要塞而兼掌留後的重要督軍之職，只是趙雲當時屬於作戰系統臨時編制之野戰督，而李豐此時則屬於軍區系統之建制軍區都督罷了。此銜與十年前曹丕篡漢之際，曹魏諸大將在緊急狀態下署理「行都督督軍・某州刺史」的任命非常相似，拙前文一已論之，二者蓋有相因相仍之關係也。揆諸史傳，諸葛亮之所以作此人事安排，據其事後所寫之〈與平子豐教〉中，謂實因「與君父子戮力以獎漢室，此神明所聞，非但人知之也。表都護典漢中，委君於東關者，不與人議也。謂至心感動，終始可保，何圖中乖乎」！〔註98〕隱然暗示李嚴與諸葛亮之間頗有心病，以故亮欲開誠布公以感動之，〔註99〕遂任其子以如此重責，俾使能互相無猜而戮力共獎漢室也。

〔註97〕蜀漢在先主死後雖已與吳復盟，但對吳仍抱有戒心。史載宗預早先任丞相參軍・右中郎將，「及亮卒，吳慮魏或承衰取蜀，增巴丘守兵萬人，一欲以為救援，二欲以事分割也。蜀聞之，亦益永安之守，以防非常。預將命使吳，孫權問預曰：『東之與西，譬猶一家，而聞西更增白帝之守，何也？』預對曰：『臣以為東益巴丘之戌，西增白帝之守，皆事勢宜然，俱不足以相問也。』權大笑，嘉其抗直」云，由此可見一斑。見同注87。

〔註98〕〈諸葛亮與平子豐教〉可詳前揭《三國志・李嚴傳》裴注，卷四十，頁1000。

〔註99〕據諸葛亮議處李嚴後上表批評李平（即李嚴）曰：「自先帝崩後，平所在治家，尚為小惠，安身求名，無憂國之事。臣當北出，欲得平兵以鎮漢中，平窮難縱橫，無有來意，而求以五郡為巴州刺史。去年臣欲西征，欲令平主督漢中，平說司馬懿等開府辟召。臣知平鄙情，欲因行之際偪臣取利也，是以表平子豐督主江州，隆崇其遇，以取一時之務。平至之日，都委諸事，群臣上下皆怪臣待平之厚也。正以大事未定，漢室傾危，伐平之短，莫若褒之。然謂平

　　無論如何，由諸葛亮從國喪以至第四次北伐期間對李嚴父子所作之軍職安排，則戰後對嚴怠誤軍機而予以撤職重懲，的確是開誠布公之舉，蓋諸葛亮在首役雖有捷勝，但也因街亭之敗而自貶三等也。〔註100〕至此，諸葛亮與諸將議定李嚴之罪時，彼等會署之銜遂可得而一窺蜀漢此時的軍制。諸將署銜如下：

　　　　行中軍師車騎將軍都鄉侯臣劉琰，使持節前軍師征西大將軍
　　　　領涼州刺史南鄭侯臣魏延、前將軍都亭侯臣袁綝、左將軍領荊州刺
　　　　史高陽鄉侯臣吳壹、督前部右將軍玄鄉侯臣高翔、督後部後將軍安
　　　　樂亭侯臣吳班、領長史綏軍將軍臣楊儀、督左部行中監軍揚武將軍
　　　　臣鄧芝、行前監軍征南將軍臣劉巴、行中護軍偏將軍臣費禕、行前
　　　　護軍偏將軍漢成亭侯臣許允、行左護軍篤信中郎將臣丁咸、行右護
　　　　軍偏將軍臣劉敏、行護軍征南將軍當陽亭侯臣姜維、行中典軍討虜
　　　　將軍臣上官雝、行中參軍昭武中郎將臣胡濟、行參軍建義將軍臣閻
　　　　晏、行參軍偏將軍臣爨習、行參軍裨將軍臣杜義、行參軍武略中郎
　　　　將臣杜祺、行參軍綏戎都尉盛勃、領從事中郎武略中郎將臣樊岐。

〔註101〕

據此，會銜諸將之排名，基本上是依戰時軍職名號的次序——如行中軍師、前軍師、督前部、督後部、督左部‧行中監軍、行前監軍、行中護軍、行前護軍、行護軍、行中典軍等，並兼參平時將軍軍號的高下而排列。由於更高級之中都護‧驃騎將軍‧署丞相府事李嚴是被議處之人，其下之參軍狐忠、督軍成藩等亦可能受到波及，故皆無可能參與此會，即使典留後預備事的江州都督督軍李豐，也未會銜於其中。因此會銜諸將，恐怕皆是實際參與此次征行而又參加此次會議的北伐將領，而且未是其全部，是以左右前後之序列並不齊備，有些更是以暫「行」的名義署銜。據此會銜以推，此次北伐軍實際編為前、後、左、右、中五部，大約每部各依次編置軍師、督軍、監軍、

<hr>

　　情在於榮利而已，不意平心顛倒乃爾。若事稽留，將致禍敗，是臣不敏，言多增咎。」可見此正，副輔臣間的關係與心結。引文卷頁同於上註。

〔註100〕建興六年諸葛亮率諸軍攻祁山，南安、天水、安定三郡皆叛魏應亮，關中響震，竟使魏明帝為之西鎮長安；然街亭之戰，亮諸軍前督馬謖違其節度，大為張郃所破，遂拔還漢中，戮謖以謝眾。事後上疏自責，「請自貶三等，以督厥咎」。於是後主以亮為右將軍，行丞相事。見《三國志‧諸葛亮傳》，卷三十五，頁922。

〔註101〕詳參〈李嚴傳〉注所錄諸葛亮之〈上尚書公文〉，卷四十，頁1000。

護軍、典軍等戰時五職，只是有些未與會者可能未署銜而已。復次，除了少數人在諸葛亮死後掌權為名臣——如鄧芝、費禕、姜維——之外，僅有由漢中督調任前軍師的魏延、由關中都督入序的吳壹算是開國以來的宿將，〔註102〕其餘大多數人名跡均不及此數人，甚至是名不見經傳，是則可知蜀漢人才之凋零矣。

　　戰時徵調軍區主帥進入作戰序列，固為魏、吳也有的部署，但戰時編制分有前部督、後部督、左部督、右部督、中部督乃至升城督及其他別督等職，孫吳軍隊此前已是如此，而曹魏則史料欠詳。不過，諸軍整齊地各置軍師、督軍、監軍、護軍、典軍等五職，魏吳似無此例，蓋是蜀漢之特色；而其中之行中軍師、督左部‧行中監軍、行中護軍、行中典軍，則恐怕俱是直隸統帥丞相亮所督的中軍本部屬職，以故未見督中部之名。〔註103〕由於如此，根據前面筆者諸分析，推論此時假如督軍在蜀漢已變成一軍之作戰主帥職，則監軍當是一軍之作戰監督職，而護軍則是一軍之安全維護職，大體尚可瞭解，然而軍師、典軍卻尚需略予補充始能說明。

　　按：軍師、軍師祭酒、軍師將軍等職在兩漢之間已見，有時並置，軍師地位高於將軍以及軍師祭酒、軍師將軍，〔註104〕但平時皆甚少用以除拜。自漢末戰亂以來，群雄始多置，如盧植於靈、獻之際為袁紹軍師。〔註105〕荀攸於建安元年為曹操軍師，因屢獻計建功，故曹操於建安七年表封攸曰：「軍師荀攸，自初佐臣，無征不從，前後克敵，皆攸之謀也。」於是封為亭侯。其後轉中軍師，為魏國尚書令。〔註106〕曹操且於建安三年正月初置軍

〔註102〕二人有宿將之稱，見《三國志‧馬良傳》，卷三十九，頁984。

〔註103〕按：《三國志‧向朗傳‧兄子寵附》載「寵，先主時為牙門將。秭歸之敗，寵營特完。建興元年封都亭侯，後為中部督，典宿衛兵。諸葛亮當北行，表與後主曰：『將軍向寵，性行淑均，曉暢軍事，試用於昔，先帝稱之曰能，是以眾論舉寵為督。愚以為營中之事，悉以咨之，必能使行陳和睦，優劣得所也。』」（卷四十一，頁1011）是則蜀漢曾有中部督的編制，是典掌後主宿衛兵之督將，應未參與此次戰役，而留衛後主也。

〔註104〕如《後漢書‧鄧禹列傳》載重建漢號前，鄧禹以「前將軍持節，……遣西入關，令自選偏裨以下可與俱者」。於是以韓歆為軍師，李文、李春、程慮為祭酒，馮愔為積弩將軍，樊崇為驍騎將軍，宗歆為車騎將軍，鄧尋為建威將軍，耿訢為赤眉將軍，左于為軍師將軍」（卷十六，頁601），顯示戰時編制中，軍師地位應高於將軍及軍師將軍。

〔註105〕盧植抗議董卓廢立，恐為其所害而逃離長安，後被冀州牧袁紹請為軍師。見《後漢書‧盧植列傳》，卷六十四，頁2119。

〔註106〕詳《三國志‧荀攸傳》，卷十，頁324。

師祭酒，〔註107〕其後遂廣置，而有前、後、左、右、中之分，如建安十八年五月，獻帝使御史大夫郗慮持節策命曹操爲魏公，操三讓，《魏書》載其事云：

> 於是中軍師陸樹亭侯荀攸，前軍師東武亭侯鍾繇，左軍師涼茂，右軍師毛玠，平虜將軍華鄉侯劉勳，……軍師祭酒千秋亭侯董昭，都亭侯薛洪，南鄉亭侯董蒙，關內侯王粲、傅巽，祭酒王選、袁渙、王朗、張承、任藩、杜襲……等勸進。〔註108〕

據是以知，降至建安中，曹操集團的軍師殆已有中、前、後、左、右之分，皆其重臣爲之，序在將軍之前，地位甚高；〔註109〕復有軍師祭酒，序在亭侯、關內侯之前，蓋是諸祭酒之長。此諸職殆皆文職，多不帶軍號，故應是參預謀議之職，而有佐臣之稱。此爲曹操集團之特色。至於本部之外，曹操於戰時他軍亦置有軍師之職，如楊俊由「南陽太守……徙爲征南軍師」是也，只是有否帶軍號則不詳。〔註110〕可見其設置此職之繁。孫權雖偶置軍師，但多不見載，蓋亦爲謀議之職。〔註111〕

至於劉備，〈諸葛亮傳〉載劉備於赤壁之戰時即「以亮爲軍師中郎將，使督零陵、桂陽、長沙三郡，調其賦稅，以充軍實。……成都平，以亮爲軍師將軍，署左將軍府事。先主外出，亮常鎮守成都，足食足兵」云。是則軍師中郎將、軍師將軍此二職不僅以獻計謀議爲主，且有執掌留守、後勤之權，而亦不帶軍號，略如蕭何當年之助劉邦也。因此，親待亞於諸葛亮的龐統，死前曾與諸葛亮並爲軍師中郎將，後隨劉備西征益州，參預謀議。〔註112〕由於諸葛亮之軍師將軍職權如此重要，以故實際地位居於關、張諸將軍之前；〔註113〕至於益州平後，麋竺之所以能以「安漢將軍，班在軍師將軍之

〔註107〕見《三國志‧武帝紀》，卷一，頁15。

〔註108〕此之《魏書》應是王沈《魏書》，文見《三國志‧武帝紀》該年月條裴注，卷一，頁39。又，引文之標點爲筆者所改點。

〔註109〕如建安二十二年六月，以軍師華歆爲御史大夫，即遷爲三公是也。見《三國志‧武帝紀》，卷一，頁49。

〔註110〕見《三國志‧楊俊傳》，卷二十三，頁663。

〔註111〕如孫策創業，命張昭爲長史，事務一已委之。策臨亡，以弟權託昭，昭率群僚立而輔之。昭復爲權長史，後劉備表權行車騎將軍，昭爲軍師。可見吳軍師之地位。見《三國志‧張昭傳》，卷五十二，頁1219。吳軍師爲獻計謀議之職，《三國志‧吳範傳》所載範事可爲助證，見卷六十三，頁1423。

〔註112〕詳《三國志‧龐統傳》，卷三十七，頁954。

〔註113〕〈先主傳〉載建安二十四年秋，群下上劉備爲漢中王之表，見諸葛亮已序於

右」也者，蓋是因其曾於危難時資助劉備軍資，並進妹於備爲夫人故也，但劉備亦僅止於「待之以上賓之禮，未嘗有所統御」，如此而已。〔註114〕在蜀漢建祚後也有軍師閒置之例，如劉琰在後主立後，班位每亞李嚴，「爲衛尉中軍師後將軍，遷車騎將軍。然不豫國政，但領兵千餘，隨丞相亮諷議而已」。〔註115〕由此可見劉備與曹、孫初置此職時異同之處。然而大抵上軍師在軍之地位仍甚高，觀諸葛亮於北伐軍序列中，文武官皆可帶軍師銜而排於最前列，且皆帶軍號，即可知之，此實爲蜀漢的特色，蓋用以表示在其國策指導之下文武合一切志北伐歟。

典軍之名，始見於靈帝崩前之置西園八校尉，而曹操即是其中的典軍校尉。其後曹軍亦曾置此職，如夏侯淵在官渡之戰時，以潁川太守行督軍校尉；紹破，使督兗、豫、徐州軍糧，拜典軍校尉。〔註116〕此例可見典軍校尉序位在督軍校尉之前。不過，曹軍之典軍校尉似爲領兵實職，任之者見載極少，更未見直名典軍者。孫權亦然，孫權稱帝前後均未見其有典軍或典軍校尉之置，直至孫皓亡國前始見有左典軍一名，〔註117〕而其詳則不得而知。劉軍除此會銜外亦極少見典軍之職，今所見兩例，一是《三國志・王平傳》，載「亮卒於武功，軍退還，魏延作亂，一戰而敗，平之功也。遷後典軍、安漢將軍，副車騎將軍吳壹住漢中，又領漢中太守。十五年，進封安漢侯，代壹督漢中」；另一是《三國志・董和傳》裴注，介述諸葛亮主簿胡濟云：「亮卒，爲中典軍，統諸軍，封成陽亭侯，遷中監軍前將軍，督漢中，假節領兗州刺史，至右驃騎將軍。」是則蜀漢之諸典軍，皆以將軍帶之而有領兵之權，序位在軍師、督軍、監軍、護軍之後，或許諸典軍所領，是天子或統帥大營之親衛諸軍。〔註118〕由於密近，是以外調時多爲最重要之漢中督，其例頗同於原爲劉備牙門將軍之魏延，特被劉備不次提拔爲漢中督也。

關、張諸將軍之前。《三國志》，卷三十二，頁884。
〔註114〕詳《三國志・麋竺傳》，卷九十九，頁368。
〔註115〕見《三國志・劉琰傳》，卷四十，頁1001。
〔註116〕詳《三國志・夏侯淵傳》，卷九，頁270。
〔註117〕見《三國志・三嗣主・孫皓傳》，卷四十八，頁1162。。
〔註118〕二人分見《三國志・王平傳》（卷四十三，頁1050）及《三國志・董和傳》裴注（卷三十九，頁980）。按：王平原爲劉備牙門將，建興六年首次北伐時隸屬於諸葛亮愛將馬謖部，謖戰敗而平部獨完，特爲亮所重，加拜參軍，統五部兼當營事；胡濟原爲諸葛亮主簿，二人皆與亮密近，且似皆領亮之親衛軍。

　　總而言之，諸葛亮主政蜀漢時期，由於頻繁北伐，於平時常制之外，戰時軍中殆普置前、後、左、右、中五部野戰軍，每部各編或多置軍師、督軍、監軍、護軍、典軍等五種戰時參與謀議或監督軍旅之職，且皆由其中之督將所兼帶。類似的職銜仍頗散見於諸葛亮死後，並且也頗用以作為軍區正副主帥之職稱，恐怕這種軍制，即為蜀漢軍隊所特有，而與魏、吳軍制有所異同之重大特色所在。然因史文有闕，不敢遽斷。

　　蜀漢征伐作戰體制如此，並不意謂軍區體制亦盡是如此。例如《季漢輔臣贊》贊先主穆皇后之兄吳壹時，陳壽注曰：「先主定益州，以壹為護軍、討逆將軍，……章武元年，為關中都督。」但於《三國志・後主傳》建興十二年（234）八月條則謂「以左將軍吳壹為車騎將軍，假節督漢中」，〔註119〕已去護軍之職。於此不禁要問，蜀漢由「都督」轉為「督」，由「關中」換成「漢中」，究竟有何意義，是升抑或降？按：漢末袁紹、曹操之軍區制中，都督一州或都督某地區，於建安中、前期是中級軍職，後期則已是高級軍職；魏文帝曹丕於篡漢之際，逕改「行都督督軍」為軍區「都督」，遂使此名號正式成為方面大員之職稱，前拙文一已詳論之矣。章武元年是劉備始元，正當魏文帝改「行都督督軍」為軍區都督之時，故劉備不可能如此快就仿效之，且劉備又從未統治過關中，是以蜀漢之「關中」性質應屬於虛置或僑置，吳壹是第一位此類型的遙領州郡軍區都督。因此，吳壹由關中都督改為漢中督，而此時期蜀漢之軍區督重於軍區都督，是則吳壹的軍職是由虛遷實、以重易輕也，況且本官已遷為重號將軍而加假節耶，故應是升官。鑑於蜀漢僅有益州一州之地，以故不效法當時魏文帝之置大帥級州都督，但亦因益境遼闊，復需保持王朝之體制，以故置有郡級都督，應可想而知也。可見劉備即尊前後，一塞或一郡之軍區都督，除了李豐等少數人之外，本官多為中、高級之官，位階均不太低；若從其始終僅有益州一地的實情看，則其軍區督及都督，與郡相當而或過之，可算是蜀漢地方方面之軍事大員矣，以故頗常不領郡，而由副都督兼領。副都督不是正式職稱，任之者蓋以監軍、護軍、典軍或參軍等職稱為名，然為數不多，固仍為蜀漢軍制之特色也。嚴耕望先生據蜀漢督區僅一郡或數郡，謂「此與魏制大異」，但吳制大抵上所督亦與蜀漢頗同，只有副都督之特色與魏、吳皆異。

〔註119〕〈季漢輔臣贊〉及陳注，見《三國志・楊戲傳》，卷四十五，頁1083；〈後主傳〉見同書卷三十三，頁897。

　　蜀漢之重要軍區，依次爲漢中、永安、江州以及庲降，可算是其四大軍區。永安、江州述已見前，於此茲再述執行南撫戰略的庲降，以證上言之不虛。

　　庲降地當益州南部的雲貴高原，漢以來有「南中」之稱，民族種落眾多而社會政治情況複雜，故庲降都督之置，以鎮撫諸族爲主要任務。劉備置此都督蓋在取得益州之後，首任都督爲鄧方（字孔山），前已述之，其人見於《季漢輔臣贊》之贊鄧孔山條，陳壽爲之注曰：「爲朱提太守，選爲安遠將軍、庲降都督，住南昌縣。章武二年卒。」是則庲降都督初置，即以太守帶雜號將軍爲之，並由於鄧方以朱提太守首任此職，故初治厥在朱提郡郡治之南昌縣（今貴州鎮雄縣），隨著軍事需要而東遷至與荊、交二州接近的平夷縣，再向南深入滇池東北而駐於味縣也。陳壽謂鄧方卒於章武二年恐不確，其實蓋卒於章武元年，繼任者爲李恢。《三國志·李恢傳》載云：

　　　　章武元年，庲降都督鄧方卒，先主問恢：「誰可代者？」恢對曰：「……臣竊不自揆，惟陛下察之。」先主笑曰：「孤之本意，亦已在卿矣。」遂以恢爲庲降都督，使持節領交州刺史，住平夷縣。

　　　　先主薨，高定恣睢於越巂，雍闓跋扈於建寧，朱褒反叛於牂牁。丞相亮南征，先由越巂，而恢案道向建寧。……於是恢出擊，大破之，追奔逐北，南至槃江，東接牂牁，與亮聲勢相連。南土平定，恢軍功居多，封漢興亭侯，加安漢將軍。後軍還，南夷復叛，殺害守將。恢身往撲討，鉏盡惡類，徙其豪帥于成都，賦出叟、濮耕牛戰馬金銀犀革，充繼軍資，于時費用不乏。建興七年，以交州屬吳，解恢刺史。更領建寧太守，以還居本郡。徙居漢中，九年卒。

是則劉備稱帝之前，此軍區都督即已由州郡長官或帶軍號以任之，甚至可能使持節，本官地位不致太低，約與督漢中·鎮遠將軍領漢中太守魏延相當，只是不稱「庲降督」而已。繼鄧方出任庲降都督的李恢，曾爲劉備領益州牧時之重要屬僚，以故任之爲庲降都督並使持節·領交州刺史，只因交州當時屬吳，故亦應是僑置或虛置，但形式上不失爲方面大員。

　　李恢卒後，由張翼繼任。《三國志·張翼傳》載云：

　　　　先主定益州，領牧，翼爲書佐。……累遷至廣漢、蜀郡太守。建興九年，爲庲降都督、綏南中郎將。翼性持法嚴，不得殊俗之歡心。耆率劉胄背叛作亂，翼舉兵討胄。胄未破，會被徵當還，……

> （十一年）馬忠因其成基以破殄胄，丞相亮聞而善之。亮出武功，
>
> 以翼爲前軍都督，領扶風太守。

是則因張翼本官僅爲綏南中郎將，以故位階略低。張翼被馬忠替代後，前引
《三國志・馬忠傳》載其於建興十一年（233）遂平劉胄之亂，故加忠監軍・
奮威將軍，蓋戰後委馬忠以監軍・奮威將軍・庲降都督之官職——即中央派
遣軍指揮官兼爲庲降軍區都督——全權統一指揮此都督區內的所有部隊也，
因而遂將都督駐地由平夷縣南移至味縣，居於南中之中，處於民夷之間，用
以加強鎮撫之事。馬忠卒於延熙十二年（249），可謂久任其職矣，而繼之者
殆爲張表。

張表是蜀郡名士，無傳，附見於卷四十五《三國志・楊戲傳》，僅略謂「張
表有威儀風觀，始名位與戲齊，後至尙書，督庲降後將軍，先戲沒」。《華陽
國志・南中志》謂忠卒後，「以蜀郡張表爲代，加安南將軍，又以犍爲楊羲（戲）
爲參軍副貳之」。〔註120〕楊戲即是《季漢輔臣贊》的作者，與張表友，本傳謂
其出身州府僚屬，後「遷南中郎參軍，副貳庲降都督，領建寧太守。以疾徵
還成都，拜護軍監軍」，任期不詳。

楊戲於景耀四年（261）卒，卒後兩年蜀亡，此期間之繼任庲降都督不詳，
但知霍弋在蜀亡之際也擔任參軍・庲降屯副貳都督。霍弋附見於卷四十一其
父霍峻之傳，而《三國志・霍峻傳》云：

> 後主立太子璿，以弋爲中庶子，……後爲參軍庲降屯副貳都
> 督，又轉護軍，統事如前。時永昌郡夷獠恃險不賓，數爲寇害，乃
> 以弋領永昌太守，率偏軍討之，遂斬其豪帥，破壞邑落，郡界寧靜。
> 遷監軍翊軍將軍，領建寧太守，還統南郡事。景耀六年（即蜀亡之
> 炎興元年，263），進號安南將軍。是歲，蜀并于魏。弋與巴東領軍
> 襄陽羅憲各保全一方，舉以內附，咸因仍前任，寵待有加。

是則霍弋先任參軍・庲降屯副貳都督，與前任楊戲同；其後又轉護軍，統事
如前，即以護軍爲庲降屯副貳都督，或是逕以護軍代爲實際之都督？其後因
永昌郡夷獠之亂，故領永昌太守率軍討平之，然後遷監軍・翊軍將軍・領建
寧太守，還統南郡——應指南中諸郡——諸軍事。按：以副都督兼領駐地太
守是蜀漢軍制之特色，以故霍弋應是以監軍爲職稱的副都督代行都督事也。
至於蜀亡之歲進號安南將軍，最後降於魏而仍前任，始終未見升任爲庲降都

〔註120〕見《華陽國志校補圖注・南中志》，頁247。

督，而庲降都督亦不知是誰，其情況與事蹟蓋同於巴東副貳都督羅憲之堅守永安。

霍弋降前之官職既拜監軍・安南將軍・庲降屯副貳都督・領建寧太守，故其降後所「仍前任」應即是此官職。然而同傳注引《漢晉春秋》記其堅守後降之事稍詳，卻謂「晉文王善之，又拜南中都督，委以本任」云，而《三國志・陳留王奐紀》咸熙元年（264）七月辛未詔，則稱霍弋爲「南中都督護軍」。不過，《通鑑》於魏元帝（即陳留王奐）咸熙元年三月條所載又異於此，謂「初，漢建寧太守霍弋都督南中，……得（後主劉）禪東遷之問，始率六郡將守上表……晉王善之，拜南中都尉，委以本任」云。〔註121〕據此，除非「都督南中」之「都督」作動詞用，否則霍弋於國亡前蓋已正任南中都督，而司馬昭將之降爲南中都督護軍或南中都尉，但仍委以本任，事權不變。何者爲是？

筆者以爲，假如時無新任之庲降都督，則霍弋以監軍・安南將軍・庲降屯副貳都督・領建寧太守指揮南中諸郡軍事實爲可能，蓋如先前馬忠以監軍・奮威將軍・庲降都督全權統一指揮其都督區內的所有部隊，只是霍弋職稱是以副都督掛監軍銜，而馬忠則以正都督掛監軍銜罷了，然皆高於楊戲之掛參軍銜。正因霍弋以此職稱「還統南郡事」，以故始能「率六郡將守上表」投降。因此，降魏後謂司馬昭拜之爲南中都督，其事則相當可疑，其原因有二：

一是軍區都督權位高於軍區監。考堅守永安而後降的巴東副貳都督羅憲，司馬昭將其軍職略降爲巴東監軍，則霍弋由監軍・庲降屯副貳都督降爲南中都督護軍誠爲可能之事，蓋降敘乃是處置降臣常見之例。何況「都督護軍」乃至「都督督軍」之職曹操已先行之（詳拙文一），而蜀漢亦已有李豐爲「江州都督督軍」的先例。由此可知，陳留王奐之詔書似更符合實情，而司馬昭「拜南中都督」蓋是省文或誤；至於《通鑑》先言「霍弋都督南中」，後謂降爲「南中都尉」，則皆應爲誤，尤其都尉位階偏低，故降爲南中都尉固是劇降也，想當時招降納叛、收拾人心之際，司馬昭將不至於如是。

二是蜀無南中都督之職。「南中」自漢以來皆是地理名詞，未作地方行政區劃之用；「庲降」亦是地名，在南中，但確切方位不詳。〔註122〕蜀在南

〔註121〕參《通鑑》是年月條，卷七十八，頁2485。按：胡三省注謂「南中七郡，而此言六郡者，蓋越巂已降魏也」。

〔註122〕裴松之採訪蜀人，謂「蜀人云庲降地名，去蜀二千餘里，時未有寧州，號爲

中所置唯一都督雖治所屢徙，但一直以庲降為名。是則霍弋降魏若拜為南中都督，即使有也是軍事佟傯之間所權置，而非定職，故霍弋之後，僅見晉武帝司馬炎於交州刺史陶璜卒後，一度用吾彥「為南中都督、交州刺史」以平亂而已，〔註 123〕其後再未見南中都督霍弋或吾彥之職名，而《晉書・地理下》交州條亦僅謂「晉平蜀，以蜀建寧太守霍弋遙領交州，得以便宜選用長吏」罷了。〔註 124〕甚至吳亡前夕，交州交阯郡吏民叛吳附晉，晉武帝以馬融為太守。融病卒，史載遙領交州之「南中監軍霍弋又遣犍為楊稷代融，與將軍毛炅……等，自蜀出交阯，破吳軍於古城，斬大都督脩則、交州刺史劉俊」云。〔註 125〕由此觀之，霍弋入晉後，殆可能初為「南中都督護軍」，稍遷「南中監軍」，所管治之南中軍區，於魏、晉之間未限於監護益州南部七郡而已，應亦兼及交州，故若其由蜀漢監軍・安南將軍・庲降屯副貳都督・領建寧太守的官職拜為晉南中都督，蓋是升職而非降也，當時蓋為不可能之事，是故以陳留王奐詔書所敘的職名較為正式準確。

要之，蜀漢庲降都督區為四大軍區之一，都督區為南中七郡，幾佔半個益州，遠較漢中、永安及江州三督為廣，但因其職以鎮撫內部的南中種落為主，並未臨接大敵，是以其建制始終為軍區都督而非軍區督，主帥本官也略低於漢中等三督。情況略如吳末的交、廣二都督。

至於與北伐關係最為密切的漢中督區，雖前面已略有論述，但於此仍欲稍作補充。

漢中郡之北雖有秦嶺連綿橫亙，但為蜀漢北伐以及防禦的主要軍道所在，而且於諸葛亮北伐取得武都、陰平二郡之前，〔註 126〕其位置孤凸於巴蜀之北，使其三面受敵，而被曹軍一再進兵於此，以故形勢危峻，地緣戰略極

南中，立此職以總攝之」云云，見《三國志・李恢傳》注，卷四十三，頁 1046。又，《華陽國志校補圖注・南中志》任乃強注謂非地名，而是「招徠降附者之義」，蓋是猜測之詞，未睹實據，見該書頁 231 之注釋 2。

〔註 123〕陶璜原為吳之末代交州刺史，正文前面已述之：吳亡降晉，武帝詔復其本職，未聞曾為南中都督。璜在南三十年，及其卒後，九眞兵賊作亂，逐其太守，吾彥悉討平之。是則吾彥蓋因用兵，故武帝臨時兼授其以南中都督之職也。二人於《晉書》有傳，於此不贅。又，晉武帝是將都督定制之人，南中都督於魏、晉之際僅此兩見，蓋未為定制也。

〔註 124〕見《晉書・地理下》交州條，卷十五，頁 465。

〔註 125〕事見《晉書・陶璜列傳》，卷五十七，頁 1558。

〔註 126〕據亮傳，亮敗於街亭而退還漢中後之翌年，「遣陳式攻武都、陰平。魏雍州刺史郭淮率眾欲擊式，亮自出至建威，淮退還，遂平二郡」，於是詔策亮復為丞相。

爲重要。因此，劉備爲漢中王，遷治成都，遂思得重將以鎮漢川，乃拔魏延爲督漢中・鎮遠將軍・領漢中太守，俾其帶郡以統督政軍，委以重任。魏延自後亦一再由漢中軍區督轉爲北伐野戰督，故曾於建興九年北伐之役一度短暫由李嚴代督漢中。建興十二年，諸葛亮由漢中郡之褒斜道北伐，卒於渭濱五丈原後，魏延尋因兵變被平，後主乃以外戚左將軍吳壹爲車騎將軍，假節・督漢中；不久王平因平魏延之功遷後典軍、安漢將軍，副吳壹駐漢中，又領漢中太守，至十五年遂代壹督漢中。至於胡濟於亮卒後爲中典軍，遷中監軍・前將軍督漢中，此皆前已述之。胡濟始任時間不詳，殆至蜀亡仍在任。漢中督僅見此五例，任之者皆蜀漢重臣親將，而未見以「漢中都督」爲稱者，蓋此區乃最重要之軍區也。

析論至此，因嚴耕望先生並未對蜀漢之要塞督有所考論，故此處除了早期督臨沮的馬超之外，仍欲對餘者略作論說，以見其全。

按：劉璋之時早已在益州之北置有白水軍督之要塞職，劉備且曾督此軍，〔註127〕及至劉備佔有益州之後此督似已取消。蓋劉備既已取得漢中而置督，則白水諸地漸已成爲後方內地，尤以諸葛亮取得武都、陰平二郡後爲然，自後益州內地遂不再見有要塞督之設置。亮卒後，蔣琬、費禕相繼執政，內政軍事基本上仍能克遵亮規，對主攻的姜維亦有所抑制，故也未嘗有所虧喪；但當此時，魏之權臣司馬氏卻已易守爲攻，以故蜀漢開始見有要塞督之置，如張翼之於武都郡督建威、廖化於陰平郡督廣武等是也。〔註128〕其後至延熙十六年（253）費禕死後，與禕共錄尚書事的衛將軍姜維遂獨掌大權，尋又加督中外軍事，遷爲大將軍，以故北伐尤急而事功卻不彰，甚至曾因大敗而自貶。鑑於魏軍南征的形跡漸顯，國內主守的聲音漸出，因此姜維開始調整戰略戰術，《三國志・姜維傳》載其事云：

> 初，先主留魏延鎮漢中，皆實兵諸圍以禦外敵，敵若來攻，使
> 不得入。及興勢之役，王平捍拒曹爽，皆承此制。維建議，以爲錯

〔註127〕建安十六年，益州牧劉璋召劉備入蜀助攻漢中張魯並拒曹軍，乃推備行大司馬，又令督白水軍。其後鬧翻，劉璋遂敕關戍諸將文書勿復關通劉備。備大怒，召璋白水軍督楊懷，責以無禮，斬之。事見《三國志・先主傳》，卷三十二，頁881～882。

〔註128〕張翼於延熙元年以後假節督建威，廖化督廣武則時間不詳，俱各見《三國志》卷四十五之本傳。按：《華陽國志・劉後主志》謂景耀二年六月，以征西張翼爲左車騎將軍，領冀州刺史、廣武督。本傳未載此事，恐爲廖化之訛，見《華陽國志校補圖注・劉後主志》，頁417。

守諸圍，雖合周易「重門」之義，然適可禦敵，不獲大利。不若使
聞敵至，諸圍皆斂兵聚穀，退就漢、樂二城，使敵不得入平，且重
關鎮守以捍之。有事之日，令游軍並進以伺其虛。敵攻關不克，野
無散穀，千里縣糧，自然疲乏。引退之日，然後諸城並出，與游軍
并力搏之，此殄敵之術也。於是令督漢中胡濟卻住漢壽，監軍王含
守樂城，護軍蔣斌守漢城，又於西安、建威、武衛、石門、武城、
建昌、臨遠皆立圍守。

此諸地確切位置多不詳，要之在採守勢戰略之下，幾乎棄守秦嶺諸軍道，將
重心退至漢壽（約在劍閣東南之嘉陵江東岸）、樂城（約在漢中成固附近之漢
水南岸）、漢城（也在漢中）等要塞，分命漢中督、監軍、護軍等將守之，而
諸將其實多為要塞督或要塞監。至於三塞之北，則亦命將校於要地柵營以駐
兵，此即所謂諸「圍」也，概與李嚴當年在巴東「造設圍戍」相當。諸圍的
指揮官有的也稱為督，如建威督、西安圍督即是其例。〔註 129〕據《三國志・
鍾會傳》記載魏軍東路主力來攻時的情況云：「會統十餘萬眾，分從斜谷、駱
谷入。……蜀令諸圍皆不得戰，退還漢、樂二城守。魏興太守劉欽趣子午谷，
諸軍數道平行，至漢中。蜀監軍王含守樂城，護軍蔣斌守漢城，兵各五千。」
由此即可知此重點防禦之敵進我守、敵退我攻戰術，勢將徹底失敗，難怪北
軍能輕易突破漢中、陰平之軍道，壓逼蜀漢主力集結退守於劍閣。

總之，先主稱帝之前戰略以攻取佔領為主，故極少設置要塞督。諸葛亮
以北伐為務，使敵國應接不暇，也無廣置要塞督之必要。蜀末易攻勢國防為
守勢國防，故需於北邊險要之地設置要塞督，並頗以將軍、太守為之，職稱
或稱為督，或監或護，名號指揮均不詳，終不能收救亡圖存之效。由此諸例
可見，蜀漢末年之要塞督，殆與赤壁之戰後孫吳初行此制時的要塞督職權性
質差不多，但數量則遠少於吳，蓋蜀有山嶺之險，而無夾江防禦形勢之故也。
有險而仍失守，諸葛亮當年所謂「然不伐賊，王業亦亡，惟坐待亡，孰與伐
之」，誠非「事後孔明」之言。

七、結論

就作戰系統而言，兩漢的監軍、督軍原是監督軍隊之使職，至漢末已變

〔註 129〕西安圍督王嗣官汶山太守，加安遠將軍，見《三國志・楊戲傳》注所引《益
　　　部耆舊雜記》，卷四十五，頁 1091。

成指揮官之職，而新出現的諸督將，包括世所熟知的「都督」，皆爲作戰部隊職低位微的野戰鬥將。從傳世的史料看，董卓軍隊首先出現「大督——督將（都督）——戰兵」的戰時編制，隨著戰事之延續，此制漸發展成熟，曹操更順此衍生出軍區性質的督軍制度，而「督」的權位資望初時高於「都督」。

孫堅是最早與編有督將制度之董軍交戰者之一，但兵力不大，縱使其二子繼續發展，至建安十三年赤壁之戰前，地盤仍僅限於佔有揚州刺史部的江東四郡而已，故軍中除了編有位於將軍、太守之下的野戰大都督及都督之外，自無設置軍區督之需要。發展尤晚的劉備更是如此。自赤壁之戰後，隨著在長江下游與曹操、長江上游與劉備的戰爭發展，孫權已漸視戰事需要而任命野戰的戰役級及戰鬥級督將，如以大軍主帥爲大督或左、右督，下編升城、前部、後部、左部、右部等督，上下節級、分工野戰的分別已漸清楚，規模頗具，似視曹軍編制更爲靈活。

不過，赤壁戰前，孫權已有西進荊益以徐圖天下的國家戰略構想，並據此而策劃出「夾江防禦」的軍事戰略，因此在戰後隨著地盤與兵力的擴充，遂亦開始施行野戰與軍區督將分爲二系的制度。其野戰體制已由董軍當年的「大督——督將——戰兵」發展成爲「大都督——督將——戰兵」的體制，與曹軍的發展情況概略相當。至於軍區體制，則主要是爲遂行「夾江防禦」的戰略而陸續編置要塞督，即派遣將校領兵屯駐於長江南北兩岸諸要塞，以備防禦之需；而此階段大破劉軍的大都督陸遜，更於戰後留督西陵，後來漸變爲荊州西部統轄附近諸要塞督的軍區都督。也就是說，孫軍軍區系統之「軍區都督或大督——要塞督——駐兵」體制中，軍區都督或大督位階高於要塞督，只是較曹魏發展稍晚。其與曹魏比較不同的是，因曹操已挾天子而令諸侯，且三分天下有其二，以故曹軍不論是野戰或軍區主帥，皆頗擁節爲之，也極少設置要塞督；相對的，孫軍主帥多爲私署，因無朝命，以故皆無擁節的任遇，陸遜於第三次荊州之役所以爲假節大都督，蓋是因爲孫權已向魏文帝稱臣而被封爲吳王，故其所假之節應是吳王之節。

孫權在赤壁之戰後、第一次荊州之役前，即是任爲車騎將軍時期，已開始於要塞設置督將，其於濡須口設置濡須督殆是部署要塞督之始。在第二、三次荊州之役取得荊州後，領地大拓，雖因猶未取得巴蜀，「全據長江，形勢益張」的戰略目標尚未完全達成，但戰略情勢卻已從主動變爲被動——即需北防曹操、西拒劉備之態勢變化。因此，孫權遂沿著長江逐漸緣線置督，日

益推廣，甚至於其上設置大督或都督以爲要塞督的統一指揮官。要塞督初由縣令、中郎將等級之將校出任，且多不領郡縣，降至建祚後則率多以將軍爲之，大督或都督更常以輔臣重將擔任，地位大爲提高，只因初時尚僅有揚、荊二州而已，所以並無州都督的建制，州都督要至吳末始於交、廣二州出現。

孫軍沿江所置的要塞督，有時也沿用東漢以來慣例置監，就是所謂的「江渚諸督」，爲孫吳軍制之特色所在；其上所置之大督或都督，則隨著孫權由車騎將軍、驃騎將軍、大將軍，以至接受封王及獨立稱帝的身份改變而改變，漸漸穩定發展爲擁節軍區（大）督或都督，成爲方面大員，以故孫吳都督制的發展晚於魏晉，且應是模仿魏晉常都督制的結果。

孫吳江渚諸督眾多，頗常見於史傳者，由長江自西而東，約略計有西陵督、江陵督、樂鄉督、公安督、巴丘督、中夏督、沔中督、夏口督、武昌督、蒲圻督、柴桑督、虎林督、濡須督、蕪湖督、無難督、牛渚督、都下督、京下督、徐陵督等等。其後晉軍攻至荊州，《通鑑》載謂「斬獲吳都督、監軍十四」云云，可見僅一荊州戰區，於吳末設置都督區以及要塞督或要塞監之多，而軍區都督與要塞監、要塞督之間的運用靈活，概爲曹魏、蜀漢所鮮見，故也是孫吳軍區制度的明顯特色。

大抵而言，樂鄉（或西陵）都督區是在夾江防禦戰略下部署的上游軍區，武昌督區可算是中游，而以扶州爲中心之督區則爲下游。假如以江陵、武昌、扶州爲三個中心，則後二者雖無都督之名，治所也不確知，但仍與前一都督區般，均各由兩個核心點——上游都督區分爲西陵與樂鄉，中游直以武昌分爲左、右，下游亦直以扶州分爲上、下——所構成，以此由點而線、首尾相連，形成夾江長條型的防禦態勢。及至長江出海之後，折經東南諸郡以至交廣，於第二次荊州之役後，則置有吳郡都督、三郡督以及廣州（都）督區與交州都督區。前二都督區主要用於屏衛吳都以及鎮撫山越，後二都督區則用以鎮撫蠻獠，因此督區範圍較大，但重要性則難與長江流域諸大（都）督區相匹。因爲此四都督之置，皆是用以應付內亂，而非爲了抵禦外患也。

總而言之，孫吳建祚前已陸續設置要塞督，建祚後督區規劃漸擴大，出現以大督區或都督區轄領區內諸要塞督之制。此時孫吳已有官員遙領或虛領州名之事例，但大督或都督則仍未以州爲名；及至都督交州與都督廣州之銜出現，始明顯採用魏晉當時現行的常（州）都督制，但已是時至孫吳之末矣。

至於劉備，由於兵力薄弱以及毫無地盤可言，以故初期發展尤慢於吳，

需降至第三次荊州之役時，劉備始效法孫軍以「大督－督－戰兵」作爲野戰體制。更由於從劉備以後，蜀漢大軍征行，常由宰輔親爲元帥，因此雖亦編置督將，而上述體制卻不明顯，發展始終不甚成熟。基本上，可能因爲其國號仍然爲漢，故不致大改漢制，而猶沿用兩漢的將軍領兵制，但已略有一些變化，如第二次荊州之役時，關羽所部即已置有位於將軍、太守之下的野戰都督，自是孟達、張飛等部亦置之。雖然可以說劉備模仿董卓、孫權之野戰體制，但是此職低位微的野戰都督仍屬漢末新制，以故猶可視爲承用漢制也。及至諸葛亮主政，由於頻繁北伐，遂於戰時將北伐軍編成多個作戰序列，如置前、後、左、右、中五部序列，而每部或各編置軍師、督軍、監軍、護軍、典軍等五種參與謀議或監督軍旅之職，且皆由其中之督將所兼帶。這種軍制雖然仍是根據漢末軍制而變化，但是整編得如此整齊，則卻是蜀漢軍制與魏、吳軍制不盡相同的重大特色所在。

隨著領土的擴大，劉備死前亦已開始部署爲數不多的軍區督、軍區都督以及要塞督。大抵劉備西攻益州前委關羽以「董督荊州事」，故關羽實爲劉備最先以及唯一曾置的實職州級軍區督。至於郡級軍區督則以向朗、軍區都督則以鄧方、要塞督則以馬超爲最早。稍後魏延之督漢中亦爲軍區督而非軍區都督，而吳壹之爲「關中都督」則是遙領而已。這些督將或以董督、督、都督見稱，或逕以將軍督軍，尚無統一的規劃。要之在軍區系統，則「董督」之權力甚大，而位望高於「督」，「督」又高於「都督」，自劉備死前已然，至亡國時猶然，基本上仍是漢末之制也，此亦與蜀漢始終僅有一州之地，領土於三國最小的實情有關。

先主劉備死後由丞相諸葛亮專政，爲了貫切實踐北伐興漢的國策，其當務之急是與吳復盟，用以減輕東面壓力及爭取援助；其次是鎮撫南中，以獲取軍資，穩定後方而支援北伐；再後即是全力貫徹北伐。這也就是諸葛亮力主的攻勢國防戰略構想。在此戰略構想之下，諸葛亮的既定規劃是東守、南撫、北伐、中支援，因而蜀漢遂置有永安、庲降、漢中以及江州四個地位約爲郡級的督區，可以算是其四大軍區。也因在此攻勢戰略之下，國內並無設置要塞督的必要，以故要降至亡國前爲防禦魏軍來伐始再設置。

此四大軍區之中，漢中地緣戰略最爲重要，因此主帥一直稱爲督；庲降之主帥則一直稱爲都督，蓋因其位居後方，以鎮撫民族種落爲主，故督區最大而戰略地位卻不如其他督區，情況頗類似於孫吳的交、廣二都督也。至於

永安、江州兩督區，其主帥或稱督或稱都督，人選似乎因人因時而制宜，並無較爲剛性的規劃。

軍區督及都督可算是蜀漢之方面大員，但不必定領郡，而頗常以副都督兼領之。副貳都督不是正式的職稱，有時以監軍、護軍或參軍等職稱爲名，故亦得視同軍區監，實爲蜀漢軍制之另一特色。

至於蜀漢之要塞督，在諸葛亮上述既定戰略之下，國內已無設置之必要。及至後期魏軍南征的形跡漸顯，國內主張守勢國防的聲音漸出，因此督中外軍的大將軍姜維乃開始調整戰略戰術，部署點狀的圍戍，此即當時的要塞督，如建威督、西安圍督即是其較著者，用以施行重點防禦之敵進我守、敵退我攻戰術；縱使蜀漢塞督的職權性質與吳差不多，但數量則遠少於吳，遂造成其後魏軍輕易突破漢中、陰平之軍道，壓逼蜀軍主力全線退守劍閣，以致戰力雖仍可觀而卻終於亡國。諸葛亮力主北伐時所說「然不伐賊，王業亦亡，惟坐待亡，孰與伐之」之語，誠値得再予檢討重視，豈能因陳壽一句「蓋應變將略非其所長」而忽略歟。

總之，就都督制的發展而言，孫吳雖較蜀漢發展爲早而且完備，但均不及曹魏之早而完善。此外，爲因應戰亂的長期化，魏晉都督制發展時間最久且有規模，孫吳較有變化而最終迴採魏晉制，蜀漢則較爲保守漢制，此均是其特色所在，難怪此制發展的主流在魏而不在吳蜀也。

本文近刊於《魏晉南北朝隋唐史資料》37 輯　2018

北魏至北齊禁衛制度的緣起演變

一、前言

二、道武建國前後之情勢與內侍制度的創置

三、北魏前期內侍制度

四、南巡碑所記內侍之官及其制度問題

五、從殿內兵至左右侍衛：二衛府建制與領左右府創置的淵源

六、結論

一、前 言

隋唐行用府兵制，而府兵皆分統於十二衛，後來擴充爲十六衛，世所知之。不過，十二衛，尤其其中的左右衛、左右武衛、左右領軍衛以及最與天子密近的左右千牛衛，乃至左右衛特別統領的直閣屬官以及親、勳、翊三衛，其制度果從何來？則世未必能詳。

隋唐十二衛基本上皆掌宮廷以及京城禁衛之事，治隋唐史者概已周知。本篇所謂禁衛制度，乃泛指北魏宮衛與禁衛未分明前的保衛天子以及京師之軍事制度而言。然而，在孝文帝漢化改革之前，北魏禁衛軍基本上以胡軍爲主，其高級統帥如殿中尚書、內都幢將，皆爲內侍之官；漢化改革後，於晉宋軍事架構之下，其高級統帥如領軍將軍及左、右二衛將軍實爲外朝官，但因頗常帶侍中或散騎常侍之銜，以故也常爲內朝官。影響所及，甚至降至西魏宇文泰創建府兵二十四軍，而作爲常制領兵的高級將領仍援以爲慣例，如開府儀同三司・驃騎大將軍・大都督仍例帶侍中，儀同三司・車騎大將軍・大都督亦例帶散騎常侍，因此此諸高級將領所統之野戰軍形式上就是天子的侍衛軍，可視之爲廣義的侍衛制度。北周侍衛制度雖說遠承晉宋的禁衛體制——即律令上不統屬於內侍系統的禁衛部隊，但論其淵源，則近承北魏以來侍衛制度及其演變的因素居多，尤以左右衛以及領左右（即隋唐千牛衛）爲然。

按：隋唐左右衛於十二衛中組織最爲龐大且複雜，除了統領規劃的府兵外軍——外府——之外，尚統領規畫最完整的親、勳、翊三衛五府內軍——內府——部隊，連他衛所無的直閣等近衛系統亦一併統而有之。〔註1〕至於左右千牛衛在隋文帝之開皇體制中，本於魏齊體制稱之爲「左右領左右府」，府名怪異，故至煬帝的大業體制遂改名爲「左右備身府」，而唐初亦沿開皇體制名爲「左右領左右府」，其後才改名爲左右千牛衛。左右千牛衛所掌爲宮殿侍衛及供御儀仗，屬員且可帶千牛刀，或執弓箭以宿衛，於天子受朝之日，則隨侍昇殿，侍列於御坐之左右；凡親射于射宮，則將軍率其屬以從，是以與天子的關係最爲密近。此則《隋書》及兩《唐書》官志已彰彰明言，無待再贅，只是未詳述其制度的淵源而已。

〔註1〕 魏末北齊置有御仗、直盪、直衛、直突、直閣等五直屬官，開皇體制改爲四直。至唐，左右衛之諸直近衛單位始予撤銷。

隋唐左右衛及左右千牛衛的組織與職掌，揆諸史書，大部分並非源自魏晉南朝，是則必與北朝有關。然而魏初對帶有胡制色彩的侍衛制度記載闕略，其他史料亦少，令人無從考論。為此，筆者不揣淺陋，欲藉此稀少史料，試圖耙疏上述隋唐諸制在北朝之淵源，用以探究其初制以及變化罷了。

要之，晉宋禁衛軍的統帥機關分為統內（中）軍之領軍府與統外軍之護軍府，北魏後期漸將之統歸於領軍府，護軍府則時置時罷；中經西魏宇文泰的改革，乃漸漸釐分為統率禁衛軍的武伯，與及統率宮衛軍的宮伯兩系統。及至周武帝收回統帥權後，在此基礎之上再予改革，諸軍一律侍衛化，遂形成「以衛領軍」之體制。由是隋唐十二衛所分統的禁衛軍實質上就是侍衛軍，或是侍衛、禁衛的混成軍隊，其職責見於《宮衛令》；不過隋唐十二衛所統的侍衛軍，實際上也是中央軍，甚至是國軍，故負有征防之責，須受《軍防令》之規範。〔註2〕

本篇之研究，由拓跋聯盟初置禁衛制度以至北魏後期，宮衛與禁衛尚未分明以前的種種變化為限。其後宮衛與禁衛漸漸分明，至周武帝復改革為「以衛領軍」的全軍侍衛化，則留待本書下篇之〈隋唐十二衛淵源：北朝後期侍衛體制的演變與定型〉再行探究。

二、道武建國前後之情勢與內侍制度的創置

《魏書·序紀》載拓跋氏有名諱的先世皇帝自六十七世的「成皇帝毛」開始，當時猶畜牧射獵於大鮮卑山，「淳樸為俗，簡易為化，不為文字，刻木紀契而已，世事遠近，人相傳授」，亦即其歷史及政令以口傳為主。由於其語言今已不傳，以故其早期制度遂圉然有不可究者。按：東胡系的部落組織，部之下有邑，邑之下為落，〔註3〕原本大小部落領袖皆稱為「可寒」，〔註4〕

〔註2〕 隋朝立有《宮衛軍防令》，唐朝將之分為《宮衛令》與《軍防令》，參仁井田陞著、池田溫編集之《唐令拾遺補》（東京：東京大學出版會，1997.3 初版），頁 1128。

〔註3〕 鮮卑、烏丸皆屬東胡系，語言習俗相同，其部邑組織可詳《三國志·烏丸鮮卑東夷傳》及裴注所引《魏書》，卷三十，頁 831〜840（本文所引正史均據台北：鼎文書局，新校標點本）。拙著〈慕容燕的漢化統治與適應〉（《東吳歷史學報》1，1955，頁 1〜70）亦頗論之。

〔註4〕 《宋書·吐谷渾列傳》載遼東鮮卑領袖弈洛韓有二子，長曰吐谷渾，少曰若洛廆。若洛廆別為慕容氏。渾庶長，廆正嫡。父在時，分七百戶與渾，後二人爭執，吐谷渾率眾西走，若洛廆遣人追之，即稱吐谷渾為「處可寒。」史稱：「虜言『處可寒』，宋言爾官家也。」（《宋書》卷九十六，頁 2369）按：

漢人則一概譯之爲「大人」。降至北魏道武帝登國（386～395）中大破柔然，柔然領袖社崙喪敗之餘尋而復興，自號丘豆伐可汗。史謂「丘豆伐」猶魏言駕馭開張，「可汗」猶魏言皇帝也，蓋即開國皇帝之意。〔註5〕此時拓跋氏已由「代」改國號爲「魏」，由部落聯盟進入了魏朝，可寒亦改稱爲皇帝，故曰「猶魏言」也。「可寒」至此定譯爲「可汗」，大可汗加上尊號後，其可汗號遂爲元首的稱號，此慣例一直爲此後的北方草原民族如突厥等所沿用。〔註6〕因此，道武帝建國前北魏先世之所謂「皇帝」也者，皆是建國後所追諡。

東胡習俗與拓跋氏發展成部落聯盟或酋邦，以至建立王朝式國家，有些舊俗或與其成邦建國的政策制度有關，茲據《三國志・烏丸鮮卑東夷傳》裴注所引《魏書》略論之：

> （烏丸）怒則殺父兄，而終不害其母，以母有族類，父兄以己爲種，無復報者故也。常推募勇健能理決鬭訟相侵犯者爲大人，邑落各有小帥，不世繼也。數百千落自爲一部，大人有所召呼，刻木爲信，邑落傳行，無文字，而部眾莫敢違犯。……

漢人稱皇帝爲「官家」，此事既載於《宋書》，故稱「宋言」，是則若洛廆實是繼其父而爲慕容部可寒，而吐谷渾所部則爲其別部，部酋亦稱可寒。北魏後來遣使回大鮮卑山祀其先世諸祖妣，亦稱之爲「先可寒」、「先可敦」，參米希平，〈鮮卑石室的發現與初步研究〉（《文物》，1981.2）。又，吐谷渾之事復見載於較晚成書之《魏書・吐谷渾列傳》，已改作「可汗」（卷一百一，頁2233）。

〔註5〕柔然亦東胡之裔，原爲拓跋部奴，後自有部落，自號柔然，仍役屬於拓跋部，太武帝以其無知，狀類於蟲，故改其號爲蠕蠕。柔然既服屬於拓跋部爲別部，故柔然部亦稱領袖爲可汗。登國以後社崙復興，自號丘豆伐（《北史》同傳作豆伐，《通典》（杭州：浙江古籍出版社，1988.11）同於《魏書》）可汗之餘，亦採北魏軍幢制立軍法：千人爲軍，軍置將一人；百人爲幢，幢置帥一人。參《魏書・蠕蠕列傳》，卷一〇三，頁2289～2291。

〔註6〕羅新認爲社崙以前鮮卑系諸部之可汗稱號只是酋邦首腦的稱號，可汗作爲原始國家首腦的稱號由社崙始，並據《樂府詩集》及其所引《古今樂錄》，謂時人對可汗之詞多不可解云。按：鮮卑系諸部早期殆有大、小可汗之別，初時漢人不知其義，故一概譯爲大人，但起碼至南朝前期已知其義。又鮮卑之部落亦稱爲「國」，如宇文國、慕容國，拓跋部即稱其本部民爲「國人」，故史書有「國落」之名，可見鮮卑系諸部「國」的觀念與漢人不同。及至社崙爲大可汗，並另加尊號，則的確有將加尊的大可汗號視同漢系王朝皇帝或天子之意，成爲以後北方草原民族國家元首稱號的慣例。羅新之說見其〈可汗號之性質——兼論早期政治組織制度形式的演化〉一文。筆者按語之說及對《樂府詩集》（台北：里仁書局，民國70.3）及《古今樂錄》之分析，請詳前揭拙著〈慕容燕的漢化統治與適應〉及〈木蘭詩箋證〉（收入《史詩三首箋證》，台北：蘭臺出版社，2009.8，頁180～204、259～266）。

大人已下，各自畜牧治產，不相徭役。……其俗從婦人計，至
戰鬥時，乃自決之。……其約法，違大人言死，盜不止死。其相殘
殺，令部落自相報，相報不止，詣大人平之，有罪者出其牛羊以贖
死命，乃止。自殺其父兄無罪。其亡叛爲大人所捕者，諸邑落不肯
受，皆逐使至雍狂地。……以窮困之。〔註7〕

此處所見東胡系的烏丸、鮮卑社會，恐怕尙未完全脫離母系社會，故男人「俗
從婦人計」，「怒則殺父兄，而終不害其母」，且約定俗成之法猶規定「自殺其
父兄無罪」，是故道武帝建國後，欲杜絕母后干政，而建立子貴母死的奇異制
度，《魏書·皇后列傳》已詳載之。社會組織由部、邑、落組成，此即部邑制；
而部之可汗、邑之小帥殆即轉爲北魏後來軍隊的軍幢制，以及部落的酋長、
庶長的酋庶制所本。因戰鬥爭訟之武勇陽剛行爲的需要，是以部可汗、邑小
帥皆由所屬民眾推選具有此領袖魅力的男人爲之，不但爲非世襲之職，兼且
平時也不役屬所部民眾，是自由民的社會。雖然如此，但卻不是說可汗並無
領袖權威，蓋當部民相殘殺時，可汗可「『令』部落自相報，相報不止，詣大
人平之」，而「其亡叛爲大人所捕者，諸邑落不肯受，皆逐使至雍狂地」。因
有此種組織習俗，故《魏書·官氏志》遂載謂「自後兼并他國，各有本部，
部中別族」云。

諸部落各有本部及別部，註4所揭鮮卑慕容部若洛廆本部以及吐谷渾別
部之情況，當可爲例。鮮卑此組織習俗由來遠矣，據《後漢書》及《三國志》
的鮮卑傳並裴注，知漢末鮮卑步度根既立，其「中兄扶羅韓亦別擁眾數萬爲
大人」。建安間，扶羅韓被鮮卑另一部落大人軻比能所殺，其「子泄歸泥及
部眾悉屬比能」。及至曹魏初，步度根與軻比能更相攻擊，乃使人招呼泄歸
泥，謂「汝父爲比能所殺，不念報仇，反屬怨家。今雖厚待汝，是欲殺汝計
也。不如還我，我與汝是骨肉至親，豈與仇等」云云，由是泄歸泥將其部落
逃歸步度根。據此可知，扶羅韓所部原是步度根之別部，中曾依附軻比能而
爲其屬部，最後還歸步度根本部，所以步度根纔有「骨肉至親」，「不如還我」
諸言。又據此事跡，正可印證《史記·匈奴列傳》記載匈奴統一之前，北亞
草原民族千餘年來，「時大時小，別散分離」的常態；而在匈奴主體西遁後，
入據匈奴故地的鮮卑諸部，此情勢依然如故也。

〔註7〕 《魏書》引文見《三國志·烏丸鮮卑東夷傳》裴注（卷三十，頁832～833），
　　　　所載與《後漢書·烏桓鮮卑列傳》之序同，恐出同源史料或《後漢書》錄自
　　　　《魏書》，故此處逕引《魏書》。

　　按：鮮卑諸部入據匈奴故地，接收匈奴餘種十餘萬落，始漸強大而通於漢，並曾在東漢中期「鮮卑邑落百二十部各遣入質」，於時尚無全鮮卑之聯盟組織或酋邦。其崛起出現部落聯盟，是自漢桓帝（147～167）時的檀石槐始。檀石槐以勇健有智略被部落推為大人，於是「東、西部大人皆歸焉」，稱兵十萬，盡有匈奴故地，而分其地為東、中、西三部，各有十餘二十邑落，並「各置大人領之，皆屬檀石槐」。此處所謂三部「各置大人領之」，似為聯盟或酋邦的建制，蓋是檀石槐聯盟模仿匈奴分國為東、西方兩翼諸王長之制以立國，而檀石槐自是大可汗，其餘二部大人則無異如小可汗耳。分國為本部大可汗與諸面小可汗的立國制度，在後起的突厥亦習用之。只是在漢靈帝光和（178～184）中檀石槐死後，因子侄爭國而導致諸部離散，步度根即是其侄之一。此聯盟最大的影響，是「自檀石槐後，諸大人遂世相傳襲」，此處的大人應指部落可汗而言。〔註8〕

　　繼檀石槐而起的是小種鮮卑的軻比能聯盟，但強大不如檀石槐，且於魏明帝太和三年（229）被幽州刺史王雄所派的刺客所殺，聯盟遂實際解體。軻比能聯盟的特色，是因其以勇敢公平、不貪財物的領袖魅力被眾推為大人後，即因「部落近塞，自袁紹據河北，中國人多亡叛歸之，教作兵器鎧楯，頗學文字。故其勒御部眾，擬則中國，出入弋獵，建立旌麾，以鼓節為進退」，〔註9〕成為較早接受強勢漢文化影響的部落，因此能崛起與步度根等部爭長。由此可見，軻比能聯盟之存在也相當短促而不穩定，的確呈現「時大時小，別散分離」的狀態。

　　據上所述，可知漢魏之間，鮮卑原是尚未完全脫離母系中心，文化較劣勢的自由民社會，故女性對事情可得作主張，而男子殺其父兄無罪。此男性親屬相互謀殺叛亂的習俗，自北魏建國後可謂層出不已；而母后干政，則自孝文帝始可謂死灰復燃，六鎮之亂以至北魏興亡，即與靈太后之干政有關。至於可汗由部眾推選，自檀石槐以後纔世襲，而大可汗雖有一定的權威，但卻不像漢式皇帝般，具有絕對的唯一的權力，則是拓跋聯盟時期常見之現象。據此特色描述，可藉以略窺道武帝以前的拓跋聯盟情態。

〔註8〕　《三國志‧烏丸鮮卑東夷傳》裴注所引《魏書》（卷三十，頁836～838），記載與《後漢書‧烏桓鮮卑列傳》之鮮卑部分（卷九十，頁2985～2994）同，因《後漢書》有些文句如「鮮卑邑落百二十部各遣入質」較明暢，故引文均據《後漢書》。

〔註9〕　見《三國志‧烏丸鮮卑東夷傳》，卷三十，頁839～840。

　　根據《魏書‧序紀》所載，拓跋氏至成皇帝即可汗拓跋毛時，已「統國三十六，大姓九十九，威振北方，莫不率服」；而《魏書‧官氏志》則謂「安帝統國，諸部有九十九姓」。過往歷史既出於口傳，以故此傳說殆不可盡信，或許出於後世史臣之虛美。蓋因成皇帝可汗拓跋毛以及安皇帝可汗拓跋越之時，拓跋氏尚在大鮮卑山（大興安嶺北麓）畜牧射獵，而此山能否容納三十六國、九十九姓之眾，殆可置疑。假如將拓跋毛當作拓跋部有史記載以來的第一任可汗，則拓跋越是第五任可汗，但拓跋部需至第六任可汗即宣皇帝拓跋推演時，始率部南遷大澤（殆今呼倫貝爾湖），又需降至第十三任獻皇帝拓跋鄰時乃將拓跋國人分為七部，而讓位給其子第十四任可汗即聖武皇帝拓跋詰汾，命其率部復南移，始居於匈奴故地。然而當此之時，鮮卑以軻比能最為雄長，而拓跋氏則尚未崛起。

　　〈序紀〉開始有較詳細記載的是詰汾之子——即第十五任可汗始祖神元皇帝拓跋力微。〈序紀〉載云：

> 元年，歲在庚子。先是，西部內侵，國民離散，依於沒鹿回部大人竇賓。……賓……將分國之半，以奉始祖，始祖不受，……始祖請率所部北居長川，賓乃敬從。積十數歲，德化大洽，諸舊部民，咸來歸附。二十九年，賓臨終，戒其二子使謹奉始祖。其子不從，乃陰謀為逆。始祖召殺之，盡并其眾，諸部大人，悉皆歛服，控弦上馬二十餘萬。

> 三十九年，遷於定襄之盛樂。夏四月，祭天，諸部君長皆來助祭，唯白部大人觀望不至，於是徵而戮之，遠近肅然，莫不震懾。始祖乃告諸大人曰：「我歷觀前世匈奴、蹋頓之徒，苟貪財利，抄掠邊民，雖有所得，而其死傷不足相補，更招寇讎，百姓塗炭，非長計也。」於是與魏和親。

可汗拓跋力微之元年即是曹魏始建國的魏文帝黃初元年（220），此時軻比能聯盟尚存，而拓跋力微被「西部內侵，國民離散，依於沒鹿回部大人竇賓」，焉有「統國三十六，大姓九十九，威振北方，莫不率服」的氣勢？竊疑力微之崛起為聯盟長，殆在二十九年（魏嘉平元年、蜀漢延熙十二年、吳赤烏十二年，249）併吞沒鹿回部，使「諸部大人，悉皆歛服，控弦上馬二十餘萬」之時，此時已是三國後期，而軻比能聯盟亦已解體。由三十九年（魏甘露四年，259）祭天，「諸部君長皆來助祭，唯白部大人觀望不至，於是徵而戮之，

遠近肅然，莫不震懾」的情勢看，拓跋力微確已有盟主的架勢，而所行使的正是基於傳統「大人有所召呼，刻木爲信，邑落傳行，無文字，而部眾莫敢違犯」擴大後的大可汗權。是則力微之被追諡爲「始祖神元皇帝」，良有以也。

　　據〈序紀〉所載，知拓跋聯盟雖先後與魏晉修好，但諸部排斥優勢的漢文化，國內有國人與雜人、舊人與新人之分，〔註 10〕本位文化觀念及保守勢力強大。因此，國政仍有母后干預，以至廢立可汗，本部則有骨肉相爭分裂，而屬部亦時叛時服，別散分離等舊俗依然盛行。至於聯盟結構，組織鬆散，盟部仍各由其大人統領，盟本部亦仍依胡俗設制，《魏書·官氏志》載云：

> 魏氏世君玄朔，遠統□臣，掌事立司，各有號秩。及交好南夏，頗亦改創。昭成之即王位，已命燕鳳爲右長史，許謙爲郎中令矣。餘官雜號，多同於晉朝。

> 建國二年，初置左右近侍之職，無常員，或至百數，侍直禁中，傳宣詔命，皆取諸部大人及豪族良家子弟儀貌端嚴，機辯才幹者應選。又置內侍長四人，主顧問，拾遺應對，若今之侍中、散騎常侍也。

> 其諸方雜人來附者，總謂之「烏丸」，各以多少稱酋、庶長，分爲南、北部，復置二部大人以統攝之。時帝弟觚監北部，子寔君監南部，分民而治，若古之二伯焉。

此處所言之「帝」，是指聯盟時期最後的大可汗昭成皇帝拓跋什翼犍。什翼犍之前聯盟呈分裂狀態，諸部各擁盟主——煬帝紇那與烈帝翳槐，翳槐則遺命立時在後趙爲質的什翼犍。按：聯盟在可汗拓跋猗盧——即穆皇帝——時已被晉朝由代公進封爲代王，故什翼犍登位即建元曰建國（晉咸康四年，後趙建武四年，338）。什翼犍在位頗久，建樹良多，聲譽亦佳，但最後仍在前秦苻堅遣兵來攻時，爲其子政變所殺；及至其孫即道武帝拓跋珪復國，宏圖大展，建立北魏王朝，最後亦被其子政變殺害。由此可見，聯盟的分合、可汗權乃至皇帝權的大小，始終與聯盟結構以及鮮卑舊俗有關。

　　拓跋聯盟或代王國被苻堅滅亡後，苻堅任命聯盟的別部大人劉庫仁與鐵

〔註 10〕《魏書·官氏志》謂「諸方雜人來附者，總謂之『烏丸』，各以多少稱酋、庶長」（卷一百一十三，頁 2971）；新人指華人（當時稱晉人），見《魏書·衛操列傳》（卷二十三，頁 602～603）。關於拓跋氏對國人以及其他人的畫分概念，可參康樂《國家祭典與北魏政治：從西郊到南郊》（台北：稻禾出版社，民國 84.1）之第一章。

弗衛辰分諸部爲二而統治之，蓋因兩人素有深讎，其勢莫敢先發，可收分化制衡之效。於時，什翼犍之孫拓跋珪年僅六歲，遑遑然輾轉於投靠獨孤、賀蘭等妻母舅部，且常被彼部所圖謀，最後幸得賀蘭舅部的支持，而在符堅淝水之敗後復位；不過，雖得賀蘭部的支持，但危機始終四伏，茲引《魏書‧外戚‧賀訥列傳》一段記載，以略見其復位前後的部落分合，以及建國時之艱辛不穩定：

> 賀訥，代人，太祖（拓跋珪）之元舅，獻明后之兄也。其先世爲君長，四方附國者數十部。祖紇，始有勳於國，尚平文女。父野干，尚昭成女遼西公主。昭成崩，諸部乖亂，獻明后與太祖及衛、秦二王依訥。會符堅使劉庫仁分攝國事，於是太祖還居獨孤部。

> 訥總攝東部爲大人，遷居大寧，行其恩信，眾多歸之，侔於庫仁。符堅假訥鷹揚將軍。後劉顯（庫仁子）之謀逆，太祖聞之，輕騎北歸訥。……訥中弟染干粗暴，忌太祖，常圖爲逆，每爲皇姑遼西公主擁護，故染干不得肆其禍心。於是諸部大人請訥兄弟求舉太祖爲主。染干曰：「在我國中，何得爾也！」訥曰：「帝，大國之世孫，興復先業，於我國中之福。常相持獎，立繼統勳，汝尚異議，豈是臣節！」遂與諸人勸進，太祖登代王位于牛川。

> 及太祖討吐突隣部，訥兄弟遂懷異圖，率諸部救之。帝擊之，大潰，訥西遁。衛辰遣子直力鞮征訥。訥告急請降，太祖簡精騎二十萬救之。遂徙訥部落及諸弟處之東界。訥又通於慕容垂，垂以訥爲歸善王。……其後離散諸部，分土定居，不聽遷徙，其君長大人皆同編戶。訥以元舅，甚見尊重，然無統領。以壽終於家。

> ……訥從父弟悅。初，太祖之居賀蘭部下，人情未甚附，唯悅舉部隨從。……太祖嘉之，甚見寵待。後平中原，以功賜爵鉅鹿侯，進爵北新公。子泥，襲爵，後降爲肥如侯。太祖崩，京師草草，泥出舉烽於安陽城北，賀蘭部人皆往赴之。太宗即位，乃罷。詔泥與元渾等八人拾遺左右。〔註11〕

賀蘭部是拓跋聯盟下之一大部落，其下亦有別部，賀訥父祖兩代均娶拓跋大

〔註11〕文見《魏書‧外戚‧賀訥列傳》（卷83上，頁1812～1813）。按：平文皇帝鬱律爲神元皇帝力微之曾孫，昭成皇帝是平文之子，及賀訥父祖兩代均娶大可汗之女。道武帝之父早死，故昭成女遼西公主即是其皇姑，因而擁護之。

可汗之女爲妻，故有「我國」、「大國」的概念，「大國」即相對指拓跋部而言。舅部對「大國之世孫」尙且服叛如此，且部落雖已被道武帝離散，但在道武被其子兵變所弒時，賀氏猶有舉烽招集舊部的能力，是則北魏建國前後之情勢能不緊張乎？

此在當時，對代王・可汗即昭成帝什翼犍而言，承聯盟分裂之後，當務之急蓋是對外和親四鄰，對內則是撫服討叛，並建立適應體制。因此，在其二十歲的建國二年（339），由「始置百官，分掌眾職」開始，遂陸續展開此對外對內的政策。代王什翼犍所任命的右長史、郎中令皆是晉朝軍府王國之制，既「餘官雜號，多同於晉朝」，大概餘官亦然。其以晉朝外藩自處之意向甚明，與其妻族前燕慕容氏最初的意向略同，而與當時後趙的稱帝獨立不同。〔註12〕至於「建國二年（339），初置左右近侍之職，無常員，或至百數，侍直禁中，傳宣詔命。皆取諸部大人及豪族良家子弟儀貌端嚴，機辯才幹者應選。又置內侍長四人，主顧問，拾遺應對，若今之侍中、散騎常侍也」，則顯然此時之近侍，不管是否隸屬於內侍長所領轄，似乎以晉制爲本而兼採兩漢郎署制度之遺意，但已超出晉朝王國的體制。在立國情勢嚴峻的當時，左右近侍之制雖有擴大人才選用，擴大統治基礎之意；但似乎也有質押諸部大人及豪族，以免其俟機各擁可汗導致聯盟分裂之意。也就是說，代王・可汗什翼犍已開始思考穩固政權的機制。

拓跋珪既得舅部的支持，乘苻堅淝水之敗，而於其登國元年（386）正月即代王位於牛川（今內蒙呼和浩特附近），復以長孫嵩爲南部大人，以叔孫普洛節爲北部大人，只是初期恢復聯盟滅亡前之立國態勢。同年四月，拓跋珪改稱魏王；不過，拓跋珪的權位並不穩定，劉顯（庫仁子）協助拓跋珪之叔窟咄稱兵來爭位，即可爲例。《魏書・昭成子孫列傳》載此事件云：

> （劉顯）遣弟元埿等迎窟咄，遂逼南界，於是諸部騷動。太祖左右于桓等謀應之，同謀人單烏干以告。太祖慮駭人心，沉吟未發。後三日，桓以謀白其舅穆崇，崇又告之。太祖乃誅桓等五人，餘莫題等七姓，悉原不問。太祖慮內難，乃北踰陰山，幸賀蘭部，遣安

〔註12〕 什翼犍登代王位後，慕容皝以女妻之，而什翼犍亦以烈帝女妻皝；但慕容皝接受東晉侍中・大都督・河北諸軍事・大將軍・燕王的封授，是晉朝內臣化之外臣，且有吞併後趙統一河北之志，至其子慕容儁遂滅後趙（代建國十五年，352）。什翼犍僅封代王，始終爲晉朝之外臣而已，但其制置百官，則殆有效法慕容氏之意。

同及長孫賀徵兵於慕容垂。賀亡奔窟咄，……（賀蘭部賀訥弟）賀
染干陰懷異端，乃爲窟咄來侵北部。人皆驚駭，莫有固志。於是北
部大人叔孫普洛節及諸烏丸亡奔衛辰。賀驎聞之，遽遣安同、朱譚
等來。既知賀驎軍近，眾乃小定。〔註13〕

此事幸得後燕的軍事支援，聯軍獲勝，始克平定。復國情勢嚴峻如此，是則
爲國家安全之需要，魏王珪當務之急，就是需要建立一支部落軍之外的內廷
侍衛部隊，並且需要將聯盟諸部離散。於是約在事平之後，史載：

是年（登國元年）置都統長，又置幢將及外朝大人官：其都統
長，領殿內之兵直王宮，幢將員六人，主三郎衛士直宿禁中者；自
侍中已下、中散已上皆統之。外朝大人，無常員，主受詔命，外使，
出入禁中，國有大喪大禮皆與參知，隨所典焉。〔註14〕

此是北魏內侍制度以及胡式侍衛部隊創置之所由起。

至於離散諸部，亦推行於登國初，〈官氏志〉所謂「登國初，太祖散諸部
落，始同爲編民」是也。〔註15〕按：此被離散的諸部牧民，仍集中於首都附
近，實爲其州郡地方兵之外的中央軍構成分子及主力來源。《魏書‧崔浩列傳》
載道武之子太宗明元帝因秋穀不登，而欲遷都於鄴時，浩等向其分析當時的
立國態勢說：

今國家遷都於鄴，可救今年之飢，非長久之策也。東州之人，
常謂國家居廣漠之地，民畜無算，號稱牛毛之眾。今留守舊都，分
家南徙，恐不滿諸州之地。參居郡縣，處榛林之間，不便水土，疾
疫死傷，情見事露，則百姓意沮。四方聞之，有輕侮之意，屈丐、

〔註13〕 引文見《魏書‧昭成子孫列傳》，卷十五，頁385。按：窟咄是昭成子，聯盟
亡後被符洛逼徙長安，符堅敗於淝水後，因亂隨慕容永東遷，永以爲新興太
守，此時爲劉顯引兵所迎。此事件於《魏書‧太祖道武帝紀》登國元年七至
十月條亦有記載。

〔註14〕 見《魏書‧官氏志》，卷一一三，頁2972。按：本段引文原來標點有爭議（請
參張金龍，《魏晉南北朝禁衛武官制度研究》，北京：中華書局，2004.11，頁
660～662），故筆者重新標之。其理由請詳下節論侍從武官時之分析。

〔註15〕 〈官氏志〉謂「神元皇帝時，餘部諸姓內入者。……登國初，太祖散諸部落，
始同爲編民」（見卷一一三，頁3006～3014）。但有些部落是不被離散的，可
能都是四方諸部，如《魏書‧尒朱榮列傳》謂尒朱氏在秀容川世爲稽胡部落
的領民酋長（卷七十四，頁1643～1644），《魏書‧高車列傳》則謂「太祖時，
分散諸部，唯高車以類粗獷，不任使役，故得別爲部落」（卷一〇三，頁2309），
即是其例。

> 蠕蠕必提挈而來，雲中、平城則有危殆之慮，阻隔恆代千里之險，
> 雖欲救援，赴之甚難，如此則聲實俱損矣。今居北方，假令山東有
> 變，輕騎南出，燿威桑梓之中，誰知多少？百姓見之，望塵震服。
> 此是國家威制諸夏之長策也。

鮮卑人口遠少於漢人，在離散部落後，殆仍依部落勝兵之民全民皆兵舊俗而仍爲兵，集中於當時首都所在之雲代，以爲中央戰略預備隊，以威懾東州，此爲北魏當時最佳的立國態勢，是以崔浩始作如此分析，而爲太宗所深然之，放棄遷都就食之計。由此可知，拓跋珪早期創建之胡式內侍制度，蓋已包含了內衛、近衛的體制，其三郎衛士直宿禁中者固爲其內衛部隊，或許還有三郎衛士之尚未直宿禁中者，則殆爲其近衛部隊，此所以稍後有內行內三郎與內三郎之分歟？至於此外之中央軍，則殆應是平時保衛首都的禁衛軍而兼爲中央戰略預備隊者，蓋即是內行內三郎與內三郎之外的三郎耶？此容下文再析論之。

三、北魏前期內侍制度

前文謂代王・可汗——即昭成帝——什翼犍承聯盟分裂之後，於建國二年（339）「始置百官，分掌眾職」，而與本文主題相關者，乃是其中的「初置左右近侍之職，無常員，或至百數，侍直禁中，傳宣詔命。皆取諸部大人及豪族良家子弟儀貌端嚴，機辯才幹者應選。又置內侍長四人，主顧問，拾遺應對，若今之侍中、散騎常侍也」。此制具有擴大人才選用，以擴大統治基礎之意，但也有質押諸部大人及豪族之子弟，以鞏固政權之意。從表一的長孫肥「年十三選內侍」，概可見此制之施行，即內侍或內侍長職位均不高，充其量在散騎常侍及給事中之間，而充任的豪貴子弟年紀也不大，殆兼有培養國家幹部的作用，與漢制的郎署制度頗爲相似。及至拓跋珪復國，當務之急是建立內廷侍衛隊，故於登國元年（388）「置都統長，又置幢將及外朝大人官：其都統長，領殿內之兵直王宮，幢將員六人，主三郎衛士直宿禁中者；自侍中已下、中散已上皆統之」。是則亡國、復國之間，代國胡式內侍制度之創置，已隱然有文、武兩系的建制。但事實上，當時鮮卑諸部質樸，蓋尚無明確的文、武兩分概念，故除了都統長、幢將、三郎的確爲內侍武衛系統之外，其餘復國前的左右近侍、內侍長應皆無文武之分，甚至有專長於牧業等工作者，表一概可知之。及至皇始元年（396），拓跋珪始建臺省，備置百官；並置外

職刺史、太守、令長等官，國家粗具規模之後，乃於皇始三年（398）遷都平城，即皇帝位，改元天興，此即北魏太祖道武帝。

道武帝於天賜六年（407，明元帝永興元年，晉義熙五年）十月爲其子清河王紹所弒，在位期間除了模仿魏晉制度建立政府之外，同時尚依鮮卑舊俗，兼置一套胡制。根據〈官氏志〉所載，其顯著者如：

> 天興元年（398）十一月，詔吏部郎鄧淵典官制，立爵品。十二月，置八部大夫、散騎常侍、待詔等官。其八部大夫於皇城四方四維面置一人，以擬八座，謂之八國常侍。待詔侍直左右，出入王命。

「侍直左右，出入王命」的漢式散騎常侍、待詔等官固爲內侍之官，而分理平城四面諸部民的八部大夫既稱爲八國常侍，殆應也是內侍之官。是則道武帝前後所創之內侍制度，實皆分爲胡、漢二系。此事既明，則下面論證的〈南巡碑〉，某些問題如內侍之官胡、漢雙授等，始可得而有解。至於西魏時所建之二十四軍制，其開府爲何必帶侍中、儀同必帶散騎常侍，亦有淵源可得而溯矣。

〈官氏志〉又載道武帝隨後陸續擴充內侍組織，謂：

> （天賜）二年正月，[註16]置內官員二十人，比侍中、常侍，迭直左右。四年（407）五月，增置侍官，侍直左右，出內詔命，取八國良家，代郡、上谷、廣寧、雁門四郡民中年長有器望者充之。

是則道武祖父昭成帝什翼犍創置內侍長與左右近侍之職，前者「若今（指晉世）之侍中、散騎常侍也」；至此，道武帝又定置迭直左右的「內官」二十員，亦比晉制的侍中、常侍，然而不悉先前的內侍長是否已予撤銷。

按：晉制侍中、常侍掌門下省，日常在禁中陪侍天子，切問近對，故需迭直左右而爲內侍官中的高級內官。[註17]至於外朝大人、待詔等官，只因負責出納詔命，以故亦得侍直左右，爲內侍官中的「左右近侍之職」。近侍非如侍中、常侍般陪侍天子於禁中，是以性質皆爲「侍官」而非「內官」，其地位亦低於「內官」。復因鮮卑尚無文字，去部落聯盟舊俗未遠，政事既日漸繁多，因而出入王命之人亦需增多，以故仍如昭成時之置無常員也。是則從北魏王朝建國至此，皇帝胡式內侍體制實際已置有內官、侍官（近侍）

〔註16〕校勘記謂是三年之誤，是。
〔註17〕參《晉書·職官志》，卷十四，頁732～734；《宋書·百官中》，卷二十九，頁1238～1239，及《宋書·百官下》，卷四十，頁1243～1245。

兩種，而此兩種名目殆爲漢譯之通稱，而非胡官之專名，知乎此，方不會訝異於〈南巡碑〉中何以突然出現如許眾多的胡系內侍官名，以及近衛何以有別於內衛也。

內官、侍官分置，表示二者之身分、地位、執掌皆不相同，或許胡式內官即是〈南巡碑〉所見之內行官，即天子最密近之侍臣，而侍官則僅是天子的左右近侍——含文職侍臣以及武職近衛。此類官員既從八國及四郡取人，則道武帝顯然不僅效法什翼犍所爲，兼且更是爲了與其離散部落的政策相配合。蓋道武帝基於部落聯盟結構對國家安全所隱藏之危機，故隨著以武力開疆拓土，權威日盛之下，遂毅然將神元皇帝拓跋力微以來諸部予以離散，建立起漢式皇帝制之中央集權政府。與其部落離散後的諸部大人，自是遂如同失職，無所統領，「皆同編戶」也。前引賀訥之事例，即可爲明證。因此，道武帝不僅需將被離散後的諸部大人授任爲官，將之納入官僚體制之內，並且也需將其子弟收在近側安置，以爲安撫且兼收質任之效。據此，略可窺知北魏胡系內侍官何以多爲宗戚將相酋長之子弟，而此諸子弟又常有十二三歲即爲天子近臣，名額又隨時添置，置無常員的原因與實情矣。

復者，侍中、常侍自魏晉已是法定的皇帝侍臣，如今道武帝所置「內官」既比侍中、常侍，無異此「內官」應即是侍中、常侍以外的另一種胡系官員，是胡制的高級內侍官；而其他的「侍官」，因亦近侍天子，故也具有內侍的性質。內侍命官分爲「內」之與「近」，蓋與所居在禁門之內或之外有關，其後北齊有朱華閣內外之別（詳後篇），應可爲例。

至於內侍諸官實際的胡制官名，〈官氏志〉所載之早期命官原理，或許值得參考：

> 初，帝欲法古純質，每於制定官號，多不依周漢舊名，或取諸身，或取諸物，或以民事，皆擬遠古雲鳥之義。諸曹走使謂之鳧鴨，取飛之迅疾；以伺察者爲候官，謂之白鷺，取其延頸遠望。自餘之官，義皆類此，咸有比況。

而《南齊書·魏虜列傳》對胡制之官亦有所載述：

> 國中呼內左右爲「直眞」，外左右爲「烏矮眞」，曹局文書吏爲「比德眞」，檐衣人爲「樸大眞」，帶仗人爲「胡洛眞」，通事人爲「乞萬眞」，守門人爲「可薄眞」，偽臺乘驛賤人爲「拂竹眞」，諸州乘驛人爲「咸眞」，殺人者爲「契害眞」，爲主出受辭人爲「折潰眞」，貴

人作食人爲「附眞」。三公貴人，通謂之「羊眞」。

> 佛狸（太武帝）置三公、太宰、尚書令、僕射、侍中，與太子共決國事。殿中尚書知殿內兵馬倉庫，樂部尚書知伎樂及角史伍伯，駕部尚書知牛馬驢騾，南部尚書知南邊州郡，北部尚書知北邊州郡。又有俟勲地何，比尚書；莫堤，比刺史；郁若，比二千石；受別官比諸侯。諸曹府有倉庫，悉置比官，皆使通虜漢語，以爲傳驛。蘭臺置中丞御史，知城內事。又置九豆和官，宮城三里內民戶籍不屬諸軍戍者，悉屬之。

顯示直至北魏中期，其中央官制仍採取胡、漢二元而分置。前述的八部大夫固是明顯的胡制，而所謂的內官、侍官也是胡制，可能就是「直眞」、「烏矮眞」等名的漢文意譯。不僅如此，在置內官二十人，比侍中、常侍的同年，道武又「制諸州置三刺史，刺史用品第六者，宗室一人，異姓二人，比古之上中下三大夫也。郡置三太守，用七品者。縣置三令長，八品者」，而此刺史或許就是胡制的「莫堤」，太守或許就是胡制的「郁若」。加上胡人當兵者聚籍於宮城三里之內，顯爲中央禁衛軍以及中央戰略預備隊，其戰略部署正可體現崔浩所謂「假令山東有變，輕騎南出，燿威桑梓之中，誰知多少？百姓見之，望塵震服。此是國家威制諸夏之長策也」。據此戰略部署以及胡、漢二元、乃至地方行政三長官制的體制看，顯示北魏建國一開始即採行漢趙以來五胡所行用的「一國兩制」政策，[註18] 只是體制官名各有不同而已。據此也顯示出北魏自建國開始即種族主義濃厚，具有強烈的征服王朝性質。及至永興元年（407，即天賜六年）十月，道武爲其子清河王紹所弒，太宗明元帝即位改元後，〈官氏志〉於十一月即載明元帝「置騏驎官四十人，宿直殿省，比常侍、侍郎」。漢式內侍無此官名，是則此騏驎官也是胡制的內侍官益明，只是地位略低於比侍中、常侍的內官罷了。

北魏胡式內侍系統既置有比侍中、常侍的內官以及上述諸近侍官，而侍中、常侍在魏晉屬文官系統，因此後來孝文帝漢化改制後，至北齊而於門下省置有「左右局」，所統殆即與此類從「侍直左右」演變而來之文職近侍官有關。此問題請容後論，此處所要討論者厥爲內侍系統中的侍從武官，尤其是

〔註18〕 請詳拙著〈漢趙國策及其一國兩制下的單于體制〉（《國立中正大學學報》3-1，1992）、〈後趙的文化適應及其兩制統治〉（《國立中正大學學報》5-1，1994）與〈前後趙軍事制度研究〉（《國立中正大學學報》8-1，1997）三文，不贅。

與後期「領左右府」制度相關的內侍淵源與發展。

前謂道武帝於登國元年「置都統長，又置幢將及外朝大人官：其都統長，領殿內之兵直王宮，幢將員六人，主三郎衛士直宿禁中者；自侍中已下、中散已上皆統之」。按：「都統長」一官，除〈官氏志〉在登國元年一載之外，《魏書》、《北史》其他篇章均無載及。疑道武一再改制時已取消此官或改爲他官所取代。蓋「都統」之爲義，有總統總領之意。〔註 19〕由於禁中並非可以任人隨意之地，以故侍中、中散等官盡管地位再高，其行動也必然受到管制，都統長既是總領殿內宿衛兵的主官，故禁中管制事務捨其之外，不太可能由領兵警戒而地位較低的幢將主之。〔註 20〕至於都統長是否由原先的內侍長轉變而來，史乏明證；但此官既在登國元年僅一見，禁中又需有總領統制之官，故疑此官之消失，殆是已被道武帝撤銷，而其職務則由他官所取代。取代之官，竊疑蓋是「知殿內兵馬倉庫」事的殿中尚書，亦請容下文論之。今所欲先論者，從基層宿衛武官的幢將與三郎衛士開始。

先論幢將。

按：孝文帝漢化改制以前，北魏軍隊採軍幢制，而宿衛軍亦採此建制。據孝文帝太和十七年（493）的《職令》（以下稱《太和前職令》），宿衛幢將從七品上，爲基層武官，宿衛軍將則爲從五品上，是中級將校。宿衛幢將典禁兵，故常隨天子出巡或出征，如《魏書·莫題列傳》云：

> 莫題，代人也，多智有才用。初爲幢將，領禁兵。太祖之征慕容寶也，寶夜來犯營，車人驚駭，遂有亡還京師者，言官軍敗於栢肆，京師不安。……以功拜平遠將軍，賜爵扶柳公，進號左將軍，改爲高邑公。出除中山太守，督司州之山東七郡事。

又如《魏書·羅漢列傳》載云：

> 羅漢仁篤愼密，弱冠以武幹知名。父溫之佐秦州，羅漢隨侍。隴右氐楊難當率眾數萬寇上邽，秦民多應之。鎮將元意頭知羅漢善

〔註 19〕如史載高車「無都統大帥，當種各有君長」（見《魏書·高車列傳》，卷一○三，頁 2307）即無總統之官的意思。

〔註 20〕魏晉侍中、諸散騎常侍，以及黃門與諸散騎侍郎多無法定員額，且常爲加官，故其直宿禁中應是採輪值制，或奉詔而入，而非全部每天都入內直宿禁中，可參前註所揭《晉書·職官志》、《宋書·百官中》。至於中散，因任務不同而有各種職稱，但基本品位則是從五品中，仍高於從七品上的宿衛幢將。中散制度下文尚略有論述，此處不贅，可詳鄭欽仁《北魏官僚機構研究》（臺北：牧童出版社，民國 65.2）之第二編〈中散官〉。

射，共登西城樓，令羅漢射難當隊將及兵二十三人，……意頭具以狀聞，世祖嘉之，徵爲羽林中郎。……從征懸瓠，……以功遷羽林中郎、幢將，〔註21〕賜爵烏程子，加建威將軍。及南安王余立，羅漢猶典宿衛，高宗之立，羅漢有力焉。遷少卿，仍幢將，進爵野王侯，加龍驤將軍。拜司衛監，遷散騎常侍、殿中尚書，進爵山陽公，加鎮西將軍。及蠕蠕犯塞，顯祖討之，羅漢與右僕射南平公元目振都督中外軍事。

此二例可見宿衛幢將是基層軍職，並可由天子所親信的他官兼帶。相對於野戰軍的幢將而言，宿衛幢將似乎也有內幢將之稱，如《魏書・來大千列傳》云：

> 來大千，代人也。父初眞，從太祖避難叱候山，參創業之功，官至後將軍，武原侯，與在八議。大千驍果，善騎射，爲騎都尉。永興初，襲爵，遷中散。至於朝賀之日，大千常著御鎧，盤馬殿前，朝臣莫不嗟歎。遷內幢將，典宿衛禁旅。大千用法嚴明，上下齊肅。嘗從太宗校獵，見虎在高巖上，大千持稍直前刺之，應手而死。太宗嘉其勇壯，又爲殿中給事。世祖踐祚，與襄城公盧魯元等七人俱爲常侍，持仗侍衛，晝夜不離左右。

復因宿衛軍的擴充以及建制單位的分化，於是遂有各種宿衛系統的幢將，如三郎幢將、〔註22〕羽林幢將、〔註23〕虎賁幢將等。〔註24〕原本主入宿三郎

〔註21〕 張金龍前揭書謂羅漢前已爲羽林中郎，「仍遷羽林中郎不可解，當以『羽林中郎幢將』爲宜」（頁679並註3）。按：史書此條之外未見「羽林中郎幢將」一名，羽林幢將則有之，羽林中郎品位在幢將之上，恐怕此句是指以羽林中郎帶幢將，如下句之「遷少卿，仍幢將」，故不從其說。又，張氏復謂「羽林中郎幢將當即羽林中郎將，羽林幢將當即羽林郎將」（頁680），其說亦不足信，蓋猜而無據也。

〔註22〕 如《魏書・樓伏連列傳》載云：「樓伏連，代人也。世爲酋帥。伏連忠厚有器量，年十三，襲父位，領部落。太祖初，從破賀蘭部。又從平中山，爲太守，……世祖征蠕蠕，伏連留鎮京師，進爵爲王，加平南大將軍。……伏連兄孫安文。從征平涼有功，賜爵霸城男，加虎威將軍。後遷三郎幢將。」見卷三十，頁718。

〔註23〕 如《魏書・高湖列傳》載云：「高湖，字大淵，勃海蓚人也。漢太傅衰之後。……率戶三千歸國，太祖賜爵東阿侯，加右將軍，總代東諸部。世祖時，除寧西將軍、涼州鎮都大將，……（湖孫）拔弟腦兒，美容貌，膂力過人，尤善弓馬。顯祖時，羽林幢將。皇興中，主仗令。高祖初，給事中，累遷散騎常侍、內侍長。」見卷三十二，頁753～754。

〔註24〕 如《魏書・宿石列傳》載云：「宿石，朔方人也，赫連屈子弟文陳之曾孫也。

衛士的幢將員額僅有六人，至此似亦因宿衛軍的擴充與分化，而致幢將數目增加，於是遂置有內都幢將，如拓跋可悉陵由內行阿干之拜內都幢將是也。〔註25〕內都幢將是胡制高級宿衛武官，麾下殆統有若干內幢將，且頗常由左右二衛將軍充領，甚至可得升至殿內部隊的統帥殿中尚書。如《魏書·豆代田列傳》載云：

> 豆代田，代人也。太宗時以善騎射爲內細射。從攻虎牢，詔代田登樓射賊，矢不虛發。……以功遷內三郎。……神䴥中，……從討平涼，擊破赫連定，得奚斤等，……加散騎常侍、右衛將軍、領內都幢將。從討和龍，戰功居多，遷殿中尚書。

此種種變化，就現有稀少的史傳所見，多在道武帝死後發展，至其孫世祖太武帝朝則已頗常見。內都幢將以及內幢將，任之者始終以代人爲主，蓋部落人尚武之故也；及至孝文帝漢化改革，乃將之併入漢制禁衛軍的左右二衛府。

　　復次論三郎。

　　北魏前期，史書載有「三郎」與「內三郎」的官稱，事跡常見於明元帝至孝文帝之世，尤因太武帝常征戰而見載較多。三郎之人選亦以代人或胡化漢人，尤其是將領之子弟爲多，蓋爲胡制最常見而位階低於幢將的宿衛侍官。如《魏書·陳建列傳》云：

> 陳建，代人也。祖渾，太祖末爲右衛將軍。父陽，尚書。建以善騎射，擢爲三郎。稍遷下大夫、內行長。世祖（太武帝）討山胡白龍，意甚輕之，……幾至不測。建以身捍賊，大呼奮擊，殺賊數人，身被十餘創。世祖壯之，賜戶二十。

陳建由三郎遷內行長值得注意，表示內行長地位高於三郎，此容下文再贅。
又如《魏書·周觀列傳》云：

> 周觀，代人也。驍勇有膂力，每在軍陳，必應募先登。以功進爲軍將長史，尋轉軍將。……世祖即位，從討蠕蠕。以軍功進爲都副將，……從征平涼，進爵金城公，還爲都將。從破離石胡，加散

天興二年，文陳父子歸闕，太祖嘉之，以宗女妻焉，……拜爲上將軍。祖若豆根，太宗時賜姓宿氏，襲上將軍。父沓干，世祖時虎賁幢將。從征平涼有功，拜虎威將軍、侍御郎，賜爵漢安男。轉中散，遷給事，兼領工曹。」見卷三十，頁724。

〔註25〕常山王遵之孫可悉陵從太武帝平涼州，由內行阿干拜內都幢將，見《魏書·常山王遵列傳》，卷十五，頁374～375。

騎常侍。轉高平鎮將。……子豆，初爲三郎，遷軍將。卒于長樂太
守。

蓋可爲三郎遷軍將之例。由此數例可知，三郎之轉遷，或爲內行長，或爲軍
將，或遷羽林中郎，不一而定，且有後來位至將相大臣者。如《魏書・和其
奴列傳》載云：

和其奴，代人也。少有操行，善射御。初爲三郎，轉羽林中郎，
以恭勤致稱。賜爵東陽子，除奮武將軍。高宗（文成帝）初，遷尚
書，加散騎常侍，進爵平昌公，拜安南將軍，遷尚書左僕射。……
和平六年，遷司空，加侍中。……（顯祖獻文帝）皇興元年，長安
鎮將東平王道符反，詔其奴領征西大將軍，率殿中精甲萬騎以討
之。……子天受，襲爵。初爲內行令。太和六年，遷弩庫曹下大夫，
卒。

這些曾任三郎的武勇代人中，以伊馛的表現較爲特出。《魏書・伊馛列傳》
云：

伊馛，代人也。少而勇健，走及奔馬，善射，多力，曳牛却行。
神䴥初，擢爲侍郎，轉三郎，賜爵汾陽子，加振威將軍。世祖之將
討涼州也，議者咸諫，唯司徒崔浩勸世祖決行。羣臣出後，馛言於
世祖曰：「若涼州無水草，何得爲國？議者不可用也，宜從浩言。」
世祖善之。既克涼州，世祖大會於姑臧，謂羣臣曰：「崔公智計有餘，
吾亦不復奇之。吾正奇馛弓馬之士，而所見能與崔同，此深自可奇。」
顧謂浩曰：「馛智力如此，終至公相。」浩曰：「何必讀書，然後爲
學。衛青、霍去病亦不讀書，而能大建勳名，致位公輔。」世祖笑
曰：「誠如公言。」

馛性忠謹，世祖愛之，親待日殊，賞賜優厚。眞君初，世祖欲
拜馛爲尚書，封郡公。馛辭曰：「尚書務殷，公爵至重，非臣年少愚
近所宜荷任，請收過恩。」世祖問其欲，馛曰：「中、祕二省多諸文
士，若恩矜不已，請參其次。」世祖賢之，遂拜爲中護將軍、祕書
監。……後出爲東雍州刺史，……轉殿中尚書，常典宿衛。……興
光元年，拜司空。……三年，與司徒陸麗等並平尚書事。

蓋「三郎」應是胡制較低級禁衛武官之名，或許自成一個騎射兵科，而自有

一個統率系統，與羽林、虎賁二系有別，更非三種郎官的統稱，〔註26〕因此於羽林幢將、虎賁幢將之外別有一「三郎幢將」的建制，註22所引《魏書‧樓伏連列傳》，謂其「兄孫安文。從征平涼有功，賜爵霸城男，加虎威將軍，後遷三郎幢將」，即可為例。至於最早時道武帝置都統長及幢將，「都統長，領殿內之兵直王宮，幢將員六人，主三郎衛士直宿禁中者」，顯示三郎之指揮官為三郎幢將，則更是明例矣。

三郎幢將是宿衛幢將之一種，或比照野戰幢將而位為從七品上或略高。此外，《太和前職令》另有宿衛軍將之職，位從五品上，高於宿衛幢將。周觀之子「豆，初為三郎，遷軍將」，殆即是遷宿衛軍將之例，然而史書卻未見有「三郎軍將」之名。由此可知，三郎品位當在從七品以下，但需視其所帶的軍號而定，如前述的伊馛，由侍郎轉三郎，加振威將軍，而振威將軍在《太和前職令》位為從四品中，亦即伊馛以從四品中的品秩充任三郎之職也。

至於「內三郎」，前引豆代田之例可值注意，蓋其於太宗明元帝時即以善騎射為「內細射」。後從攻虎牢，以功遷內三郎。至世祖太武帝時拜勇武將軍。從討平涼，擊破赫連定，加散騎常侍、右衛將軍，領內都幢將。其後又從討和龍，以功遷殿中尚書，後轉太子太保，出為統萬鎮大將。其子求周亦為內三郎。也就是說，其父子兩人皆曾任武職的內官或侍官。當豆代田以內三郎拜勇武將軍時，勇武將軍位從三品下，品位已然不低。其後加二品下的散騎常侍及從二品下的右衛將軍，而領「內都幢將」，一直由宿衛的內侍系統中晉遷，以至雙授以高品文、武官，而領胡制內侍禁衛武官的大將，最後甚至遷為總領殿內兵的殿中尚書。其履歷是內細射－內三郎－內都幢將－殿中尚書，厥為胡制內侍禁衛武官經歷記載之最完整者，只是因戰功多而跳過內幢將，直接遷內都幢將而已。

豆代田是代人，此外史書所載任內三郎者均是武勇的代人，如《魏書‧神元平文諸帝子孫‧淮陵侯大頭列傳》載謂：

> 淮陵侯大頭，烈帝之曾孫也。善騎射，擢為內三郎。從世祖有戰功，賜爵。高宗初，封淮陵。性謹密，帝甚重之。位寧北將軍，遷右將軍。卒。

《魏書‧陸真列傳》載謂：

〔註26〕張金龍前揭書主張此說，並謂「羽林中郎（將）地位最高，最為親近，自應屬『內三郎』系列」云（頁680），殆不足信。

　　　　陸眞，代人也。父洛侯，秦州長史。眞少善騎射。世祖初，以
　　眞膂力過人，拜內三郎。數從征伐，所在摧鋒陷陳，前後以功屢受
　　賞賜。

而《魏書・婁提列傳》亦載謂：

　　　　婁提，代人也。顯祖時爲內三郎。顯祖暴崩，提謂人曰：「聖
　　主升遐，安用活爲！」遂引佩刀自刺，幾至於死。

此諸例顯示任內三郎者多以善騎射著稱，甚至可能帶刀以侍衛君主。雖然如
此，但內三郎也可作爲起家之官，史書僅見一例。如《魏書・費于列傳》載
云：

　　　　費于，代人也。祖峻，仕赫連昌，爲寧東將軍。泰常末，率眾
　　來降，拜龍驤將軍，賜爵犍爲公。後遷征南將軍、廣阿鎮大將，徙
　　爵下邳公。父郁，以隨父歸誠勳，賜五等男，除燕郡太守。……于
　　少有節操，起家內三郎。世祖南伐，從駕至江。以宿衛之勤，除寧
　　遠將軍，賜爵松楊男。

據此可知，三郎多爲善騎射之士，似有內、外之分，恐怕與是否入宮宿衛有
關。亦即可能是在平時建制上，三郎部隊與羽林部隊、虎賁部隊皆屬一般禁
衛系統，但入宿之三郎則由內幢將、內都幢將節級統領，成爲近衛的「內三
郎」。是否如此，尚待更多史料始能確考。

　　要之，三郎之上平時置有幢將及都幢將，而入宿禁中之內三郎則似乎由
內幢將以及內都幢將節級統領，而總於殿中尚書，此是太宗明元帝以來，隨
著國家發展而演變的結果，與太祖道武帝初置都統長領殿內禁兵時的簡單組
織，已不可同日而語。至於在三郎、幢將、都幢將之名前面加一「內」字，
蓋表示其宿直於殿內，殆即是內衛或近衛——即後文所述及的「武衛中臣」
也，因「中臣」之義即是內臣之故。陳寅恪先生曾指出北魏起用較爲傳統的
經學之儒，與南朝文史之儒風尚不同，世已周知。或許此等經學之儒爲北魏
設制時，模仿漢制中郎與郎中之遺意，而使內三郎與三郎有所差別歟？〔註27〕
不過無論如何，幢將地位並不高，若謂道武帝初置的六幢將可「自侍中已下、

〔註27〕 據《漢書・百官公卿表上・郎中令》及《續漢書・百官二・光祿勳》所載，
　　　　漢制中郎與郎中隸屬於郎中令（即光祿勳），皆無常員，職掌更直執戟，宿衛
　　　　諸殿門，出充車騎，而分由五官中郎將及左、右中郎將統領。中郎秩比六百
　　　　石，郎中比三百石。筆者以爲，當值勤之時，中郎蓋居殿內（殿中），而郎中
　　　　則在殿廊，故以此爲名也。

中散已上皆統之」也者，此在制度上蓋爲不可能之事。

史書記載三郎或內三郎等官而可論者僅止於此，或需再與高宗文成帝〈南巡碑〉所載侍從系列作一比較，始能得到更眞切的印證。

四、南巡碑所記內侍之官及其制度問題

高宗文成帝拓拔濬是世祖太武帝之孫，爲道武帝以來的第四任皇帝。本紀載其於和平二年（461，宋孝武帝大明五年）二月南巡，三月於靈丘（山西省今縣）仰射，箭踰山峰，爲從臣所不及，故刊石勒銘而還，原額作「皇帝南巡之頌」，世稱之爲〈南巡碑〉。此碑現已殘破爲十塊，碑陰刻有從臣的官爵姓名，今殘存略可辨者有二百八十餘人，拼合後所見官爵姓名共有七列。〔註28〕其中第一列明確謂「右五十一人內侍之官」，對本文之析論最有價值，蓋可免於猜測也。茲將此列五十一人轉錄，以爲論據：

侍中〔撫〕軍大將軍太子太傅司徒公〔步〕六孤〔伊〕□侍中特〔進〕車騎大將軍□太子太保尚書平原王一弗步□□六□將軍□羽眞襄邑子呂河一西　中常侍寧東將軍太子太保尚書〔西〕郡公尉遲其〔地〕　中常侍寧西將軍〔儀〕曹尚書領中秘書太子少師彭城公張益宗　中常侍寧南將軍太子少傅尚書平涼公林金閭　散騎常侍寧東將軍西起部尚書東海公楊保年　寧南將軍殿中尚書曰南公斛骨乙莫干　左衛將軍內都幢將福祿子乙旃惠也拔　寧□將軍宰官內阿干魏昌男代伏云右子尼　左衛將軍內阿干太子左衛帥安吳子乙旃阿奴□□〔將軍〕太子庶子內阿干晉安男蓋妻太拔揚烈將軍內阿干陰陵男社利幡乃妻　安〔北〕將軍內阿干東平公是妻勃萬斯寧東將軍內阿干〔建〕安男尉遲沓亦干　中常侍寧南將軍太子率更令內阿干南陽公張天度　中〔常侍〕寧南將軍□□□太子家令平陽公賈愛仁　〔散〕□□□〔內〕阿干嘉寧男若干若周　＊＊＊＊＊拔忍昕＊＊＊＊＊＊＊＊＊＊普陵＊＊＊＊＊＊＊＊〔陽〕男吐難子如劓　＊＊＊＊＊＊＊＊江乘男一弗阿伏眞　寧〔陽〕〔朔將軍〕□□〔范〕陽子韓天愛　中堅將軍□□□□□武子賀若盤大羅　庫部內阿〔干〕□□庫蘭　內行內三郎高平

〔註28〕碑況及本文所引錄文，請參山西省考古研究所、靈丘縣文物局共同發表之〈山西靈丘北魏文成帝《南巡碑》〉，《文物》1977年第12期，頁70～79。

國　　內行內三郎段魚陽　　　寧朔將軍內行令永平子胡墨田　　　廣

威將軍建德子內行內小賀若貸別　　　內行內小步六孤龍城　　　內行

內小賀賴去本　　　內行內小素和莫各豆　　　內行內小□金□

內行內小乙斾伏落汗　　內行內小□□□□　　　內行內小□□〔他

仁〕　　　內行內小伊樓諾　　　內行內小〔挾〕庫仁眞　　　內行內小

馬〔橐〕　　　內行內小高□各拔　　　內行內小叱羅騏　　　內行內小

吐伏盧大引　　　內行內小步六孤羅　　　內行內小衛道溫　　　內行內

小乙斾俟〔俟〕　　　內行內小同□各拔　　　內行內小呂□　　　內行

內小韓□生　　　內行內小莫耐妻□　　　鷹揚將軍內行令蔡陽男宿六

斤阿□　　　內行令直勲□六孤　　　右五十一人內侍之官〔註29〕

從錄文中，可見侍中、中常侍、散騎常侍等晉宋內侍官，與殿中尙書、內都
幢將、內阿干、內行內三郎、內行內小、內行令等胡制內侍官，並列爲北魏
皇帝的內侍之官。前文謂魏初即採行胡漢二元的「一國兩制」，於此可得印
證。

又從錄文中，可知北魏前期，侍中、中常侍、散騎常侍皆是各級將相要
臣的加官，而加侍中者最高級。這些將相要臣，頗多爲文武官雙授，殆應代
表部族政治政軍合一的政策義意；〔註30〕而他們絕大多數是胡人，蓋拓拔皇
帝欲透過昔日聯盟成員，切實掌握政軍，而實行中央集權也。加上地方行政
採取三長官制，是則其國家性質確是征服王朝益明。

此皆不予多論矣，這裡欲對胡制的殿中尙書、內都幢將、內阿干、內行
內三郎、內行內小、內行令等內侍官略作論述，以與前文相印證，並爲後文
之論述作基礎。

首先試論殿中尙書

就錄文所見胡制內侍的先後排名看，「知殿內兵馬倉庫」的殿中尙書最爲
高級，是皇帝的宮廷總管兼侍衛長，起碼有兩員或已上，嚴耕望先生已有精
細研究，〔註31〕無庸筆者再贅。前文引證豆代田在太宗明元帝時以善騎射爲

〔註29〕引文蓋依考古所與文物局所錄，但因其用簡體字，故胡人姓名轉爲正體字時
或略有出入，筆者未見原碑而不敢確。又，引文所用符號筆者頗作調整，〔 〕
號代表似是而不敢斷定之字，□代表殘損不辨之字，＊＊代表連續殘損不辨
之字，每中空兩格代表另起行，字用粗色者代表值得注意的胡制內侍官名。

〔註30〕此是孝文漢化改制前的雙授情況，至於魏末齊周雙授的問題，可詳閻步克《品
位與職位》（北京：中華書局，2002.2）的第九、第十章，不贅。

〔註31〕嚴耕望先生謂殿中尙書爲諸部尙書最重要之職位，無異是皇帝宮中之侍衛

內細射，後以功遷內三郎，後又以功加散騎常侍・右衛將軍，領內都幢將，再後遷殿中尚書，即可互爲印證。此外，第一列的內侍，任殿中尚書者是日南公斛骨乙莫干，其官職是寧南將軍・殿中尚書，不兼帶漢式內侍官銜，蓋殿中尚書本職即爲內侍之官故也。不過此碑第二列，另見有「侍中安南大將軍殿中尚書□□東安王獨孤侯尼須」一名。獨孤侯尼須就是劉尼（詳後），既爲加大將軍而封王爵，兼帶侍中之官，而所以未列於第一列的內侍名單之中，恐與勒碑之時已下直有關，蓋內官是「迭直左右」之官也。筆者推敲，碑文所見內阿干等內侍之官，或許應隸屬於作爲宮廷總管及侍衛長的殿中尚書所統領，但不敢確。

其次論內都幢將，兼及諸幢將。

第一列內侍之任內都幢將者是福祿子乙旃惠也拔，官職爲左衛將軍・內都幢將，也是直以胡制內侍官職列名於中，而不兼帶漢式內侍官銜，地位則僅次於殿中尚書。注意前文提到豆代田加散騎常侍・右衛將軍時領內都幢將，似乎內都幢將例由或常由左、右二衛將軍所領或兼。而此二衛將軍，於晉宋制度正是禁軍的實際統兵主帥──晉宋禁軍最高統帥雖爲領軍將軍，但領軍將軍常無直屬營兵而統轄左右二衛將軍。據此，筆者認爲內都幢將所統，除了道武帝以來宿衛禁中的幢將以及三郎──宿衛禁中的幢將及三郎即是內幢將及內三郎──系統部隊之外，尚應有其後擴充而成的雅樂眞及斛落眞等胡系近衛軍。或許殿中尚書因總統殿內諸般文武事務，工作繁重，故胡系禁軍實際由內都幢將所統轄，分爲二部，以上隸於殿中尚書。

按：〈官氏志〉載孝文帝太和「四年，省二部內部幢將」。所謂「二部」殆即左、右二部，而「內部幢將」則疑爲「內都幢將」之訛。蓋孝文帝因漢化而裁撤二部內都幢將等胡官，並將其所部幢將及三郎等近衛整編入左、右二衛府，而改用特別的漢式將校官名以示有別。觀沿用魏制的北齊，二衛將軍除了統率羽林、虎賁兩軍之外，另統御仗、直盪、直衛、直突、直閤等五系宿直屬官──筆者於後文概稱之爲「五直屬官」或「五直系統」，〔註32〕蓋即此類胡系近衛改編而成。此類由二部胡系近衛改編以成的五直屬官，之所以被頒予特別的名號，蓋用以保留其原爲胡官的色彩者也。左、右二衛府獨

長，史傳所見有兩三人同時任職者。可詳參其〈北魏尚書制度考〉（《史語所集刊》18），而其〈北魏尚書制度〉（收入《嚴耕望史學論文選集》，臺北；聯經，民國 85.5）的另一文，則是前文的綜合結論。

〔註32〕參見《隋書・百官中》領軍府條，卷二十七，頁 758。

有此類建制，此所以是北魏後期以至北齊隋初，二衛府的組織編制偏大，而職任亦偏重的原因所在。

本列雖有內都幢將乙旃惠也拔一人爲內侍，但卻未見列其他內幢將或幢將。不過，本碑第四列排完諸內三郎後，即排出「中堅將軍庫部內小幢將都」、「揚威將軍內小幢將□」、「宣威將軍內小幢」三名，概爲「內小」系統的幢將，而皆帶雜號將軍的軍號，〔註33〕顯示地位不致太高。

至於在第五列，則幾乎全爲幢將的排名，計有「三郎幢將」、「雅樂眞幢將」約二十餘人（因碑殘不辨之故）。其中三郎系統的幢將有十一人帶軍號，九人不帶；雅樂眞系統的幢將有六人帶軍號，三人不帶。據此，可知此巡的天子侍從武衛中，禁衛幢將起碼分有內小、三郎、雅樂眞三系統。內小既列名於內三郎之後，地位蓋低於內三郎，且因是近衛武官，故此三種幢將皆多帶軍號。無論如何，諸胡系近衛幢將，在建制上殆應隸屬於內都幢將，以一軍令。只是前揭之豆代田，在明元帝時以善騎射爲內細射，後以功遷內三郎，此內細射未知是否即是內小？

又，史傳有三郎之名，本碑則列有內三郎及三郎幢將，而始終未見有「內三郎幢將」之官名，史傳亦無所見，竊疑並無其官。依此而論，竊疑三郎之入宿者殆即爲內三郎，皆統於三郎幢將，蓋三郎系統自道武帝以來本就是宿衛官。前引樓伏連兄孫安文以功加虎威將軍，後遷三郎幢將，或可互爲印證。至於來大千之由中散「遷內幢將，典宿衛禁旅」，則恐怕另有所指，蓋入宿禁中的幢將，除了本碑所列的內小、三郎、雅樂眞三系統之外，另有宿衛的羽林幢將、虎賁幢將，故來大千之「遷內幢將，典宿衛禁旅」，不知隸屬於何系統。羽林幢將及虎賁幢將之名均不見於本碑，遂更不知是否與「雅樂眞幢將」等有所關連。

總之，幢將有帶軍號者有不帶者，殆與任之者的資歷有關，據此碑的排列先後，幢將有內小、三郎、雅樂眞三系統，恐怕在近衛軍中與皇帝的密近性也是如此順序；至於漢式羽林系統地位高於虎賁系統，從史傳眾多武官之遷除以及《太和前職令》之序品，已可得到證明，故不必贅論。羽林系統與虎賁系統屬於漢式禁衛體制，而內小、三郎、雅樂眞此三系統則屬於胡式禁衛體制，恐怕只是後三系較羽林、虎賁來得與皇帝密近，亦即密近天子有程

〔註33〕內小爲武職侍官，如侯剛在孝文帝朝被「文明太后調爲內小，季年從駕襄沔，以軍功轉虎威將軍冗從僕射嘗食典御」，可爲佐證。事見〈侯剛墓誌〉，趙超著，《漢魏南北朝墓誌彙編》，天津：天津古籍出版社，1992.6，頁 188～190。

度上的差異而已。或許上述諸系統部隊，宿衛時皆尚未至於密近到「侍直左右」，位階亦低，是以均未列於第一列的內侍之官中。此殆與「內行」制度有關。

至此，不得不從「內行內三郎」與「內三郎」之別，略論諸內行官。

錄文第一列內侍之官中，見有「內行內三郎高平國」、「內行內三郎段魚陽」二人，排在「內阿干」與「內行內小」之間，均不帶軍號，而且史傳均未見有「內行內三郎」此官名。反而在第三列中，「內三郎」有三十一人帶軍號，四人不帶；第四列中亦有二十人帶軍號，十五人不帶。內三郎在此兩列合共有七十人，是此碑人數最多之官，大多數帶有軍號，其中且有專稱為「典弩庫內三郎」者一人，應是內三郎派至弩庫工作者。此或如漢制諸郎，執戟於殿中為中郎，執戟於殿廊為郎中，任以議事為議郎，派至尚書為尚書郎耶？至於殿內兵馬倉庫，正是殿中尚書職掌之所在，故或可據以作為此諸內侍官是其屬下的證據之一。

就行列排名而言，內三郎排在第一列內侍官以及第二列以散騎常侍為主的晉制侍從官之後，而在第三列之內。又，第三列官員中，給事中、諸種專名給事——如殿中給事、中書給事乃至直稱給事者，以及斛洛眞軍將，則插排於內三郎之間。而在第四列，則三十五員內三郎均排於前面，其後纔是各種折紇眞以及上述的內小幢將。再下來纔是第五列的三郎幢將，以及雅樂眞幢將。第六第七列殘損甚多，僅見若干斛洛眞——或帶軍號或不帶——殿列於最後。由是觀之，起碼不帶軍號的「內行內三郎」，與天子密近的程度，遠非諸「內三郎」所能及也。

由此推之，內三郎的地位，次於諸散騎常侍之後，而與給事中、諸專名給事、斛洛眞軍將地位相當。且第三列中有「明威將軍斛洛眞軍將內三郎万忸于忿提」一人，殆是內三郎派任斛洛眞軍將或斛洛眞軍將兼任內三郎者，根據官銜的寫法以及近侍官派出其他機關單位的慣例推之，如前面之「典弩庫內三郎」，則應以前者為是，即是內三郎派任斛洛眞軍將也。至於三郎幢將、雅樂眞幢將以及斛洛眞，則是侍從隊名中地位較低的官職。前引《南齊書》謂「帶仗人為胡洛眞」，斛洛眞概即胡洛眞，其為帶仗儀隊可知。

前文提到費于起家內三郎，世祖太武帝南伐，從駕至江，以宿衛之勤，除寧遠將軍，顯示內三郎起家時可能無軍號，但仍侍從宿衛。《魏書》諸傳頗見有「白衣左右」之名，概即此類人物。本碑所錄內三郎七十人中，有十九人不帶軍號，可資印證。按：寧遠將軍從五品上，費于因從征宿衛之功而

獲之，故可能至此始從白衣內三郎變爲從五品上的內三郎。又，婁提在顯祖
（文成帝之子）時爲內三郎，及至顯祖暴崩，提謂人曰：「聖主升遐，安用
活爲！」遂引佩刀自刺，幾至於死。此皆顯示內三郎的確是宿衛軍職，甚至
帶刀宿衛，較上述諸軍系統更近衛於天子，只是未如內行內三郎般，因貼身
內行而爲內官而已。

　　或許內行內三郎是魏帝從近衛的內三郎中，挑選更親信者任之；其他內
行官如內都幢將、內阿干、內行內小、內行令等亦當作如是觀。這些內行官
殆均屬內官系統，只是內行內三郎或由侍官系統的內三郎中選拔，而內三郎
（起家者除外）則或由一般禁衛系統的三郎中選拔，一步一步行向君主側近，
以至迭直左右而已。

　　所推若是，則方諸隋唐制度，十二衛府兵中所謂「內府」的親、勳、翊
三衛五府，皆是從皇親國戚以及各級文武官子弟中選充。父祖親等品秩低者
充翊衛，較高充勳衛，更高充親衛，其尤親貴者則得遞任千牛衛，帶弓刀「侍
直左右」，庶幾近於此制矣。易言之，隋唐中央十二衛之「領左右府」──
唐初改「千牛府」，後改「千牛衛」，以及其他諸衛轄屬的三衛五府，蓋遠承
此意而師法此制，甚至即是此制演變的後身也。

　　至於殿中尚書，至魏末仍存。殿中尚書作爲皇帝的侍衛長，最可能已取
代建國初時都統長之職。至於內都幢將、內行內三郎、內阿干、內行內小以
及內行令等內侍之官，極可能就是道武帝天賜二年所置的「內官」以及四年
增置的「侍官」之胡制官種，或是由「內官」與「侍官」演變而來，而降至
孝文帝推行漢化政策時皆已併爲漢官或被撤銷。孝文以前，各種內行官原皆
有上述的胡制官名職稱，但後世史官修史，已不詳孝文改革以前之制度，故
以內官、侍官等漢名通譯之，難怪劉知幾嚴厲批評史官「必諱彼夷音，變成
華語」，而不知「今來古往，質文之屢變」也。〔註34〕

　　大抵而言，「內官」二十員既是「比侍中、常侍，迭直左右」之官，則
據本碑第一列的排序，可能殿中尚書以及常由左、右二衛將軍兼領的內都幢
將，甚至連左衛將軍或中常侍兼領的內阿干（內行阿干），皆足以當之。內
阿干於此三胡官中地位較低，據其雙授之漢官觀察，也有可能是麒麟官。因
爲依〈太和前職令〉，列曹尚書位從二品中、散騎常侍從二品下、中常侍第
三品上，而左衛將軍則從二品上、右衛將軍從二品下，品位皆足以相當之故

〔註34〕參《史通・言語》篇（台北：里仁書局，民國89.9），卷六，頁149～153。

也。至於排列於後的內行內三郎、內行內小多不帶軍號，內行令則僅帶中品軍號，恐怕僅能是內侍之官中的中下級近侍而已。

　　至此，有需要略論史書罕載的內阿干（內行阿干）、內行內小，以及較少見的內行令。

　　「阿干」於鮮卑語是兄的意思，〔註35〕故「內阿干」疑與魏帝將諸兄諸從兄，甚至可能其他親貴兄輩，被引用為內官，用以表示關係密切，以及鞏固其政權的措施有關。但本碑之名為「內阿干」者，史書則名為「內行阿干」，僅一見，前引《魏書·昭成子孫·常山王遵列傳》載云：

> 常山王遵，昭成子壽鳩之子也（按：於道武帝即是從兄弟）。少而壯勇，不拘小節。太祖初，有佐命勳，賜爵略陽公。……及平中山，拜尚書左僕射，加侍中。……子素，太宗從母所生，特見親寵。少引內侍，頻歷顯官，賜爵尚安公，拜外都大官。世祖初，復襲爵。……長子可悉陵，年十七，從世祖獵，遇一猛虎，陵遂空手搏之以獻。世祖曰：「汝才力絕人，當為國立事，勿如此也。」即拜內行阿干。又從平涼州。，……世祖壯之，即日拜都幢將。

據此，依輩份是拓跋遵與太祖－拓跋素與太宗－拓跋可悉陵與世祖皆同輩，或許可悉陵先出生，是世祖太武帝從兄，被太武帝呼為阿干。兄弟同獵，感情可知，以故太武帝乾脆命其入內隨侍，而拜之為內行阿干。〔註36〕事實上，作為內侍的「內行」官，或於太宗朝始載諸史傳，但至世祖朝已較多見，降至本碑刻刊之時已常見矣。此例可悉陵似由無官身份而逕拜「內行阿干」，當即本碑的「內阿干」，蓋是天子的「白衣左右」，只因身分特殊而位在都幢將（本碑僅見內都幢將）之下，可以無疑。但本碑在內都幢將之下錄有：寧□將軍宰官內阿干魏昌男代伏云右子尼、左衛將軍內阿干太子左衛帥安吳子乙㫋阿奴、□□〔將軍〕太子庶子內阿干晉安男蓋婁太拔、揚烈將軍內阿干陰陵男社利幡乃婁、安〔北〕將軍內阿干東平公是婁勑萬斯、寧東將軍內阿干〔建〕安男尉遲沓亦干、中常侍寧南將軍太子率更令內阿干南陽公張天度、〔散〕□□□〔內〕阿干嘉寧男若干若周等八人，另有專名的庫部內阿〔干〕

〔註35〕史載遼東鮮卑徒河涉歸兩子分手，嫡子若洛廆追思庶長兄吐谷渾，乃作阿干歌，蓋「徒河以兄為阿干也」，見《魏書·吐谷渾列傳》，卷一〇一，頁2233。

〔註36〕據本紀世祖出生於道武帝天賜五年（408），明元帝泰常八年（423）嗣位，時年十六歲。可悉陵是素之長子，十七歲時（不悉何年）與太武帝兄弟同獵，以故有可能是太武帝的從兄，故被呼為阿干。

□□庫蘭一人，合共九人。觀其姓氏，有些不出於帝室十姓，或根本就是內附之舊部落子弟（如尉遲氏），可見內阿干也如其他內行官般，越後越有擴大任用範圍，以及職務分化的趨向。姑勿論此發展，要之內阿干緊排於內都幢將之次、內行內三郎之前，顯示是內侍官中甚為重要的職稱，宜乎太武帝將其才力絕人的從兄逕拜為內行阿干，而在其立功之後又晉拜為都幢將，使之僅次於殿中尚書也。

由此可見，本碑所載內阿干有九人以上（殘缺字者未計），以其所帶漢式官職、排名及人數看，內阿干較有可能是道武帝所置「比侍中、常侍」內官二十人中之一類，或逕就是明元帝所置「宿直殿省，比常侍、侍郎」的騑驂官。蓋九員內阿干中，寧南將軍·太子率更令·內阿干·南陽公張天度與及寧南將軍·□□□太子家令·平陽公賈愛仁，皆加中常侍之銜，而內阿干·嘉寧男若干若周亦加「〔散〕□□□」（應即散騎常侍）之銜，位階約略可與侍中、常侍乃至侍郎相比也。並且，本碑所見內阿干中，或兼為東宮文官，或兼掌較外衛的禁衛軍，甚至如代伏云右子尼之掌宰官，□□庫蘭之掌庫部，並多帶軍號以領營兵，文武未分、專長不一，與表一所列諸內侍情況相似也。

關於內行內小，史傳無載此名，註33所引墓誌亦僅見侯剛一人被「文明太后調為內小」而非內行內小。至於本碑，則於第一列見載二十一人，而且只有第一人賀若貸別帶廣威將軍軍號，其餘皆為陽春內行內小，蓋皆為「白衣左右」。廣威將軍位四品下，賀若貸別或許是此次南巡中內行內小資望之最高者，但恐非內行內小的長官，可見內行內小於內侍中地位不高。

史傳另載有內行令一官。

前引《魏書·和其奴列傳》謂其「少有操行，善射御。初為三郎，轉羽林中郎，……高宗（文成帝）初，遷尚書，加散騎常侍，進爵平昌公，拜安南將軍，遷尚書左僕射。……和平六年，遷司空，加侍中。……子天受，襲爵。初為內行令。太和六年，遷弩庫曹下大夫」。按：本碑第二列有「侍中尚書左僕射安南將軍□□□平昌公素和其奴」，是則素和其奴即是改為漢姓後的和其奴，史官採用其漢姓，但其加侍中則應在和平二年或以前，史官殆誤。其子素和天受襲爵即為內行令，應是以父蔭起家。天受至孝文帝太和六年始遷弩庫曹下大夫，諸曹下大夫概被孝文帝改為郎中，位從五品上，是則內行令在內侍系統中官位最多僅為中級官，以故第一列將兩內行令列於內侍官的最後。內行令大約同時置有兩員以上，其中的蔡陽男宿六斤阿□帶從五品上的鷹揚將軍，品位與天受相當，而直懃□六孤則是陽春的內行令。

據《魏書‧宿石列傳》，謂其是朔方人，是赫連屈子弟文陳之曾孫。太祖道武帝時文陳父子歸闕，太祖以宗女妻之，拜爲上將軍，至子若豆根，太宗賜姓宿氏，襲上將軍。若豆根子沓干，世祖時爲虎賁幢將。從征平涼有功，拜虎威將軍、侍御郎，賜爵漢安男。轉中散，遷給事，兼領工曹。太平眞君四年從駕討蠕蠕，戰沒。世祖悼惜之，詔求沓干子。「時石年甫十一，引見，以幼聽歸。年十三，襲爵，擢爲中散。……興光中，遷侍御史，拜中壘將軍，進爵蔡陽子，典宜官曹。遷內行令。從幸苑內，遊獵，石於高宗前走馬，道峻，馬倒殞絕，久之乃蘇。由是御馬得制。高宗嘉之，……改爵義陽子。嘗從獵，高宗親欲射虎。石叩馬而諫，引高宗至高原上。後虎騰躍殺人。詔曰：『石爲忠臣，鞬馬切諫，免虎之害。後有犯罪，宥而勿坐。』賜駿馬一匹。尙上谷公主，拜駙馬都尉。天安初，遷散騎常侍、吏部尙書，進爵太山公」。〔註37〕興光（454）是高宗文成帝第二個年號，時宿石由中散‧漢安男遷從五品中的侍御史，拜從四品上的中壘將軍，並進爵蔡陽子，遷內行令，是則宿六斤阿□即宿石也。至於本碑錄宿石爲鷹揚將軍‧蔡陽男，官爵略異，蓋本碑所錄僅爲和平二年之事而已。內行令既是內侍之官，故需從幸從獵，亦可進諫，於此可略見其職權。

另據《魏書‧苟頹列傳》，謂其父子先後任內行長、內行令云：

> 苟頹，代人也。曾祖烏提，登國初，有勳於太祖，賜吳寧子。父洛跋，內行長。頹性厚重少言，嚴毅淸直，武力過人。擢爲中散，小心謹敬。世祖南討，以頹爲前鋒都將，每臨敵對戰，常先登陷陳。世祖至江，賜爵建德男，加寧遠將軍。還，遷奏事中散，典涼州作曹。遷內行令，轉給事中，遷司衛監。以本將軍拜洛州刺史。……承明元年，文明太后……徵拜散騎常侍、殿中尙書，進爵成德侯，加後將軍。

按：中散官位五品中，多憑「任子制」任用，爲起家官的一種，殆爲鮮卑近侍的散官，或疑是道武帝離散部落後用以安置部落酋長者，故多以代人任之，文成帝以後則漢人任之者漸多。中散分化出多種職稱，奏事中散即爲其中之一職，地位當在中散之上。〔註38〕內行令在本碑列於內行內小之後，據

〔註37〕見該書卷三十，頁724～725。

〔註38〕鄭欽仁對中散官有詳論，請參其《北魏官僚機構研究》，頁169～305。鄭氏於頁256～261曾引《魏書‧禮志》載文明太后喪禮時，「奏事中散已上，冠服如侍臣，刺史已下無變」，而謂奏事中散是內侍官。按：《魏書‧禮志》既云

－152－

苟頹轉遷之例則位任在奏事中散之上、從三品上的給事中之下。苟頹帶從五品上寧遠將軍任內行令，宿六斤阿□（宿石）之鷹揚將軍亦是從五品上。至於史傳載宿石以從五品中的侍御史帶從四品上的中壘將軍遷任內行令，和天受則從內行令遷從五品上的弩庫曹下大夫，是則內行令官位當在從五品上下之間。又，閹官王遇出羌中強族，「坐事腐刑，爲中散，遷內行令、中曹給事中」，是則閹官亦可任之。〔註39〕內行令地位如此，故不可能是諸內行官的長官。

史傳尚有內行長一官，官名與內行令近似，但本碑未有見列，今亦一併略析之。

上引《魏書・苟頹列傳》謂其父洛跋於魏初曾任內行長，而苟頹則於太武帝時任內行令，《魏書・陳建列傳》亦謂建「遷下大夫、內行長」於太武帝之時，是則內行長與內行令應是兩個不同的官名。及至太武帝崩，中常侍宗愛矯皇后令立南安王余，復殺之，《魏書・劉尼列傳》略載其事云：

> 劉尼，代人也。本姓獨孤氏。曾祖敦，有功於太祖，爲方面大人。父渴，冠軍將軍，……尼少壯健，有膂力，勇果善射，世祖見而善之，拜羽林中郎，賜爵昌國子，加振威將軍。宗愛既殺南安王余於東廟，祕之，惟尼知狀。尼勸愛立高宗。……愛曰：「待還宮，擇諸王子賢者而立之。」尼懼其有變，密以狀告殿中尚書源賀，賀時與尼俱典兵宿衛。仍共南部尚書陸麗謀曰：「宗愛既立南安，還復殺之。今不能奉戴皇孫（即高宗文成帝），以順民望，社稷危矣。將欲如何？」麗曰：「唯有密奉皇孫耳。」於是賀與（殿中）尚書長孫渴侯嚴兵守衛，尼與麗迎高宗於苑中。……賀及渴侯登執宗愛、賈周等，勒兵而入，奉高宗於宮門外，入登永安殿。以尼爲內行長，進爵建昌侯。遷散騎常侍、安南將軍。

劉尼以振威將軍・羽林中郎典兵宿衛，建此擁立大功，故文成帝即位後即以尼爲內行長，蓋遷其爲內侍之官也。按：羽林中郎從四品上，振威將軍從四品中，是則內行長當爲四品之官，略高於內行令。不過，內行長職掌似不典

「奏事中散已上，冠服『如侍臣』」，是則奏事中散依令理應不是天子侍臣，而僅是在宮中工作之官，及至遷爲內行令始爲侍官。

〔註39〕《魏書・閹官・王遇列傳》謂其後來「加員外散騎常侍、右將軍，賜爵富平子。遷散騎常侍、安西將軍，進爵宕昌公。拜尚書，轉吏部尚書，仍常侍」（卷九十四，頁2023～2024），既然閹官可爲外朝大官，則當然可任爲內朝的內行令。

－153－

宿衛兵。如《魏書‧長孫肥列傳》載其孫長孫頭在「高宗時，爲中散，遷內行長，典龍牧曹」，〔註40〕復如《魏書‧羅結列傳》載云：

> 羅結，代人也，其先世領部落，爲國附臣。……世祖初，遷侍中、外都大官，總三十六曹事。……世祖以其忠慤，甚見信待，監典後宮，出入臥內，因除長信卿。年一百一十，詔聽歸老，……年一百二十歲卒。……子伊利，高宗時襲爵。除內行長，以沉密小心、恭勤不怠領御食、羽獵諸曹事。

又如《魏書‧薛野腊列傳》載云：

> 薛野腊，代人也。父達頭，自姚萇時率部落歸國。太祖嘉其忠款，賜爵聊城侯，散員大夫，待以上客之禮，……野腊少失父母，……及長，好學善射。高宗初，召補羽林。遷給事中，典民籍事，校計戶口，號爲稱職。……子虎子，……年十三，入侍高宗。太安中，遷內行長，典奏諸曹事。當官正直，內外憚之。及文明太后臨朝，出虎子爲枋頭鎮將。

是則內行長之職似乎因授權而異，或典龍牧曹，或領御食、羽獵諸曹事，或典奏諸曹事，基本上爲文職內行官，與典理諸曹事務有關。其人選今可見者皆爲代人，除了劉尼之外，尚有家世顯赫的于天恩與工騎射的山偉。天恩附見於《魏書‧外戚‧于勁列傳》：

> 于勁，字鍾葵，太尉拔之子。頗有武略。以功臣子，又以功績，位沃野鎮將，……世宗納其女爲后，……自栗磾至勁，累世貴盛，一皇后，四贈公，三領軍，二尚書令，三開國公。……勁弟天恩，位內行長、遼西太守。卒，贈平東將軍、燕州刺史。

山偉則見載於《魏書‧山偉列傳》：

> 山偉，字仲才，河南洛陽人也，其先代人。祖強，美容貌，身長八尺五寸，工騎射，彎弓五石。爲奏事中散，從顯祖獵方山，有兩狐起於御前，詔強射之，百步內二狐俱獲。位內行長。

按：奏事中散前已分析，起碼位五品中以上，山偉既由此官遷至內行長，加上劉尼以從四品上羽林中郎遷內行長，是則內行長的確是四品之官，〔註41〕

〔註40〕見該書卷二十六，頁654。
〔註41〕《魏書‧穆崇列傳》載其孫「乙九，內行長者。以功賜爵富城公，加建忠將軍，遷散騎常侍、內乘黃令、侍中」（卷二十七，頁662）按：「內行長者」殆

而高於內行令。然而，內行長既是典理曹務之官，故雖與中散一樣屬於在宮中工作的內朝官，但卻也非諸內行官之長官，更非武衛中臣，因此未見列於〈南巡碑〉。

至此，可知內阿干、內行內三郎、內行內小此三種內行官，蓋是得入禁內宿衛而侍直左右，為本碑所稱的「內侍之官」，而與內朝其他近臣、近衛頗有分別。並且，筆者不免懷疑，其取名亦與人際關係頗有關聯。蓋阿干已確定是鮮卑語「兄」的意思，是則三郎殆可能是子姪輩，故以「郎」為名，而內小則殆可能是低於子姪的孫輩或小孩的意思。由於魏帝的內侍人選除親貴（含拓跋十族）外，頗亦來自部酋、部酋子弟以及部酋之年幼孫輩，故分以兄、姪以及小童的鮮卑語稱之，而使之為內侍，用以增加與他們的密切感以及一體感，此即〈官氏志〉所謂「初，帝欲法古純質，每於制定官號，多不依周漢舊名，或取諸身，或取諸物，或以民事，皆擬遠古雲鳥之義」歟？至於內行令，似無明確職守，恐怕就是天興元年（398）十二月與八部大夫同時而置的待詔官，蓋「待詔侍直左右」，隨時出入王命也。

此外，本碑所錄與內三郎並列的斛落真軍將以及斛落真，據《齊書·魏虜列傳》所載，或許就是警衛部隊的胡系「帶仗人」胡洛真，而非天子之內衛或近衛。又，拓跋氏自部落聯盟時代即設置左右近侍之職，用以傳宣詔命，故本碑第四列列於內三郎與內小幢將之間的北部折紇真、南部折紇真、主客折紇真、內都坐折紇真、中都坐折紇真、外都坐折紇真以及折紇真，據〈魏虜列傳〉所載，殆皆屬於「為主出受辭人為『折潰真』」的折紇真系統。所謂「為主出受辭人」，殆應是指派赴各機關出受辭令之人，只是派赴不同機關——如北部尚書、南部尚書、內都大官、中都大官、外都大官——之人，即分別以北部、南部、內都、中都、外都等折紇真命其職名而已，至於主客折紇真則恐是派赴主客曹之折紇真，而陽春折紇真則殆是散員折紇真也。此種命名方式胡制相當普遍，如中散派至秘書即稱秘書中散，派至內秘書即稱內秘書中散，而三郎入宮內守衛即為內三郎，入禁內侍衛即為內行內三郎，派領斛洛真即為斛洛真軍將內三郎，派典弩庫即為典弩庫內三郎，原理相同，皆是其例。只有第五列所錄的雅樂真幢將以及雅樂真，其義不明。

指內行官中的長者，而非「內行長」：《北史·穆崇列傳》同作「內行長者」，故「者」應非衍字。至於《魏書·文成五王·安樂王長樂列傳》之例則所載不詳，只知其多不奉法，而貪暴彌甚，「以罪徵詣京師，後與內行長乙肆虎謀為不軌，事發，賜死於家」，見卷二十，頁525。

　　若此推論方式可以成立，則所謂「內左右爲『直眞』」，蓋泛指指殿中尙書、內都幢將、內阿干、內行內三郎、內行內小與內行令等內官及內衛而言；而「外左右爲『烏矮眞』」，則殆泛指侍官及近衛等內朝官，如諸中散、內行長、胡洛眞、折紇眞等官而言歟？是否如此，或需更多新證始然後能確。要之，魏末齊周之警衛體制，漸有宮衛與禁衛之分（請詳本書下一篇），或許可由此時的制度溯其源也。

五、從殿內兵至左右侍衛：二衛府建制與領左右府創置的淵源

　　前文論及北魏建國初，道武帝所置「都統長」一官，除了〈官氏志〉在登國元年一載之外，《魏書》、《北史》其他篇章均無載及，疑道武一再改制時已撤銷此官或改由他官所取代。「都統」有總領統制之意，故「都統長」是總領殿內之兵的統帥，若是，則取代此官者，以「知殿內兵馬倉庫」事的殿中尙書最足以當之。揆諸史籍，北魏前期禁衛軍起碼似有三郎、羽林、虎賁三個系統，據〈南巡碑〉復有內小、雅樂眞、斛洛眞三個系統，或加斛落眞則是四個系統，皆各有幢將、軍將以統之，而其上復置內都幢將，位次殿中尙書。魏初幢將既「主三郎衛士之直宿禁中者」，故此直宿禁中的三郎衛士應即就是內行內三郎或內三郎，而在其外圍應該另有未入直的三郎或其他部隊。從上揭〈劉尼列傳〉，知劉尼任羽林中郎典宿衛時獲悉宗愛兵變，乃密告於殿中尙書源賀，於是源賀嚴兵守衛，命另一殿中尙書陸麗與尼自苑中擁高宗文成帝入而立之的事跡看，推知宿衛時羽林部隊似乎並不駐於禁中或殿內，但仍歸殿中尙書指揮。又據〈源賀列傳〉所載，當時是「賀部勒禁兵，靜遏外內，……令麗與劉尼馳詣苑中，奉迎高宗，賀守禁中爲之內應。俄而麗抱高宗單騎而至，賀乃開門」，〔註42〕是知殿中尙書爲宿直於禁中的內官，或許禁中宿衛由內行內三郎及內三郎執行，而禁外苑中則由入宿的羽林等軍執行。要之，當值宿衛部隊不論隸屬於何軍系，駐守於禁門內外，入宿時均通通統屬於殿中尙書，殆可無疑。

　　由是觀之，上述諸軍系部隊平常可能並不駐於禁內或苑中，可能駐於宮城周邊數里內的範圍，俟輪到宿衛時始入內，並接受殿中尙書指揮。是故殿中尙書所統之「殿內兵馬」，應即除了禁內直屬本兵——三郎衛士——之外，另尙統有由中央軍編成的羽林、虎賁二系而入宿苑中的部隊。由顯祖獻文帝

〔註42〕見《魏書・源賀列傳》，卷四十一，頁920。

詔和其奴「率殿中精甲萬騎」以討長安鎮將的反叛一事看，則殿內兵馬總兵力應爲此數之數倍以上；且又因殿中尚書主掌殿內倉庫，事務繁重，以故置兩員或已上的殿中尚書統掌之，以迭直於左右。由此可知，殿中尚書是魏晉南朝所無的胡制內侍官中之高級內官，〔註43〕握有殿內兵馬的軍政與軍令權，此正是北魏改革前尚未脫離政軍合一部落政治舊俗之反映。

任殿中尚書者常雙授侍中或散騎常侍等門下省官，而門下省在北朝是政本之地，是則不論從胡制或漢制看，殿中尚書皆是位高權重的官職。此官既以「知殿內兵馬倉庫」爲職，事務繁重，除了指揮上述諸軍外，尚應置有本部僚佐以及直屬部隊，以資指揮運用。今見〈南巡碑〉第三列內，列有諸給事中、專名給事以及給事若干人，其中以殿中或杖庫爲專名的給事即有「右軍將軍殿中給事□□子丘目陵□仁、振武將軍殿中給事□□□□烏地干、□□將軍殿中給事〔壽〕張子胡翼〔以吉智〕……東鉀杖庫給事拔烈蘭眞樹、宣威將軍殿中給事出大汗僖德、驍騎將軍殿中給事武原子屋引立眞□、驍騎將軍殿中給事新安子莫那婁愛仁」七人，介於內三郎之間，蓋爲給事系統派至殿中本部以及杖庫任事者，如三郎與中散派出之例。此從《魏書》亦可檢得殿中給事、殿中給事中諸名，可以印證。至於殿中監、殿中左監、殿中司馬、殿中司馬督、員外司馬督，乃至殿中將軍、殿中侍御、殿中郎（尚書殿中郎）、尚書殿中郎中、殿中郎將、殿中細拾隊、殿中衛士、殿中虎賁等官職之名，亦時時見於《魏書》，其職掌略不可考，應皆是殿中尚書的本部僚佐以及直屬部屬或配屬人員。〔註44〕而其中之殿中侍御史，則應是殿內兵馬與諸倉庫事務的監察官。〔註45〕

殿中諸屬官與將校，在孝文帝太和十七年（493）遷都洛陽，初頒《太和

〔註43〕西晉曾一度短暫設置殿中尚書，見《晉書・職官志》列曹尚書條（卷二十四，頁730～731），《宋書・百官上》尚書條同。

〔註44〕晉宋殿中將軍、殿中司馬督皆分隸於左、右二衛，在殿內宿衛，其後過員者謂之殿中員外將軍、員外司馬督等，無復員額，應是殿中散員將校（《宋書・百官中》，卷四十，頁1249～1250）。北魏前期官制胡漢雜採，甚至雜採晉宋乃至《周禮》，前揭嚴耕望先生論尚書制時已作揭示，是則北魏前期的殿中將軍、殿中司馬督等官未必如晉宋之制般隸屬於二衛，而是以隸屬於知殿內兵馬的殿中尚書較爲可能，及至孝文改革始移隸於二衛。

〔註45〕《魏書・周幾列傳》載其爲代人，少以善騎射爲獵郎。太宗即位，爲殿中侍御史，「掌宿衛禁兵，斷決稱職」云（卷三十，頁726）。按：此處之所謂「掌宿衛禁兵」，不是指統率指揮之意，而是謂其對宿衛兵履行軍事監察以及司法也，故下句稱其「斷決稱職」，即此之故。

前職令》時，猶可見於令；但在太和二十三年（499，南齊永元元年）孝文帝崩前所爲《職令》（以下稱《太和後職令》），卻已多所不載，所載者厥以漢式官職爲主。〈官氏志〉雖謂其子「世宗初班行之，以爲永制」，然魏末所見「領左右」諸職，均未見於《太和後職令》，顯示世宗宣武帝以後仍有補充改革，只是正光四年（523）六鎮反叛，北魏陷於崩亂，以至十年（永熙三年，梁武帝中大通六年，534）後竟分裂爲東、西二魏，使其補充改革的情況已不可知悉。史謂「後齊制官，多循後魏」，〔註46〕則或可從北齊職制中，考察得某些殿中系統的後續改革情況。

按：北齊官職在齊武成帝河清三年（564）定令，其制，殿中尚書是尚書省所屬六尚書之一，於軍事體制中與五兵尚書有別。《隋書·百官中》略載北齊殿中與五兵二尚書之統屬云：

> 殿中統殿中、掌駕行百官留守名帳，宮殿禁衛，供御衣倉等事。儀曹、掌吉凶禮制事。三公、掌五時讀時令，諸曹囚帳，斷罪，赦日建金雞等事。駕部掌車輿、牛馬廄牧等事。四曹。……五兵統左中兵、掌諸郡督告身、諸宿衛官等事。右中兵、掌畿內丁帳、事力、蕃兵等事。左外兵、掌河南及潼關已東諸州丁帳，及發召征兵等事。右外兵、掌河北及潼關已西諸州，所典與左外同。都兵掌鼓吹、太樂、雜戶等事。五曹。

是則五兵尚書掌全國各地諸軍的軍事行政及庶務，爲軍政系統首長；而殿中尚書既統殿中、儀曹、三公、駕部四曹，觀其曹名及所掌，雖仍是主掌宮殿禁衛，以及衣倉、帳獄、車輿、廄牧等事，但是殆已變爲宮殿宿衛總監以及內廷事務總管，其殿內兵馬的統率權似乎已經不復握有。亦即是殿中尚書雖然仍掌知宮殿禁衛的安排與部署，然而此外的禁內侍衛隊與宮苑近衛軍的統率指揮權已交由領軍將軍所掌領，略如晉宋之制也。降至隋朝開皇體制，殿中尚書從尚書省廢罷，大部份宮廷行政職權移交門下省；雖然大業體制再度從門下省分出部份職權以重建殿內省（隋因諱中字而改），然而此省的權勢已是江河日下，不復舊觀矣，《隋書·百官下》已略述之，於此無庸多贅。

晉宋中央軍統率系統前後多所改變，但將軍置府領營兵之制則始終無改。而基本上，中央禁衛軍置有兩個統率系統：一爲領軍府所領禁衛京城以內之禁軍系統，是爲內軍；一爲護軍府所領衛戍京畿之衛軍系統，是爲外軍，而護軍府時而隸屬於領軍府，故此二系的軍隊概可統稱爲禁衛軍。此體制爲

〔註46〕見《隋書·百官中》，卷二十七，頁751。

孝文帝所仿，護軍府職權概略仍可見於《隋書·百官中》所載述的北齊制度：

> 護軍府，將軍一人，掌四中關津。輿駕出則護駕。……其屬官，
> 東西南北四中府皆統之，四府各中郎將一人。……又領諸關尉、津
> 尉。

是則北魏後期護軍系統的性質無異仍是首都衛戍部隊，故是外軍。此系統的主力，已減爲部署於首都東、西、南、北四中郎將府的部隊。四中郎將雖在孝文之子世宗宣武帝時一度權隸領軍將軍，但在東魏孝靜帝時又還屬護軍將軍，大抵上仍屬於禁衛軍。然而，魏末孝莊帝因「永安（528～529）已後，遠近多事，置京畿大都督……總軍人」，是則從此時以至北齊，首都衛戍諸軍事皆已由京畿大都督府主持，是以護軍府已如同虛置。〔註47〕姑不論護軍系統如何變革，要之宮廷禁衛部隊的統率，自孝文改革以後，皆一直明確由領軍系統負責。

北齊領軍府並無直屬本軍，僅是統領其他禁衛諸軍，如東晉以來之制。〔註48〕不過，北齊領軍府下轄衛府與領左右府兩個體系，而衛府則又分爲左與右兩系，各領禁衛諸軍。《隋書·百官中》載領軍府職掌云：

> 領軍府，將軍一人，掌禁衛宮掖。朱華閣外，凡禁衛官，皆主
> 之。輿駕出入，督攝仗衛。……又領左右衛、領左右等府。

另載左、右衛府的組織編制云：

> 左、右衛府，將軍各一人，掌左、右廂。所主朱華閣以外，各
> 武衛將軍二人貳之。……其御仗屬官，有御仗正副都督、御仗五職、
> 御仗等員。其直盪屬官，有直盪正副都督、直入正副都督、勳武前
> 鋒正副都督、勳武前鋒五藏等員。直衛屬官，有直衛正副都督、翊
> 衛正副都督、前鋒正副都督等員。直突屬官，有直突都督、勳武前
> 鋒散都督等員。直閤屬官，有朱衣直閤、直閤將軍、直寢、直齋、
> 直後之屬。
>
> 又有武騎、雲騎將軍各一人，驍騎、遊擊、前後左右等四軍將

〔註47〕 護軍系統的變革與京畿大都督府的創置，略見《魏書·官氏志》（卷一一三，頁3004～3005），張金龍對此頗有詳論，參其前揭書第十九章第四及五節。

〔註48〕 《宋書·百官下》載述東晉至宋的禁衛軍組織，其中載領軍、護軍二系建制略云：「領軍將軍，一人，掌內軍。……護軍將軍，一人，掌外軍。……魏、晉江右領、護各領營兵；江左以來，領軍不復別置營，總統二衛、驍騎、材官諸營；護軍猶別有營也。」見卷四十，頁1246～1250。

軍，左右中郎將，各五人，步兵、越騎、射聲、屯騎、長水等校尉，
奉車都尉等，各十人，武賁中郎將、羽林監各十五人，冗從僕射三
十人，騎都尉六十人，積弩、積射、強弩等將軍及武騎常侍，各二
十五人，殿中將軍五十人，員外將軍一百人，殿中司馬督五十人，
員外司馬督一百人。

據此，則知此是本於孝文帝據晉宋制度改革的成規也。由此反證，孝文帝對
禁衛軍的改革，已朝漢制化進行，殿中尚書除了「宮殿禁衛」之管制權外，
其餘軍令權已不能掌握，而移至領軍府。至於晉宋領軍府所轄諸禁衛將校，
於孝文帝整編改制後，多改屬為左、右二衛府的建制，不再由領軍將軍直接
總統，此為魏末與晉宋軍制最明顯的區別。不過，魏末於禁衛軍漢制化過程
之中，仍保留了先前胡制內衛與近衛的若干特色，只是行用南朝現行的或孝
文新創的漢式官名，以及採用魏末以來的戰時編制與職稱，一時不易判別罷
了。就此而論，魏齊的中央禁衛軍，在漢制化之餘，仍然保有部分胡系軍制
的涵化成分也。

例如，先前北魏以胡兵為主力，集中於雲代，而孝文帝遷洛後，於太和
二十年十月，「以代遷之士皆為羽林、虎賁」。〔註49〕羽林、虎賁是漢朝以來
的禁軍軍號，漢制化之前北魏亦援用之，只是孝文帝將晉宋領軍府建制作了
整編，保留羽林、虎賁二軍號而將之擴充，並將胡軍先前的建制予以大量的
裁撤或改編，將代遷之士整編入此新架構之中，以分隸於左、右二衛府，上
屬於領軍府，用以組成新的中央禁衛軍罷了。中央禁衛軍涵化最明顯的部分，
是殿中尚書仍掌有「宮殿禁衛」的監督管制權，以及二衛府除了羽林、虎賁
二軍之外，另轄有御仗、直盪、直衛、直突、直閣五種由胡制近衛改編而成
的近衛體制。

按：「五直屬官」隸屬於二衛府而另成特殊系統，此為晉宋禁衛軍制所無
的制度，蓋源於北魏原先的胡制武職內官或侍官。特別是御仗屬官與直盪屬
官，除了正、副都督之外，其下更置有都將、別將、統軍、軍主以及幢主等
五職（前引文直盪屬官作「五藏」，殆誤），此正是魏末以來，將原先軍幢制
擴編而成的戰時編制。此「五直屬官」，尤其是直閣屬官，就其職掌而言，更
近於是天子左右內衛之官。也就是說，前文分析隸屬於殿中尚書的各種武職
內官侍官，極有可能被改編入此五直系統，起碼內三郎就與直閣屬官系統關

―――――――――
〔註49〕《魏書·高祖紀下》，該年月條，卷七下，頁180。

係極爲密切（詳後篇）。此推論若成立，則殿中尚書在改制後，實是失去了殿內諸武職內侍之官的統率權。孝文以後，中央禁衛軍的實質領兵主體爲左右二衛府以及領左右府，其統率權由領軍將軍所掌握，由是殿中尚書更類似是宮廷事務總管矣。不過，宮廷事務組織也出現變化，殿中尚書的總管權再遭削弱分化，因爲新的內侍官職漸次產生，事權漸漸移屬門下省等機關故也。其情況與趨勢，於此亦需稍作解釋。

自孝文帝推行漢化政策之後，晚魏齊周之間，中央禁衛軍的組織變化甚大，漸漸分爲宮衛與禁衛兩體制。筆者以爲，前者殆與先前的內官或內行官系統有關，後者則爲左右二衛府本有的禁衛體系。不過二衛府的禁衛體系亦由二系統構成，即二衛將軍直轄的羽林、虎賁兩軍殆爲一般的禁衛軍，而其別領的五直屬官則爲特殊的近衛體制。

爲了解釋方便，筆者姑且將北魏天子的侍衛分爲內衛與近衛兩類。「內衛」概指禁門內侍直天子的武衛內官，「近衛」則概指禁門外守衛宮殿的武衛侍官。「內衛」很可能由原先的內行內三郎等內行官轉變而成，漸由「領左右府」所統轄；而「近衛」則可能由原先的內三郎、雅樂眞等侍官轉變而成，在太和四年「省二部內部幢將」時併入二衛府而改編爲五直屬官，分由左、右二衛將軍所別領。亦即二衛府的禁衛軍主體仍爲羽林、虎賁兩軍，五直屬官則是特殊編制的近衛系統。

蓋孝文帝「省二部內部幢將」後，二衛府的漢式禁衛建制已無胡制官名，北齊之制順此演變，二衛府除了採用晉宋禁衛武官的官名外，即使有些五直屬官如直盪、直突等名稱頗爲古怪，望之不似漢官，但其實已是胡制漢官化的結果。然而孝文帝之改革尚未及身全部完成，至其子宣武帝及其孫孝明帝仍接著陸續改革。例如《魏書‧官氏志》載孝文帝於太和十五年增置侍中、黃門、散騎常侍、通直散騎常侍等門下省及集書省的侍從之官，「又置侍官一百二十人」；復於太和十九年「初置直齋、御仗左右武官」，皆顯示其改制並非一蹴即就也。據孝文帝太和十八年所撰的〈弔比干墓文〉中，碑陰所列從行諸臣官稱姓名內，列有「直閤武衛中臣高車部人斛律慮」等九人，皆繫銜爲「直閤武衛中臣」，且均是胡人。〔註50〕而此「武衛」既非指舊制的武衛將軍，因爲舊制武衛將軍不論在晉宋或北魏前期皆爲散員將軍；也不是指

〔註50〕墓文見《金石萃編》（收入《歷代碑誌叢書》四，頁476～475）卷二十七，頁2～10；並參其末之跋記。

新制的武衛將軍，因爲作爲二衛府副帥的新制武衛將軍，於《太和後職令》位爲從三品，位高而員少，是以此之「直閣武衛中臣」殆應是五直系統中的直閣屬官。前面引文提及「直閣屬官，有朱衣直閣、直閣將軍、直寢、直齋、直後之屬」，如今確知直齋在太和十九年始置，是則此之「直閣武衛中臣」必是直齋以外的其他直閣屬官。直閣屬官系於五直系統中與天子關係最密近，但卻在《太和後職令》中尚無品秩，僅爲比視官而已，可見即使此系屬官也仍在改革中。此墓文中之「直閣武衛」九人既然排名於第四品顯武將軍之後、第五品上階散騎侍郎之前，故應是新置的中級近衛官，或許就是「又置侍官一百二十人」其中之一，在南征遷都之際，故來不及編階列品也。由是可知孝文父子的改制是陸續漸改。直閣屬官雖爲近衛，但其性質與其他五直屬官般皆爲內侍中臣，既然別領於二衛將軍，而二衛將軍則直隸於領軍府，領軍將軍於《太和後職令》列爲從二品，位在第三品列曹尚書之上，是知殿中尚書在孝文帝改制後的確已無殿內兵馬的統率權。

新置侍官當然不止直閣一系，魏晉以降，除了門下省等法定侍從左右的內官外，天子尚有其他各種左右近侍之臣。這些「左右」不僅有文有武，抑且也有各種雜色伎藝之士，乃至賤役、白衣者。不過，不論文武雜藝人眾，魏晉宋天子始終未曾設立一個專責機關以統領之，即使已擁有武職的左右數百千人亦然。北魏則隨著改革後新置侍官的出現，漸漸將此等人眾置於一個專責機關以爲統率。茲略舉《魏書·恩倖列傳》所載孝文帝以至其孫孝明帝此持續改革時期的近倖事跡爲例，以見天子之左右侍臣人選不拘一格，並可能自孝文以後仍不斷新置，最後終於朝創置專責機關以統領之的方向發展。《魏書·恩倖列傳》所載之王仲興，概略如下：

> 王仲興，趙郡南欒人也。父天德，起自細微，至殿中尚書。仲興幼而端謹，以父任早給事左右。太和中，殿內侍御中散、武騎侍郎、給事中。出入禁內十餘年，轉冗從僕射，猶參密近，爲齋帥。從駕征新野有功，除折衝將軍、屯騎校尉。又命率千餘騎破賊於鄧城。除振威將軍、越騎校尉……。高祖……大漸迄於崩，仲興頗預侍護。……世宗即位，轉左中郎將，仍齋帥。及帝親政，與趙脩並見寵任，遷光祿大夫，領武衛將軍。……後與領軍于勁共參機要……世宗游幸，仲興常侍從，不離左右，外事得徑以聞，百僚亦聳體而承望焉。

仲興因其父曾爲殿中尚書，而以父蔭給事天子左右，其基本而長期之職掌殆爲齋帥。齋帥於北齊爲門下省所統六局之一，是齋帥局的主官，「掌鋪設洒掃事」，〔註51〕此時齋帥是否已設局不詳，要之仲興以文職的齋帥長期在天子左右，並始終擔任衛府武官，而累至領武衛將軍，是則此可常侍天子左右的齋帥之官，實是孝文帝新置的侍官之一，而亦可見新置侍官之不限一職。

另外如茹皓，史載：

> 茹皓，字禽奇，舊吳人也。父讓之，本名要，隨劉駿巴陵王休若爲將，……寓居淮陽上黨。皓年十五六，爲縣金曹吏，有姿貌，謹惠。南徐州刺史沈陵見而善之，自隨入洛陽，舉充高祖白衣左右。……世宗踐祚，皓侍直禁中，稍被寵接。……授左中郎將，領直閤。寵待如前。……遷驃騎將軍，領華林諸作。……遷冠軍將軍，仍驃騎將軍。皓貴寵日升，關與政事。太傅、北海王詳以下咸祗憚附之。……是時世宗雖親萬務，皓率常居內，留宿不還，傳可門下奏事。

直閤已見於〈弔比干墓文〉，茹皓爲孝文帝白衣左右，但於宣武帝時以左中郎將領直閤，是則直閤實爲新置侍官之一，以故稱爲「武衛中臣」。再如寇猛：

> 寇猛，上谷人也。祖父平城。猛少以姿幹充虎賁，稍遷羽林中郎。從高祖征南陽，以擊賊不進免官。世宗踐位，復敘用，愛其膂力，置之左右，爲千牛備身，歷轉遂至武衛將軍。出入禁中，無所拘忌。

千牛備身不見於改革之前，也不見於太和兩職令，但可出入禁中而無所拘忌，故是新置內衛武官之一（千牛備身始創於宣武朝，請詳本書下篇）。復如趙邕：

> 趙邕，字令和，自云南陽人。潔白明髭眉，曉了恭敬。司空李沖之貴寵也，邕以少年端謹，出入其家，頗給按摩奔走之役。沖亦深加接念，……高祖太和中，給事左右，至殿中監。世宗即位及親政，猶居本任。……稍遷至殿中將軍，猶帶監職。……世宗每出入郊廟，脩恒以常侍、侍中陪乘，而邕兼奉車都尉，執轡同載。……轉長兼散騎侍郎，領左右直長，〔註52〕出入禁中。……世宗崩，邕

〔註51〕見《隋書・百官中》，卷二十七，頁753。
〔註52〕新校標點本原標爲「長兼散騎侍郎、領左右、直長」，殆誤，應爲「長兼散騎

兼給事黃門，俄轉太府卿。出除平北將軍、幽州刺史。

左右直長情況與千牛備身相同，至北齊定制為門下省領左右局之屬官，蓋亦是新置的侍官。至如寵盛顯赫的趙脩，史載：

> 趙脩，字景業，趙郡房子人。父惠安，後名謐，都曹史，積勞補陽武令。……脩本給事東宮，為白衣左右，頗有膂力。世宗踐阼，仍充禁侍，愛遇日隆。……歷員外通直散騎常侍、鎮東將軍、光祿卿。……每適郊廟，脩常驂陪。出入華林，恒乘馬至于禁內。……脩起自賤伍，暴致富貴，奢傲無禮，物情所疾。因其在外，左右或諷糾其罪。……遂乃詔曰：「……散騎常侍、鎮東將軍、領扈左右趙脩，昔在東朝，選充臺皂，幼所經見，長難遺之。故纂業之初，仍引西禁。雖地微器陋，非所宜採；然識早念生，遂陞名級。自蒙洗濯，兇昏日甚，……可鞭之一百，徙敦煌為兵。……」

趙脩初以白衣為太子左右，太子踐阼仍充禁侍。所謂「禁侍」，應即指禁內侍從，雖已外遷為寺卿而仍然侍從禁中，甚至以「散騎常侍、鎮東將軍、領扈左右」，可得乘馬出入華林以至于禁內，可見其得寵。散騎常侍是高級文職內官，四鎮將軍是高級武官，故觀其官職等級，則其所領的「領扈左右」，可能就是稍後新置的「領左右」前身，甚至可能是領天子文、武左右的官職。孝文、宣武兩朝持續改制中，故內官與侍官猶未完全釐清分別，能否隨時出入禁中似乎端視其人與天子之關係而定。由於「領扈左右」之名於史傳僅此一見，故難以究明其真正職掌。

筆者不厭贅舉諸例，是欲說明二事：一是孝文帝雖然推行門閥主義政策，但其與其子對新置的左右內侍之官猶未嚴格限制以門第，反而打破了門第以及胡漢的界線而用人；二是從宣武帝朝已出現齋帥、左右直長等內侍文官，以及千牛備身、直閤等內侍武官，並漸漸出現分由散騎侍郎領左右直長、左中郎將領直閤之例，可見孝文帝先前因與文明太后分別各有左右，互相挑撥，乃至離間太后與天子兩祖孫的惡劣情況，此時正進行整頓與改編。孝文帝死前不及落實或未想及推行的內侍文武分途，以及創置新機關以資管理的政策，已被宣武帝繼續推動。只是門下省統轄「領左右局」、領軍府統轄「領

> 侍郎，領左右直長」。因左右直長為門下省左右局之屬官，有四員。趙邕轉長兼散騎侍郎而領左右直長，猶如趙脩之授左中郎將而領直閤也，只是一文一武之別而已。

左右府」的北齊制度，尚未改革得明確完備罷了。

　　按：北齊門下省統轄領左右局，據《隋書·百官中》所載，其組織如下

門下省，掌獻納諫正，及司進御之職。侍中、給事黃門侍郎各
六人，……統局六：領左右局，領左右各二人，掌知朱華閣內諸事。宣
傳已下，白衣齋子已上，皆主之。左右直長四人。尚食局，典御二人，總
知御膳事。丞、監各四人。尚藥局，典御及丞各二人，總知御藥事。侍
御師、尚藥監各四人。主衣局，都統、子統各二人。掌御衣服玩弄事。
齋帥局，齋帥四人。掌鋪設灑掃事。殿中局，殿中監四人。掌駕前奏引
行事，制請修補。東耕則進耒耜。

觀其組織職權，實已瓜分了殿中尚書原有的部分職權。領左右局所領應是左
右文職內官。值得注意的是，其職掌為「掌知朱華閣內諸事。宣傳已下、白
衣齋子已上，皆主之」；與領軍府之「朱華閣外，凡禁衛官皆主之」，以及所
統二衛府之「主朱華閣以外」，不僅仍有區分內官與侍官之意，抑且也有區分
文官、武官之意，並以此閣作為內外的分界，用以劃定二者的責任區。蓋朱
華閣殆即是禁門，漢晉稱為黃門者是也，故可得宿直於禁內（禁中）之官即
為內官，趙邕、趙脩等人出入禁內，當可作為印證。

　　其中最特別的是齊制隸屬於領軍府的領左右府，史文卻未如二衛府般，
特別注明其責任區是主朱華閣以外或以內，殊為其怪。或許因其上級領軍府
已有規定，或許此官原本就是天子侍衛內臣性質的特殊單位，故可如領左右
局般，掌知朱華閣內侍衛天子之事，而不予以明文注明也。竊以後者為是。
蓋據《隋書·百官中》載述齊制領左右府的組織云：

領左右府，有領左右將軍，領千牛備身。又有左右備身正副都
督、左右備身五職、左右備身員。又有刀劍備身正副都督、刀劍備
身五職、刀劍備身員。又有備身正副督、備身五職員。

此類武官俱是天子的貼身侍衛，其官名或類似官稱有些已在宣武帝以後陸續
出現，如千牛備身、備身以及領刀劍左右、領扈左右是也。依軍隊統率系統
只能置主帥一人的制度，則整編後的這些武官，僅需編制最高指揮官一人，
是以領左右府在北齊法令明書「領左右將軍」一員而不分左右，其下直領「千
牛備身」，另領「左右備身」及其屬官，「刀劍備身」及其屬官，與「備身」
及其屬官三系統，合千牛備身而為四系統，實是符合軍隊建制的原理。齊制
領左右府所轄諸系統，既是帶武器貼身侍衛天子以備不虞的侍衛部隊，以故

是「內衛」而非「近衛」，更非一般的「禁衛」，而天子侍衛與門下省屬官般均是內侍之臣，因此北齊律令也就不注明其職主掌朱華閣以外或以內，其故蓋在此。

　　按：北魏帶刀劍侍衛天子之制其來有自，前引孝文帝之父獻文帝時為內三郎的婁提，在獻文帝暴崩時謂人曰：「聖主升遐，安用活為！」遂引佩刀自刺，幾至於死，即可為例。然而在孝文帝改制之下，原有的內阿干、內三郎、內小等官全皆消失不復見，而此三類的內行官亦然，不知被新制的何官所取代？筆者前面推測內三郎、內小、雅樂真等官應是被改編為二衛府的五直屬官，不過，此五直系統顯然與領左右系統有別。蓋諸直系統是隸屬於領軍府所轄之二衛府，而為朱華閣外天子「近衛」之官；但領左右系統則直隸於領軍府，為朱華閣內天子「內衛」之官，其差別略如先前有內阿干、內三郎、內小，而又有內行阿干、內行內三郎、內行內小之別歟？筆者無意說領左右之左右備身三系統就是直接改編自內行阿干、內行內三郎、內行內小，因為宣武朝之「領扈左右」乃至孝明朝之「領左右」並無此三系統的設置，而僅見置有千牛備身以及備身二官而已。關於此制在其時的發展，請容本書下篇再作論述。

六、結　論

　　拓跋鮮卑為東胡族系諸部之一，原居於大鮮卑山，是畜牧射獵為生，沒有文字的母系社會，不僅賴以團結部民的歷史記憶依靠口傳，抑且用以遂行統治的政令宣達亦依靠口傳，所謂「大人有所召呼，刻木為信，邑落傳行，無文字，而部眾莫敢違犯」者是也。這也是拓跋可汗之所以需要大量左右隨侍，用以傳達政令的原因。及至漢世，拓跋可汗率眾遷出大鮮卑山，逐漸據有匈奴故地，發展成「統國三十六，大姓九十九」的部落聯盟；然而其內「各有本部，部中別族」，時叛時服，時大時小，別散分離，政治組織鬆散而不穩固，是以這種需要也就更加迫切。

　　魏晉之世，拓跋可汗先後接受代公、代王之封，開始漸漸雜採漢制，故《魏書・官氏志》載謂「及交好南夏，頗亦改創」，於是聯盟時期最後的可汗拓跋什翼犍（昭成皇帝）繼嗣代王位，建元曰建國（晉咸康四年，338）後，乃於翌年採用晉朝王國之制，「始置百官，分掌眾職」，並依傳達政令的舊俗需要，「初置左右近侍之職，無常員，或至百數，侍直禁中，傳宣詔命，皆取

諸部大人及豪族良家子弟儀貌端嚴，機辯才幹者應選。又置內侍長四人，主顧問，拾遺應對，若今之侍中、散騎常侍」云。

左右近侍侍直禁中，傳宣詔命，皆取胡族酋長以及漢人豪族子弟為之，此與其聯盟內部除了鮮卑、漢族之外，尚有不少諸方雜人所謂「烏丸」之諸部落，種族複雜的政情有關。不過無論如何，什翼犍如此設制與取人，實有擴大人才選用，擴大統治基礎之意；並也有質押諸部大人及豪族，以免其俟機反叛，各擁可汗，導致聯盟分裂之意。也就是說，代王可汗什翼犍已開始思考穩固政權的機制，可惜不久身死國亡於前秦。

苻堅淝水之戰失敗後，什翼犍之孫拓跋珪即代王位於牛川，改元登國（386），尋改國號為魏，稍後並稱帝，此即北魏歷史上的太祖道武帝。

道武帝雖因舊部支持而復立，然危機四伏，建國艱辛而不穩固，故其當務之急除了效法其祖復置傳達政令的近侍之外，尚須建立一支新的內廷侍衛隊，以及將時叛時服的諸部離散，俾能鞏固統一，集權中央。於是在登國元年創「置都統長，又置幢將及外朝大人官：其都統長，領殿內之兵直王宮，幢將員六人，主三郎衛士直宿禁中者；自侍中已下、中散已上皆統之。外朝大人，無常員，主受詔命，外使，出入禁中」的制度。此制充滿胡制色彩，但為北魏侍衛部隊以及內侍制度之所由起。

降至皇始三年（398），拓跋珪遷都平城，即皇帝位，改元天興，遂建立起一套胡漢雜揉的王朝體制。此即〈官氏志〉所載的「置八部大夫、散騎常侍、待詔等官。其八部大夫於皇城四方四維面置一人，以擬八座，謂之八國常侍。待詔侍直左右，出入王命」。隨後，道武帝又陸續擴充內侍組織，此即「置內官，員二十人，比侍中、常侍，迭直左右」；尋又「增置侍官，侍直左右，出內詔命，取八國良家，代郡、上谷、廣寧、雁門四郡民中年長有器望者充之」。

侍中、常侍是晉制侍從顧問的內朝要官，八部大夫既稱八國常侍而又比之，故應是胡式的內官，只是其後所置的二十員內官不悉其正式的胡名而已。至於外朝大人與待詔，雖也侍直左右，但皆職掌承命及出使，故性質與其後增置的侍官類同，人數多至無常員，以便出納詔命。「侍官」顯因出納詔命之故而得侍直於天子左右，殆為此類官員的通名，其正式胡名不詳，地位則低於「內官」。是則北魏至此，天子內侍系統已隱然有「內官」與「侍官」之分，殆與宿直於禁門內或禁門外之別有關，但皆稱為內侍之官。而且，內侍之官

至此已有文職與武職的區分，並有漢系與胡系的差別。上述都統長、幢將及三郎衛士，即是武職的內侍之官，大抵上，他們宿直於禁門內則為內衛即內行官，宿直於禁門外之宮殿則為近衛即侍官，此制度蓋可印證於〈南巡碑〉。

道武帝採用胡、漢二元的「一國兩制」政策，無異令其統治充滿種族主義以及征服王朝的性格，此所以後來孝文帝需要推行漢化政策，俾資國族之調和融合以及事權之合一也。

孝文帝推行漢化政策之前，北魏之漢式官系姑且不論，至於其胡式官系之官類通名，則頗見於蕭子顯所撰的《南齊書·魏虜列傳》。然而該傳所載遺漏尚多，尤其是胡式各官之專名。胡官專名散見於《魏書》及《北史》諸紀傳，碑誌亦偶可檢得，但其較集中見載者則莫如高宗文成帝拓拔濬的〈南巡碑〉。

〈南巡碑〉第一列所見五十一人已明言為「內侍之官」，包括有殿中尚書、內都幢將、內阿干、內行內三郎、內行令與內行內小等六種胡系的官名。其中前三者為胡、漢官雙授的高級官員，應是內侍官系統的「內官」；而後三者絕多是不帶漢官銜的單授胡官，官名既稱「內行」，則亦殆屬於「內官」。此正可與筆者前謂北魏有「內官」與「侍官」之分相參考印證。

未列於第一列內侍之官，而在他列署銜的尚有內小幢將、三郎幢將、雅樂眞幢將，乃至斛落眞軍將，顯示北魏天子胡制侍從武衛中，起碼分有內小、三郎、雅樂眞三個系統，若加斛落眞則是四系。此四系官職常派至其他機關任事，以故碑中常見冠以各種機關名號的專名。內小、三郎、雅樂眞以及斛落眞，大概與胡俗不分文武，乃至模仿兩漢郎署制度有關，但帶有軍銜的則肯定是武官。

上述胡官除了阿干肯定是「兄」的意思外，內小可能與小輩有關之外，其餘多不知其義，此與〈官氏志〉所謂當初鮮卑「純質，每於制定官號，……或取諸身，或取諸物，或以民事」的說法相符。至其所以如此命名與分類，恐與其人是否為君主親信，是否有特殊才能，更可能與其父祖身分或任官之親貴程度有關。至於其官有內官、侍官，以及內衛、近衛之分別，則應是宿直時密近天子程度的反映。方諸隋唐十二衛制，十二衛府兵除了一般的府兵衛士之外，另有一支稱為「內府」的「內軍」，軍人皆從各種皇親國戚以及各級文武官子弟中選充，依其父祖親貴的程度，分之為親、勳、翊三衛五府；其中父祖尤親貴者，則逕任侍直天子左右之帶刀侍衛，隸屬於十二衛府中之

「領左右府」(隋後稱「備身府」,唐改名「千牛府」)。隋唐千牛備身諸侍衛,無異即是由孝文漢化前後的內衛內行官演變而來,三衛五府則殆是由近衛之侍官演變而來,皆可溯源於改革前北魏之侍衛軍制也。

孝文帝及其崩後繼位諸帝,對北魏前期侍衛軍制的改革,筆者以爲最重要者厥爲:

〈一〉、裁省二部內都幢將及其所統諸幢將入左、右二衛府,將代遷之士整編爲羽林、虎賁兩支禁衛軍,而將原有的胡系諸軍併入此二軍。使左、右二衛府成爲當時漢式禁衛體制的唯一主力部隊。

〈二〉、將中央禁衛軍原有的內三郎等近衛改編爲御仗、直盪、直衛、直突、直閤等五個屬官系統,各分左、右移隸於左、右二衛府;復將原有的內行內三郎等內行官整編爲千牛備身等官,漸歸領左右所統領,略與左、右二衛府爲平行機構。其後約至分裂爲東、西魏前後,武職內行官即內衛撥歸領左右府統領,直隸於領軍府;而文職內行官則撥歸領左右局統領,隸屬於門下省。

〈三〉、領軍府統領左、右二衛府以及領左右府三系統,盡奪殿中尚書原有的禁衛軍統率權,其他禁內事務亦多移屬至門下省之諸局。使殿中尚書原有的重要地位淪喪,漸漸變成較純粹的宮廷總管。由於魏初掌理禁中文武內官的都統長已被撤銷,其職務極可能由殿中尚書所取代,而降至魏齊間殿中尚書仍負有「宮殿禁衛」之責,因此殿中尚書對入宿部隊仍有相當的監督管制權,其侍衛長的性質猶未盡失,此與後來殿中尚書變爲純粹內務總管的隋唐制度大異。

〈四〉、由於上述的改革,是知領軍將軍在外統率全禁衛軍,故主掌朱華閤外之近衛事務,殿中尚書負「宮殿禁衛」之管制責任,故主掌朱華閤內之禁衛事務,而朱華閤門應即是禁門,漢晉所謂黃門是也。此規畫猶不失內侍之官原先分有內官與侍官之意,以故門下省及其所轄之領左右局等六局,仍在禁中掌朱華閤內諸事務而爲內臣也。至於與領左右局對應之領左右府,蓋亦可出入朱華閤而爲內衛機構,是以北齊律令遂不注明其與朱華閤的關係。據此規畫,亦猶不失禁衛軍原先即有內衛與近衛之別。

總而言之,鮮卑拓跋聯盟晚期,代王可汗什翼犍已著手建立胡式的左右近侍制度,以便政令宣達。降至其孫太祖道武帝拓跋珪即皇帝位,改元天興時,遂因沿而創立一套胡漢雜揉的王朝體制。此體制之訂立,雖由博覽漢代

經書,而明解制度、多識舊事的鄧淵主持,但最後決定權必然在道武帝,而道武帝所建立的,卻是五胡統治北方時期所施行的胡漢二元「一國兩制」,並且種族主義色彩更濃,充滿征服王朝的性格罷了。此時之內侍體制已置有內官、侍官之別,人選則胡、漢子弟兼用,其培養及派任方式殆有師法兩漢郎署制度之意,或許與鄧淵之訂定有關。

由於王朝的建制原則已定,故降至世祖太武帝時,雖有曾常置於道武帝左右,亦博覽經史的司徒崔浩改定律令,但政府體制則概無更改。崔浩後因接續撰錄鄧淵所未完成的《國記》而致禍,自是更無人敢輕言改制矣。

北魏王朝體制的色彩性格既如上述,高級官員或胡漢官雙授,或州郡官疊置,冗列繁複,以故成為高祖孝文帝漢化改革重點之一。孝文之漢化改革其實是以晉宋制度為主體的涵化改制,觀上述四點的改制即可窺知。不幸孝文帝早崩,繼位的世宗宣武帝,在孝文重要顧問王肅之輔政下繼續改革,然而王肅尋亦早卒,北魏不久又陷入政衰大亂,分裂為東、西兩魏,致使改革要至北齊河清年間始成定制。

最後,就禁衛體制而言,值得一提的是,晚魏齊初護軍府既已漸同虛置,領軍府獨大,故晚魏齊初之政局動亂,厥與領軍將軍掌控禁衛軍統率權有關,此所以從北周至隋初,對領軍府之禁衛體制一再予以改革,最終由「以衛領軍」制改成十二衛制也。關於此改革的變化與趨勢,請容下篇再繼續探討。

表一:《魏書》所見內侍、內侍左右、內侍長表

姓名	在任時間	任職時官	家　世	特殊事蹟	事蹟出處	備　註
長孫肥	昭成	內侍	帝室十姓	年十三選內侍。少有雅度,果毅少言。太祖之在獨孤及賀蘭部,肥常侍從,禦侮左右,太祖深信仗之。屢從太祖征討,滅後燕,拜中領軍將軍。肥善策謀,勇冠諸將,每戰常為士卒先,前後征討,未嘗失敗,故每有大難,令肥當之。	《魏書·長孫肥列傳》,26／651	帝室十姓是:元、胡、周、長孫、奚、伊、丘、亥、叔孫、車等十姓。北魏建國前已有內侍之職。

庾和辰	太祖	內侍長	和辰是庾業延兄長。庾和辰及其父，世典畜牧。	昭成崩，苻秦來侵。事難之間，收斂畜產，富擬國君。劉顯謀逆，太祖外幸，和辰奉獻明太后歸太祖，又得其資用。以和辰為內侍長。	附《魏書・庾業延列傳》，28／684	牧業人才。北魏建國前已有內侍長之職。
長孫道生	太祖	內侍左右	帝室十姓。父在昭成時為南部大人。嵩年十四，代父統軍。昭成末年，諸部乖亂，嵩歸太祖。太祖承大統，復以為南部大人。累著軍功，歷侍中、司徒。	長孫嵩從子，忠厚廉謹，太祖愛其慎重，使掌機密，與賀毗等四人內侍左右，出入詔命。太宗即位，除南統將軍、冀州刺史。世祖即位，遷廷尉卿。	《魏書・長孫道生列傳》，25／645；《魏書・長孫嵩列傳》，25／649-650	
穆觀	太祖	內侍	勳臣八姓之一。穆崇之子。先世效節於神元、桓、穆之時。崇機捷便辟，太祖居獨孤部，崇常往來奉給，時人無及者。後劉顯謀逆，梁眷密遣崇告太祖。太祖北踰陰山，復幸賀蘭部。崇後至太尉，加侍中。	少以文藝知名，選充內侍，太祖器之。太宗即位，為左衛將軍，綰門下中書，出納詔命。及訪舊事，未嘗有所遺漏，太宗奇之。尚宜陽公主，稍遷太尉。世祖之監國，觀為右弼，出則統攝朝政，入則應對左右，事無巨細，皆關決焉。	附《魏書・穆崇列傳》，27／664	北魏勳臣八姓是：穆、陸、賀、劉、樓、于、嵇、尉。部落舊人之子，以文藝選充。
叔孫俊	太祖	內侍左右	叔孫建之長子。叔孫建父骨，為昭成母王太后所養，與皇子同列。建少以智勇著稱。太祖之幸賀蘭部，建常從左右。登國初，以建為外朝大人，與安同等十三人迭典庶事，參軍國之謀。後至中領軍，封丹陽王。	俊少聰敏，年十五，內侍左右。性謹密，以便弓馬，轉為獵郎。太祖崩，清河王紹政變，俊歸太宗。是時太宗左右唯車路頭、王洛兒等，及得俊等，以為爪牙。太宗即位，命俊與磨渾等拾遺左右。遷衛將軍。太宗以俊前後功重，軍國大計一以委之，群官上事，先由俊銓校，然後奏聞。	《魏書・叔孫建列傳》，29／705	叔孫氏是帝室十姓之一。

安頡	太祖、太宗	內侍、內侍長	父安同，遼東人，西域胡之後。善商販，太祖見其有濟世之才，遂留奉侍。為外朝大人，與和跋等出入禁中，迭典庶事，太祖班賜功臣，同以使功居多。清河王紹之亂，安同奉迎太宗，命同與長孫嵩並理民訟。世祖監國，臨朝聽政，為左輔。	頡辯慧多策略，任內侍當在太祖朝。太宗初，為內侍長，令察舉百僚。糾刺姦慝，無所回避，太宗以為忠，特親寵之。	《魏書‧安同列傳》，30／715	功臣之子。西域胡任內侍長之例。內侍長掌察舉之例。
安聰	太祖？	內侍左右	安同之子，安頡之弟。	事跡無載。任內侍時間不確，當在太祖朝。	同上	
谷渾	太祖	內侍	父袞，昌黎人，臂力兼人，彎弓三百斤，仕慕容垂為廣武將軍，勇冠一時。	渾少有父風，任俠好氣，晚乃折節受經業，遂覽群籍，被服類儒者。太祖以其善隸書，為內侍左右。太宗世，遷前鋒將軍。世祖即位，為中書侍郎，加振威將軍，遷侍中、安南將軍，領儀曹尚書。	《魏書‧谷渾列傳》，33／780	殆鮮卑人。以善書選充。
晁懿	太祖	內侍左右	晁崇之弟，遼東襄平人，家世史官。崇善天文術數，太祖愛其伎術，拜太史令，詔造渾儀，歷象日月星辰。	以善北人語內侍左右，為黃門侍郎，兄弟並顯。	《魏書‧晁崇列傳》，91／1944	以善北人語選充。
曷堂	太祖	內侍	父為高車斛律部部帥倍侯利，與柔然戰敗來奔，太祖賜爵孟都公。	倍侯利善用五十蓍筮吉凶，每中，故得親幸，賞賜豐厚，命其少子曷堂內侍。	《魏書‧高車列傳》，103／2309	高車人用為內侍之例。
奚和觀	太祖	內侍左右	奚斤子。世典馬牧。斤父簞，有寵於昭成帝。太宗時斤與長孫嵩等八人，坐止車門右，聽理萬機，拜天部大人	奚和觀，太祖時內侍左右。太宗以其世戎御，遂拜典御都尉，尋進為宜陽侯，加龍驤將軍，領牧官中郎將。	《魏書‧奚斤列傳》，29／701	奚氏為帝室十姓之一。牧業人才。

			。世祖爲皇太子，臨朝聽政，以斤爲左輔。即位，進爵宜城王，司空，後改弘農王。			
奚拔	太宗	內侍左右	奚斤子，見同上。	太宗時內侍左右。世祖即位，稍遷侍中、選部尙書、鎭南將軍，後戰歿。	《魏書・奚斤列傳》，29／701	
拓跋素	太宗	內侍	左僕射、常山王遵之子。	素爲太宗從母所生，特見親寵。少引內侍，頻歷顯官，累拜外都大官、內都大官。	《魏書・昭成子孫列傳》，15／375	宗室。
陸俟	太宗	由侍郎遷內侍	曾祖幹，祖引，世領部落。父突，太祖時率部民從征，數有戰功，至鎭將、太守。	太宗踐阼，拜侍郎，遷內侍，轉龍驤將軍、給事中，典選部蘭臺事。世祖時考州郡治功，爲天下第一，官至鎭大將。高宗踐阼，以其子麗有策立之勳，進爵東平王。	《魏書・陸俟列傳》，40／901-904	勳臣八姓之一。舊部酋長之子。
皮豹子	太宗	由中散遷內侍左右	漁陽人。	少有武略。泰常中，爲中散，稍遷內侍左右。世祖、高宗時，官至鎭將、尙書內都大官	《魏書・皮豹子列傳》，51／1129-1132	
屈道賜	世祖	內侍左右	昌黎徒河人、中書令屈遵曾孫、屈垣之子。屈垣官至右僕射。	道賜襲祖爵，少以父任，內侍左右。稍遷主客，進爲尙書，加散騎常侍。善騎射，機辯有辭氣，世祖時遷右僕射，加侍中。	《魏書・屈遵列傳》，33／778	
韓茂	世祖	由侍輦郎拜內侍長	安定人韓耆之子。耆自赫連夏來降，官至龍驤將軍、常山太守。	韓茂，臂力過人，尤善騎射。屢從世祖征，加強弩將軍，遷侍輦郎，後拜內侍長。累至殿中尙書、左僕射。高宗時拜尙書令，加侍中、征南大將軍。	《魏書・韓茂列傳》，51／1127-1128	漢人爲內侍長之例。

拓跋郁	世祖、高宗間	以羽林中郎內侍	桓帝（拓拔猗㐌）之後。	初以羽林中郎內侍，勤幹有稱。高宗時，位殿中尚書，爵順陽公。高宗崩，乙渾專權，隔絕內外，郁率殿中衛士數百人從順德門入，欲誅渾，後爲渾所殺。	《魏書·神元平文諸帝子孫列傳》，14／347	宗室
王樹	顯祖	內侍長	廣寧人王建曾孫。王建祖姑爲昭成帝之生母，建尚公主，登國初爲外朝大人。	以善射有寵於顯祖，爲內侍長。稍遷尚書，加龍驤將軍、員外常侍。	《魏書·王建列傳》，30／711	外戚。
徐謇	顯祖	由中散遷內侍長	丹陽人，與兄文伯等皆善醫藥。	徐謇兼知色候，遂被顯祖寵遇。爲中散，稍遷內侍長。高祖遷洛，稍加眷幸除中散大夫，轉右軍將軍、侍御師。	《魏書·徐謇列傳》，91／1966-1967	漢人以善醫藥遷任內侍長之例。
王翔	顯祖、高祖	內侍	太原晉陽人王叡之姪、王諶之子。叡在文明太后掌政時期，備受恩倖，內參機密，外豫政事，官至尚書令，封爵中山王。叡弟諶，至祠部尚書，賜爵上黨公。加散騎常侍，領太史事，遷太常卿。	少以聰敏循良，詔充內侍。自太和初，與李沖等奏決庶事，迄于十六年，賞賜前後累千萬。是時政事多決於文明太后，后好細察，而翔恭謹慎密，甚被知任。遷洛，兼給事黃門侍郎、尚書左丞。	附《魏書·王叡列傳》，93／1994	以恩倖子弟選任之例。
高膽兒	高祖初	由散騎常侍遷內侍長	祖父爲高湖，勃海蓚人，累世仕燕。湖至太守，率戶歸魏。太祖時官右將軍，總代東諸部。世祖時涼州鎮都大將。膽兒爲高歡叔伯輩。	美容貌，膂力過人，尤善弓馬。顯祖時，羽林幢將。皇興中，主仗令。高祖初，給事中，累遷散騎常侍、內侍長。坐事死。	《魏書·高湖列傳》，32／753-754	恐爲高麗人。
韓秀	高祖初	由給事中遷內侍長	昌黎人。祖宰、父昞俱仕燕。昞皇始初歸魏，拜宣威將軍、騎都尉。	秀歷吏任，稍遷尚書郎，賜爵遂昌子，拜廣武將軍。高宗稱秀聰敏清辨，才任喉舌，遂命出納王言，	《魏書·韓秀列傳》，42／952-953	才任喉舌之例。

				并掌機密。顯祖踐阼，轉給事中。太和初，遷內侍長。後為平東將軍、青州刺史。		
賈粲	世宗末	內侍	酒泉人	太和中，坐事腐刑。頗涉書記。世宗末，漸被知識，得充內侍。自崇訓丞為長兼中給事中、中嘗藥典御，轉長兼中常侍。遷光祿少卿。靈太后之廢，粲與元叉、劉騰等伺帝動靜。靈太后反政，出粲為濟州刺史，未幾，遣武衛將軍刁宣馳驛殺之。	《魏書・賈粲列傳》，94 / 2029	閹官為內侍之例。

備註：

《魏書・官氏志》載太祖道武帝「建國二年，初置左右近侍之職，無常員，或至百數，侍直禁中，傳宣詔命。皆取諸部大人及豪族良家子弟儀貌端嚴，機辯才幹者應選。又置內侍長四人，主顧問，拾遺應對，若今之侍中、散騎常侍也。」按：長孫肥任內侍於道武之前，故內侍似非道武初置之官職。此內侍等官，雖蒐檢《魏書》所得僅有上述諸人，但仍可略窺見其胡漢族別、人事任用以及專長才幹。

又，「內侍左右」有時作動詞用，有時作名詞用，因北魏職官有「某某左右」之名，故「內侍左右」有時亦為官名，或許「內侍」即是其簡稱，無證，不確。

本文為 2008 年國科會 nsc97-2420-h194-030-my2 研究計畫尚未發表之一部分